中国经济史学会会刊

中文社会科学引文索引（CSSCI）来源集刊
中国人文社会科学期刊综合评价（AMI）核心集刊

中国经济史评论

CHINA
ECONOMIC
HISTORY
REVIEW

2023年第2辑
（总第20辑）

主　编／魏明孔　戴建兵
执行主编／隋福民

社会科学文献出版社
SOCIAL SCIENCES ACADEMIC PRESS (CHINA)

主办：中国经济史学会

　　　河北师范大学历史文化学院

　　　《河北师范大学学报》编辑部

《中国经济史评论》编委会

主　　　编　魏明孔　戴建兵
编委会主任　谷更有
编委会成员（按姓氏笔画排序）
王玉茹　王　珏　王庭东　邢　铁　朱荫贵　刘建生
孙建国　苏金花　李　毅　杨学新　杨　瑞　谷更有
彤新春　张忠民　陈　锋　林文勋　郑有贵　赵志伟
赵学军　钞晓鸿　姜锡东　袁为鹏　贾丽英　倪月菊
徐建平　曹红军　康金莉　隋福民　韩　琦　温　锐
燕红忠　戴建兵　魏明孔　瞿　商
执行主编　隋福民

《中国经济史评论》编辑部

主　　任　隋福民
成　　员　高振华　李　淼　田　牛　王梅梅　孙　健
　　　　　毕学进　李冰心
技术编辑　白艳君

目 录

中国古代经济史

从里耶秦简看迁陵县剩余祭品的买卖问题 …………… 杨　怡　晋　文 / 1
《汉书》与中国传统型经济史学范式的形成 ………… 唐艳艳　赵德馨 / 16

中国近现代经济史

咸同时期戎幕幕僚的经济问题探析 ………………………………… 张秀玉 / 43
规行矩步：晋商茶规中的两湖地区外销砖茶采买与制作
　……………………………………………………………… 杨　帆　唐　晔 / 60
民国上海公所善堂集团运柩回籍事项的变化与传承
　——以上海四明公所、浙绍公所永锡堂为中心 …………… 邵钢锋 / 79
全球背景下国际辛迪加为何难以持久？
　——基于1936~1939年国际冰蛋辛迪加的研究 ……… 张　跃　周建波 / 99
抗战胜利后湖南省粮食库券发还问题研究 ………… 张　熙　岳谦厚 / 120
火中争利：1895~1945年中日火柴业博弈研究 …… 王广义　朱云峰 / 141
县政建设、文化传统与派系之争
　——1942~1949年安远县公产清理研究 ………… 李平亮　阚伟康 / 159

初心与使命

——中国注册会计师行业初创期工作体系构建及其当代启示
.... 喻 梅 / 176

学术回顾与反思

《英国剑桥大学图书馆藏怡和洋行中文商业档案辑考》评介
.... 刘桂奇 / 207

学术资讯

历史上地方财政与地方治理关系的多维探讨
——第五届财税史论坛综述 .... 张 晗 杨洪林 / 211

稿 约 220

从里耶秦简看迁陵县剩余祭品的买卖问题*

杨 怡 晋 文**

摘 要："祠先农"是中国古代社会祭祀先农神的活动。里耶秦简记载的官方祭祀结束后，剩余的祭品通常会予以出售。作为卖方，"仓"不仅需要售卖祭品，还应暂时管理售卖后的钱财，另需单独计人，便于日后统一输入少内。祭品的购买者多为城旦、隶臣等刑徒。为保证交易公平和防止作弊，买卖双方及第三人即"令史"需全程在场。作为祭品售出的文书凭证，"三辨券"通常由仓佐书写，卖方、令史及县廷三方分持。除了书写交易时间、买卖双方、经手人、交易物品等信息外，"三辨券"上还有物品总价和单价的记录。而受钱器的特殊设计及监察官的存在，更彰显了秦朝严格的财务收支制度。

关键词：里耶秦简　迁陵县　仓　剩余祭品　买卖

里耶秦简中有不少名为"祠先农"的简牍，一般都载有祭祀时间、祭品出卖、交易双方及经手人等内容。学界围绕"祠先农"的祭祀制度、祭祀仪式、祭品种类与处理等问题展开热烈讨论，取得的成果也较为丰硕，[①]

---

* 本文为国家社会科学基金重大项目"秦汉三国简牍经济史料汇编与研究"（19ZDA196）和国家社会科学基金重大委托项目"中华思想通史"（20@ ZH026）阶段性成果。

** 杨怡，南京师范大学历史系博士研究生，主要研究方向为秦汉史；晋文，南京师范大学历史系教授，主要研究方向为秦汉史。

① 代表性成果主要有：张春龙《里耶秦简祠先农、祠窑和祠隄校券》，载武汉大学简帛研究中心主办《简帛》第2辑，上海古籍出版社，2007，第393~396页；彭浩《读里耶"祠先农"简》，载中国文物研究所编《出土文献研究》第8辑，上海古籍出版社，2007，第18~24页；曹旅宁《里耶秦简〈祠律〉考述》，《史学月刊》2008年第8期；彭浩《读里耶秦简"校券"补记》，载中国社会科学院考古研究所、中国社会科学院历史研究所、湖南省文物考古研究所编《里耶古城·秦简与秦文化研究——中国里耶古城·秦简与秦文化国际学术研讨会论文集》，科学出版社，2009，第196~200页；宋艳萍（转下页注）

但对剩余祭品买卖问题的关注相对较少。本文拟在已有研究的基础上，从经济关系的视角出发，就里耶秦简中的祭品买卖等问题谈谈粗浅看法。

一 剩余祭品的卖方——仓

里耶秦简有若干迁陵县对"祠先农"剩余祭品的买卖记载。为论述方便，现将相关简牍誊录如下：

[1] 卅二年三月丁丑朔丙申，仓是佐狗杂出祠先农余彻羊头一足四卖于城旦赫所，取钱四☐（14-300+14-764）

[2] ☐头一足四卖于城旦赫所，取钱四。衡之头一二钱，四足【二】钱。令史尚视平。（14-641）

[3] 卅二年三月丁丑朔丙申，仓是佐狗出祠先农余彻肉二斗卖☐（14-675）

[4] 卅二年三月丁丑朔丙申，仓是佐狗出祠先农余彻肉二斗卖于大☐（15-490）

[5] 卅二年三月丁丑朔丙申，仓是佐狗出祠[先]农余肉汁二斗卖于城旦☐所☐（14-654）

[6] 卅二年三月丙申，仓是佐狗杂出祠先农余彻肉汁二斗☐（15-480）

[7] 卅二年三月丁丑朔丙申，仓是佐狗出祠先农余彻食七斗卖☐（14-66）

[8] 卅二年三月丁丑朔丙申，仓是佐狗杂出祠先农余彻食七☐（14-719）

（接上页注①）《从秦简所见"祭"与"祠"窥析秦代地域文化——里耶秦简"祠先农"简引发的思考》，载《里耶古城·秦简与秦文化研究——中国里耶古城·秦简与秦文化国际学术研讨会论文集》，第201~209页；田旭东《从里耶秦简"祠先农"看秦的祭祀活动》，载《里耶古城·秦简与秦文化研究——中国里耶古城·秦简与秦文化国际学术研讨会论文集》，第210~217页；史志龙《秦"祠先农"简再探》，载武汉大学简帛研究中心主办《简帛》第5辑，上海古籍出版社，2010，第77~89页；沈刚《秦代祠先农制度及其流变》，载中国文化遗产研究院编《出土文献研究》第12辑，中西书局，2013，第168~180页；沈刚《新出秦简所见秦代市场与商人探讨》，《中国社会经济史研究》2016年第1期。

[9] 卅二年三月丁丑朔丙申，仓是佐狗出祠［先］农余彻酒一斗半斗卖于城旦最所，取钱一。衡之一斗半斗一钱。令史尚视平，狗手。(14-650+14-652)

[10] 卅二年三月丁丑朔丙申，仓是佐狗杂出祠先农余彻酒一斗半斗卖于城旦最所，取钱一。衡之斗半斗一钱。令史尚视平，狗手。(14-698+15-595+14-743)

[11] 卅二年三月丁丑朔丙申，仓是佐狗出祠［先］农余彻豚肉一斗半斗卖于城旦赫所，取钱四。令史尚视平，狗手。(14-649+14-679)

[12] ☒取钱四。衡之斗二钱。令史尚视平，狗手。(14-21)

[13] ☒买于城旦文所，取钱四。衡之斗二钱。令史尚视平，狗手。(14-23)

[14] 卅二年三月丁丑朔丙申，仓是佐狗杂出祠先农余☒ (14-685)①

张春龙最早对里耶秦简中的祠先农简进行分类，认为简［1］至简［14］是关于售卖祭品的记录。② 所载时间为"卅二年三月丁丑朔丙申"，祭品的卖方均为"仓是佐狗"，基本可以断定为同一次售卖活动，并有着两份以上的复件。仓是负责粮食贮藏、发放的机构。睡虎地秦简《效律》："廥禾若干石，仓啬夫某、佐某、史某、廪人某。"③ 里耶秦简8-45："稻四。卅一年五月壬子朔壬戌，仓是、史感、廪人□□。"陈伟等校释者认为，仓为仓啬夫的省称。④ 简［1］至简［14］中，"仓"位于人名"是"前，也应是"仓啬夫"的简称。⑤ 从简文内容来看，仓卖的剩余祭品不限于粮食，还有"羊头""肉""肉汁""酒""豚肉"等。除管理粮食外，仓是否还具有其他职能？

---

① 湖南省文物考古研究所编著《里耶发掘报告》，岳麓书社，2007，第195页；张春龙：《里耶秦简祠先农、祠雩和祠隄校券》，《简帛》第2辑，第394页。
② 张春龙：《里耶秦简祠先农、祠雩和祠隄校券》，《简帛》第2辑，第394页。
③ 睡虎地秦墓竹简整理小组编《睡虎地秦墓竹简》，文物出版社，1978，第98页。
④ 陈伟主编《里耶秦简牍校释》第1卷，武汉大学出版社，2012，第39页。
⑤ "佐"是"仓佐"的省称。里耶秦简8-56有"仓守妃、佐富、廪人援出廪屯"，校释小组将"仓佐"释为"仓主官的佐吏"。（陈伟主编《里耶秦简牍校释》第1卷，第42页）学界关于"仓啬夫"及"仓佐"的讨论较多，因本文重点探讨买卖关系，故官吏本身亦不作过多论述。

沈刚认为："除了黍米能够肯定是仓储存外，其余羊、豚、酒等，从睡虎地秦简《仓律》看，没有发现它们与仓之间的关系。"[1] 彭浩则认为，"仓"不仅管理粮食，还管理其他物资，但不管理钱财。[2] 睡虎地秦简《仓律》规定："畜鸡离仓。用犬者，畜犬期足。猪、鸡之息子不用者，买（卖）之，别计其钱。"[3] 显然，仓还可以饲养并出售猪仔和鸡雏等。故简 [1] 至简 [14] 中的"肉""豚肉""肉汁"等祭品，可能来源于仓所饲养的牲畜，但也不能排除从外购买及其他途径。在里耶秦简中便有少内曾拨给仓一口母猪的记载："牝豚一。卅三年二月壬寅朔庚戌，少内守履付仓是。"（8-561）[4] 究竟事实如何，有待于新材料的发现。彭浩所言，仓具有管理粮食及其他物资的职能，可从。

再看祭品出卖后的钱财问题。睡虎地秦墓竹简整理小组将"别计其钱"译为"单独记账"，把售卖猪仔、鸡雏的钱财也纳入仓啬夫的管理职责。[5] "别"谓"分开"或"单独"，《说文解字·别》："冎（别），分解也。"[6] 可证。又《汉书·平帝纪》载："太皇太后省所食汤沐邑十县，属大司农，常别计其租入，以赡贫民。"[7] 也就是说，太皇太后将十县之租单独计入，以此赡养贫民。若理解为不计其租，也就无赡养之说。故"别计其钱"应理解为单独记账，并非不计入之意。

彭浩认为，"祠先农"简中所用余物的售卖由仓负责，但钱财却应当由"少内"专门管理。[8] 至于钱财是直接由少内收取，还是先由仓收取、汇总后再统一输入少内，则语焉不详。而沈刚认为：

祭品的出纳皆由仓来完成，具体由仓吏来执行。由仓负责祭品的出纳，一方面是因为仓具有储藏功能，另一方面，仓还兼具国家财政收支执行者的职能。[9]

---

[1] 沈刚：《秦代祠先农制度及其流变》，《出土文献研究》第12辑，第170~171页。
[2] 彭浩：《读里耶"祠先农"简》，《出土文献研究》第8辑，第22页。
[3] 睡虎地秦墓竹简整理小组编《睡虎地秦墓竹简》，第54页。
[4] 陈伟主编《里耶秦简牍校释》第1卷，第179页。
[5] 睡虎地秦墓竹简整理小组编《睡虎地秦墓竹简》，第55页。
[6] (东汉)许慎撰，(北宋)徐铉校定《说文解字》，中华书局，2013，第80页。
[7] 《汉书》卷12《平帝纪》，中华书局，1962，第352页。
[8] 彭浩：《读里耶"祠先农"简》，《出土文献研究》第8辑，第22页。
[9] 沈刚：《秦代祠先农制度及其流变》，《出土文献研究》第12辑，第170页。

但总体来说，钱财最终交予少内，应无太大异议。① 问题在于仓是否具有暂时收支钱财的职能。岳麓秦简《田律》规定：

> [15] 吏归休，有县官吏乘乘马及县官乘马过县，欲贷刍稾、禾、粟、米及买菽者，县以朔日平贾（价）受钱，先为钱及券，蚀以令、丞印封，令、令史、赋主各挟一辨，月尽发蚀令、丞前，以中辨券案雠（讎）钱，钱辄输少内，皆相与靡（磨）除封印，中辨臧（藏）县廷。(111-113)②

简［15］是说，休假官吏过县时贷买官府物品，需将金钱先交予当地官府，地方官吏负责汇总和管理。至月末案查无误后，即可统一输入少内。王四维认为："贷出或卖出的刍稾等物来自县内粮仓，故有理由推测受钱者是仓啬夫。月尽之后（即至次月初），仓啬夫发蚀于县令、丞前，依据中辨券核对钱款数量，之后再将钱款转输少内。"③ 其实，不论简［15］中的受钱者是否为仓啬夫，仅从贷买官府物品的流程来看，受钱者已拥有暂时收支钱财的权力。正如沈刚、王四维所言，仓兼具国家地方财政收支者的职能，而少内仅为县中钱款收入的储存和管理机构。同理，简［1］至简［14］中的仓，在与买方交易成约后，应该也具有暂时管理钱财的职能。待规定时日，再将钱款统一交予少内。这样"别计其钱"也就不难理解了。作为仓的一个特殊职能，出卖祭品与日常的粮食管理、饲养牲畜等基本职能有所不同。少内为县级财政收支的主要部门，但全县的钱财收取不可能都由少内直接收取，故要求祭品出卖单独记账，让仓暂时承担起财政管理者和执行者的角色。由此亦可证明，很多部门的钱财收取实际都是由这些部门暂时掌管的。如刍稾钱的征收，里耶秦简9-743载："田刍稾钱千一百卅四。元年二月癸酉朔辛巳，少内守疵受右田守□。"④

---

① 如《汉书·丙吉传》载："少内啬夫白吉。"师古曰："少内，掖庭主府藏之官也。"（《汉书》卷74《丙吉传》，第3149~3150页）今按：少内，大内属官，掌府藏。王四维认为："战国晚期的秦国以至秦代，一县征收的罚款、赔款、货币税和各官府的经营收入都会汇集至少内处，少内是县中全部钱款收入的储存机构。"（王四维：《秦县少内财政职能及其管理制度》，《史学月刊》2020年第11期）
② 陈松长主编《岳麓书院藏秦简（肆）》，上海辞书出版社，2015，第104~105页。
③ 王四维：《秦县少内财政职能及其管理制度》，《史学月刊》2020年第11期。
④ 陈伟主编《里耶秦简牍校释》第2卷，武汉大学出版社，2018，第196页。

二　剩余祭品的买方——刑徒

简［1］至简［14］中，除简［4］的买方身份为"大☐"外，其余已释读的均为城旦。简［1］、简［2］和简［11］为城旦赫，简［9］、简［10］为城旦冣，简［13］为城旦文，简［5］人名残缺，但身份仍为城旦。① 沈刚认为，简［4］中"大"字后面模糊不清，其身份不明。但在秦代能够和"大"连称的身份中并无刑徒，推测可能是"大男""大女"等平民。亦即这种祭品的出卖，很可能与身份无关。② 从道理上说，买卖关系的成立通常也确与身份无关，但剩余祭品的出售有着特定的时间和场合。考虑到就近、方便或福利，恐怕就不能把刑徒完全排除了。事实上，简牍中还不乏与"大"连称的刑徒记录。里耶简8-736有"大隶臣"，简8-760有"大隶妾"③。整理小组注释："隶臣，刑徒名，见《汉书·刑法志》，注：'男子为隶臣，女子为隶妾。'"④

---

① 城旦是秦汉时期修筑城墙的男性刑徒。整理小组注释："城旦，刑徒名，男为城旦，女为舂，参看《汉旧仪》：'城旦者，治城也；女为舂，舂者，治米也，皆作五岁。完，四岁。'《汉书·惠帝纪》注引应劭云：'城旦者，旦起行治城；舂者，妇人不豫外徭，但舂作米，皆四岁刑也。'"（睡虎地秦墓竹简整理小组《睡虎地秦墓竹简》，第49页）
② 沈刚：《秦代祠先农制度及其流变》，《出土文献研究》第12辑，第171页。
③ 陈伟主编《里耶秦简牍校释》第1卷，第212、218页。
④ 睡虎地秦墓竹简整理小组编《睡虎地秦墓竹简》，第34页。关于秦代隶臣妾的身份问题，大致有三种观点。一是"官奴隶"说，参见高恒《秦律中"隶臣妾"问题的探讨——兼批四人帮的法家"爱人民"的谬论》，《文物》1977年第7期；唐赞功《从云梦秦简看秦代社会的主要矛盾》，《历史研究》1977年第5期；高敏《从出土〈秦律〉看秦的奴隶制残余》，载其著《云梦秦简初探》（增订本），河南人民出版社，1981，第55~74页。二是"刑徒"说，参见林剑鸣《"隶臣妾"辨》，《中国史研究》1980年第2期；张金光《关于秦刑徒的几个问题》，载朱东润、李俊民、罗竹风主编《中华文史论丛》第33辑，上海古籍出版社，1985，第21~46页；王占通、栗劲《"隶臣妾"是带有奴隶残余属性的刑徒》，《吉林大学社会科学学报》1984年第2期。三是"官奴隶和刑徒"说，参见吴荣曾《胥靡试探——论战国时的刑徒制》，《中国史研究》1980年第3期；杨剑虹《"隶臣妾"简论》，《考古与文物》1983年第2期；施伟青《"隶臣妾"的身份复议》，《中国社会经济史研究》1984年第1期；李力《亦谈"隶臣妾"与秦代的刑罚制度》，《法学研究》1984年第3期。也有学者提出："秦及汉初的法律文献既没有'刑徒'的概念，也没有'官奴婢'的提法，今人不过沿着'古史分期'的定性思维传统，在相似性或相当于的意义上去定性隶臣妾的身份属性。"（王彦辉：《论秦及汉初身份秩序中的"庶人"》，《历史研究》2018年第4期）不可否认的是，部分隶臣妾确有官奴婢的特质，如没有规定刑期、法律地位较低等。但本文所提到的隶臣妾持有一定数量的私人钱财，且支配自由，这是官奴婢无法享有的权利，将这些隶臣妾理解为刑徒应更为合适。

而将"大"释为"成年"①,则"大隶臣""大隶妾"可释为成年的隶臣或隶妾。此外,里耶简 8－1002＋8－1091"库建、佐殷出卖祠膋□□□一朐于隶臣徐,所取钱一"②,为隶臣徐购买祭品干肉的记载。里耶简 7－39 有"余彻酒二斗八升卖于隶臣"③,简 8－1709 有"四斗半斗于隶臣徐,所取钱五"④。故简[4]中祭品的购买者更可能为"大隶臣",当然也不能排除"大隶妾"。

关于城旦、隶臣等购买者,彭浩认为:

> 按照惯例,"祠先农"后的肉、酒等物会有一部分给参与祭祀者分尝。作为刑徒的"城旦赫"和"冣"或许作为此次"祀先农"的徒隶,付出了辛勤的劳动,但是,却无参与分享的权利,只能出钱购买"撤余"之物。⑤

此说可从。里耶秦简有"库守悍作徒薄(簿):受司空城旦四人、丈城旦一人、舂五人、受仓隶臣一人"(8－686＋8－973)和"库武作徒薄:受司空城旦九人、鬼薪一人、舂三人;受仓隶臣二人"(8－1069＋8－1434＋8－1520)的记载。⑥ 上述两简均为"库"编制的作徒簿,其中徒隶的监管机构分别为司空和仓。据贾丽英研究,仓和司空都是秦迁陵县监管徒隶的官署。司空主城旦舂、鬼薪白粲和居赀赎债,仓主隶臣妾。二者可将徒隶分配到不同部门劳作。⑦ 作为徒隶的监管部门,仓有权安排隶臣妾从事具体劳作,亦可根据需要分派至其他机构。故简[4]中的"大隶臣"或"大隶妾",很可能是仓为此次祭祀活动安排的劳作者。值得注意的是,从现

---

① 睡虎地秦墓竹简整理小组编《睡虎地秦墓竹简》,第 50 页。
② 陈伟主编《里耶秦简牍校释》第 1 卷,第 259 页。
③ 张春龙:《里耶秦简祠先农、祠窑和祠隄校券》,《简帛》第 2 辑,第 395 页。
④ 陈伟主编《里耶秦简牍校释》第 1 卷,第 380 页。
⑤ 彭浩:《读里耶"祠先农"简》,《出土文献研究》第 8 辑,第 22 页。
⑥ 陈伟主编《里耶秦简牍校释》第 1 卷,第 203、272 页。
⑦ 贾丽英:《里耶秦简牍所见"徒隶"身份及监管官署》,载卜宪群、杨振红主编《简帛研究》二〇一三,广西师范大学出版社,2014,第 68～81 页。相关研究成果还有沈刚《〈里耶秦简〉(壹)所见作徒管理问题探讨》,《史学月刊》2015 年第 2 期;黄浩波《里耶秦简牍所见"计"文书及相关问题研究》,载杨振红、邬文玲主编《简帛研究》二〇一六春夏卷,广西师范大学出版社,2016,第 81～119 页;李勉、俞方洁《里耶秦简"徒簿"类文书的分类解析》,《重庆师范大学学报》(哲学社会科学版)2017 年第 4 期。

有资料来看，司空为城旦的监管机构。仓是否同样监管城旦，囿于资料，目前还不得而知。但里耶简8-145载："隶妾居赀十一人。受仓隶妾七人。·凡八十七人……三人付仓。"简8-843亦有"☒☒平付仓守履"①的记载。据此可知，秦仓不仅可以监管隶臣妾，还可以接收其他徒隶。故司空监管的城旦，也可能因祭祀需要被分派至仓，然后仓再安排隶臣妾、城旦等承担祭祀中的劳作。作为刑徒，虽无分食祭品的权利，但在祭祀结束后可作为一种福利而出钱购买。

沈刚的看法略有不同，认为祠先农完毕后，胙食出卖的对象多为城旦，也和城旦的生存状况有关。从事筑墙的城旦食粮不足，需要有额外的酒肉补充。②但简[9]、简[10]中城旦龡购买酒的记载，显然不是因食粮不足而进行额外的补充。对酒肉的喜爱乃人之常情，秦代刑徒的口粮实行严格的配给制度，即使存在食粮和营养不足的问题，购买酒肉祭品也应为一饱口福。值得注意的，倒是刑徒对剩余祭品的购买方式。简[1]、简[2]中有"取钱四"，简[9]、简[10]有"取钱一"的记载，可见官府在出售剩余祭品时皆收取现钱，亦即采取现金买卖的方式。这说明秦代刑徒通常可持有私人钱财，除非有特殊原因及其规定者。有些刑徒还有着较多钱财，如里耶简9-597："肉一卖于隶臣岁所，取钱卅三，入。☒令史上监。"③在食粮不足的情况下，他们也完全可以买粮补充。这是部分刑徒能购买剩余祭品的一个最主要的原因。当然，对钱财很少的刑徒而言，也不能排除他们通过借钱、集资或其他途径来获取祭品。囿于资料，目前还不得而知。但总体来看，购买剩余祭品的刑徒应都有一些私人钱财。这对于全面认识秦代刑徒的服刑生活不无启迪。

三 剩余祭品的交易流程

秦汉时期，涉及官府的买卖交易流程较为复杂，相关当事人还要书写类似发票、收据的凭证——券书。岳麓秦简《金布律》和张家山汉简《金布律》中有相似律文：

---

① 陈伟主编《里耶秦简牍校释》第1卷，第84~85、236页。
② 沈刚：《秦代祠先农制度及其流变》，《出土文献研究》第12辑，第172~173页。
③ 陈伟主编《里耶秦简牍校释》第2卷，第161页。

[16] 官府为作务、市受钱，及受赍、租、质、它稍入钱，皆官为缿，谨为缿空（孔），婴（须）毋令钱能出，以令若丞印封缿而入，与入钱者参辨券之，辄入钱缿中，令入钱者见其入。月壹输缿钱，及上券中辨其县廷，月未尽而缿盈者，辄输之，不如律，赀一甲。(121-123)①

[17] 官为作务、市及受租、质钱，皆为缿，封以令、丞印而入，与参辨券之，辄入钱缿中，上中辨其廷。质者勿与券。(429)②

也就是说，官府经营工商业及其他方面收取的钱财，都应遵守相应的财务收支制度。具体来讲，官府将所收金钱投入一个易入难出的缿中，并在缿外加封令、丞印。③ 交钱者需目睹钱款投入缿中，防止其经手人贪污而出现亏空。月末，官府将缿中金钱取出，经核对后上交少内。若缿已满还未到月末，也需取出金钱输入少内。同理，简［1］至简［14］中的仓出卖祭品时收取的钱财，可能也是如此操作的。还要说明的是，简［1］和简［2］所记买卖双方人员、物品、价格、时间全部相同，是相同的两份记录，可相互补足。④ 即先农祭祀结束后，仓啬夫是、仓佐狗将撤下的剩余祭品卖给城旦赫，并收取钱款。⑤ 赫需要目睹所付金钱投入缿中，才可以领取相应祭品。缿外还要加封县令、县丞的印，再由仓佐书写买卖券书。

---

① 陈松长主编《岳麓书院藏秦简（肆）》，第 108 页。
② 张家山二四七号汉墓竹简整理小组编著《张家山汉墓竹简［二四七号墓］》（释文修订本），文物出版社，2006，第 67 页。
③ 《说文·缶部》："缿，受钱器也。"［(东汉）许慎撰，（北宋）徐铉校定《说文解字》，第 105 页］段玉裁注曰："易入难出器也……为小孔。可入而不可出。"［(东汉）许慎撰，（清）段玉裁注《说文解字注》，上海古籍出版社，1988，第 226 页］亦名"扑满"，西汉以后有珍贵实物发现，参见张新顺《东汉陶"扑满"》，《中国文物报》2020 年 2 月 18 日，第 7 版。
④ 彭浩将简［1］和简［2］的内容相互补足复原为："卅二年三月丁丑朔丙申，仓是佐狗杂出祠先农余彻羊头一、足四卖于城旦赫，所取钱四，衛之，头一二钱；四足二钱。令史尚视平。"（彭浩：《读里耶"祠先农"简》，《出土文献研究》第 8 辑，第 21 页）
⑤ 关于"余彻"的问题，曹旅宁认为，售卖的祭品往往称"余彻食"。"彻"的意思是"撤下"，即售卖的祭品当为祭祀完毕以后撤下的祭品。（曹旅宁：《里耶秦简〈祠律〉考述》，《史学月刊》2008 年第 8 期）田旭东认为，供品卖给城旦某某，卖的是"撤余"部分，这个"撤余"应该是分胙所余。（田旭东：《从里耶秦简"祠先农"看秦的祭祀活动》，《里耶古城·秦简与秦文化研究——中国里耶古城·秦简与秦文化国际学术研讨会论文集》，第 213 页）

9

券书通常为三辨券形式，分别由仓、令史及县廷持有。① 简［1］、简［2］和简［9］、简［10］等，便均为相同买卖内容的券书，亦即过期被废弃的三辨券。② 至月末或是赇满，仓啬夫是等取出金钱，统一输入少内。至此，祭品买卖活动结束。

值得一提的是，祠先农简中有祭品分类计价的记载。简［1］和简［2］中，城旦赫购买一个羊头和四只羊蹄。"头一二钱，四足【二】钱"应是官府将羊头和羊蹄分别计价。一个羊头单价为二钱，四只羊蹄共二钱，城旦赫共支付四钱。简［9］和简［10］也是两份相同的记录。由简文可知，城旦𢾇共买彻酒一斗半斗，支付一钱，故简中单项计费为"一斗半斗一钱"。简［13］虽残，仍可窥探一二。城旦文支付四钱，购买二斗祭品，故简中有"斗二钱"的记载。换言之，券书中不仅记载了买方支付

---

① 关于三辨券，又叫参辨券（叁辨券），通常是一式三份的券书，分别由不同责任人持有。彭浩认为，祠先农简中的三辨券应由经手人、买者和县少内持有。经手人和买者可以此证明交易的合法性，县少内的一份则是入账的凭证。（彭浩：《读里耶"祠先农"简》，《出土文献研究》第 8 辑，第 21 页）王四维认为，少内不在交易现场，且事后当出售商品的各官府将钱款转输至少内时，双方将另行制作券书，故三辨券应由买卖双方及令史持有。（王四维：《秦县少内财政职能及其管理制度》，《史学月刊》2020 年第 11 期）我们不妨先看简［15］。该简是说，休假官吏贷买官府物品时，"令、令史、赋主"需要各挟一辨券书。陈伟认为，第一个"令"字是动词，应与后文连读。而三辨券之中辨需上呈县廷，上、下两辨由令史和买者分别持有。［陈伟：《岳麓秦简肆校商（壹）》，武汉大学简帛网 2016 年 3 月 27 日，http://www.bsm.org.cn/?qinjian/6661.html］恐怕还值得研究。简［15］中"赇以令、丞印封"及"月尽发赇令、丞前，以中辨券案雠（讎）钱"等记载可知，赇外需要加封县令、县丞印。月末，县令、县丞也需要当面核验金钱，即以藏于县廷的中辨券来核对钱数。作为钱款的核验者及县廷的主管者，我们更有理由相信，县令或县丞应持一辨券书。故将第一个"令"理解为"县令"更为合适，即三辨券分别由县令、令史、赋主三方分持。再看"赋主"的问题。王勇认为："叁辨券'令、令史、赋主各挟一辨'（简 1285），也就是由主管者、收款者和付款者分持。"（王勇：《岳麓秦简〈金布律〉关于奴婢、马牛买卖的法律规定》，《中国社会经济史研究》2016 年第 3 期）即将"赋主"释为付款者，恐怕不确。《汉书·元帝纪》："赀不满千钱者赋贷种、食。"师古曰："赋，给与之也。"（《汉书》卷 9《元帝纪》，第 279 页）从字面上看，"赋主"可理解为给付物品的人。又因月末需三方持券案验，休假官吏既已付钱购买所需物品，交易结束后就无须再返回购买地核对"辨券"。故将"赋主"理解为将官府物品交付给休假官吏的人，应更为妥当，亦即由县廷、令史、卖方分持三辨券。至于祠先农简中出卖祭品的三辨券，也就不难理解了。仓、令史、县廷分别作为卖方、监督者和中辨券的保管方，理应各持一辨券书。因本文重点探讨祭品买卖，故券书形制亦不作过多论述。

② 关于秦汉官方档案的过期和处理方式，晋文认为将过期档案沉入井中是里耶秦简、走马楼西汉简和走马楼吴简等采用的一种废弃方式。参见晋文：《走马楼西汉简〈都乡七年垦田租簿〉的年代问题》，《山东师范大学学报》（社会科学版）2021 年第 3 期。

的总金额，还需单列每类物品的价格。从秦律规定"公食者，日居六钱"①看，剩余祭品的价格也很可能要略低于市场价格。

除上文所述的买、卖双方外，"令史"等第三方也需在场。简［1］至简［14］中常见"令史尚视平"的记载。②校释小组注释："视平，或省作'视'（8-880），或省作'平'（8-217），同样场合有时也用'监'字（8-760），疑'视'或'视平'与'监'含义类似，指督看，以保证公平。"③正如曹旅宁所言，令史是此次交易的监督人。④晋文也说："这些剩余物品的处理，还有一个'令史尚视平'，监督了整个过程。"⑤概言之，作为交易活动的官方监督人，令史需全程在场。值得注意的是，民间私人交易中亦有类似角色。玉门花海汉简载：

> 元平元年七月庚子，禽寇卒冯时卖橐络六枚杨卿，所约至八月十日与时小麦七石六斗，过月十五日以日斗计。盖卿任。（1449A）⑥

这是昭宣之际的一份买卖契约。其中完整记录了买卖双方、中间人，以及实物交换的内容、时间、违约规定等。⑦契约中有"盖卿任"的记载。"任"即中间人，是民间交易活动的见证者，保证双方顺利完成交易。⑧在交易过程中，买卖双方通常难以保证经济关系的成立，需第三人从中作保或见证，以便交易顺利达成。显而易见，作为见证官方交易的监督人，令

---

① 睡虎地秦墓竹简整理小组编《睡虎地秦墓竹简》，第84页。
② "令史"为官府吏员。整理小组注释："令史，县令的属吏，职掌文书等事。《史记·项羽本纪》集解引《汉仪注》：'令吏曰令史，丞吏曰丞史。'"（睡虎地秦墓竹简整理小组编《睡虎地秦墓竹简》，第12页）
③ 陈伟主编《里耶秦简牍校释》第1卷，第40页。
④ 曹旅宁：《里耶秦简〈祠律〉考述》，《史学月刊》2008年第8期。
⑤ 晋文：《里耶秦简中的积户与见户——兼论秦代基层官吏的量化考核》，《中国经济史研究》2018年第1期。
⑥ 甘肃省文物考古研究所编，吴礽骧、李永良、马建华释校《敦煌汉简释文》，甘肃人民出版社，1991，第150页。
⑦ 李伟、晋文：《玉门花海汉简中的经济史料》，《中国社会经济史研究》2020年第4期。
⑧ 陈直认为，任即后代所称之保人。（陈直：《居延汉简研究》，天津古籍出版社，1986，第85页）今按：保人，即担保者，作为第三方以保证买卖双方的权益。邬文玲认为，如果出现买方不能如期向卖方交付钱款的情形，担保人需首先向卖方垫付钱款，然后再向所担保的买方追索钱款。（邬文玲：《敦煌汉简中的一件买卖契约》，《文物》2020年第12期）

史在某些方面与民间交易的中间人相似。此外，简［1］至简［14］中多有"狗手"的记载。① 狗作为仓佐，亦需完成书写券书的任务。

总之，仓佐作为仓啬夫的佐吏，既要同仓啬夫一起出售祭品、收受钱财，还要书写券书。仓啬夫是与仓佐狗为此次交易活动的卖方，代表官府售卖食余祭品。城旦、隶臣等刑徒为买方，支付现钱即可领取相应祭品。令史是交易活动的监察官与见证者，其性质有些类似于民间交易的中间人。为保证公平，防止作弊，令史应全程监督。因此，作为官方的交易活动，需要三到四人同时在场。

四　结语

《左传》成公十三年载："国之大事，在祀与戎。"② 祭祀作为古代社会的一个组成部分，其重要性不言而喻。秦人通过祭祀先农，祈求国家风调雨顺、五谷丰登。囿于资料，目前尚未发现秦代官方祠先农流程的相关记载，但周家台秦墓竹简中有相似简文：

> 先农：以腊日，令女子之市买牛胙、市酒。过街，即行撩（拜），言曰："人皆祠泰父，我独祠先农。"到囷下，为一席，东乡（向），三腏，以酒沃，祝曰："某以壶露、牛胙，为先农除舍。先农苟（苟）令某禾多一邑，先农桓（恒）先泰父食。"到明出种，即□邑最富者，与皆出种。即已，禹步三，出种所，曰："臣非异也，农夫事也。"即名富者名，曰："某不能肠（伤）其富，农夫使其徒来代之。"即取腏

---

① 关于简牍中"某手"的问题，学界讨论较多。张春龙、龙京沙认为，抄手名后缀以"手"字，于简文中为定例，也见于湖北江陵张家山汉墓竹简。（张春龙、龙京沙：《湘西里耶秦代简牍选释》，《中国历史文物》2003年第1期）李学勤认为，文书中签写"某手"的人是具体负责写抄、收发文书等事的吏员。（李学勤：《初读里耶秦简》，《文物》2003年第1期）于振波、胡平生、马怡等均持此观点。［参见于振波《里耶秦简中的"除邮人"简》，《湖南大学学报》（社会科学版）2003年第3期；胡平生《读里耶秦简札记》，载西北师范大学文学院历史系、甘肃省文物考古研究所编《简牍学研究》第4辑，甘肃人民出版社，2004，第7~20页；马怡《里耶秦简选校》，载中国社会科学院历史研究所学刊编委会编辑《中国社会科学院历史研究所学刊》第4集，商务印书馆，2007，第133~186页］陈伟等认为，"手"当指书手。（陈伟主编《里耶秦简牍校释》第1卷，第5页）

② 杨伯峻：《春秋左传注》"成公十三年"，中华书局，1981，第861页。

以归，到囷下，先侍（持）豚，即言囷下曰："某为农夫畜，农夫笱（苟）如□□，岁归其祷。"即斩豚耳，与腏以并涂囷詹下。恒以腊日塞祷如故。①

该简为民间祠先农的祭祀流程，大致可分为四个阶段。首先，祭祀者持女子所买的牛肉和酒，于街中行祭拜之礼。其次，到囷仓下摆放祭品，做祝祷之词。再次，到出种之日，祭祀者同乡邑中最富有者一起出种。且需走三个"禹步"②，再做祷告。最后，持祭品回到囷仓下斩猪耳，与腏食一起涂抹于仓上。至此，祭祀活动结束。可以想见，民间祠先农流程尚且如此，官方的祭祀活动恐怕更加复杂。

此外，睡虎地秦简《日书甲种》中有"马禖"简，从中亦可窥探一二：

祝曰："先牧日丙，马禖合神。"·东乡（向）南乡（向）各一【马】□□□□中土，以为马禖，穿壁直中，中三腏，四厩行："大夫先敜次席，今日良日，肥豚清酒美白粱，到主君所。主君笱（苟）屏诃马，毆（驱）其央（殃），去其不羊（祥），令其口耆（嗜）□，□耆（嗜）猷（饮），律律弗□自□，弗毆（驱）自出，令其鼻能糗（嗅）乡（香），令耳息（聪）目明，令颈为身衡，勒（脊）为身刚，脚（肢）为身【张】，尾善毆（驱）□，腹为百草囊，四足善行，主君勉猷（饮）勉食。吾岁不敢忘。"③

该简为祭祀马神的活动。值得注意的是，简文中有"肥豚""清酒""美白粱"等祭品。其祭祀仪式虽与周家台秦墓竹简中的祠先农有所不同，但其祭品的种类和质量与"牛胙""市酒""胙食"大体相似。这与里耶秦

---

① 湖北省荆州市周梁玉桥遗址博物馆：《关沮秦汉墓简牍》，中华书局，2001，第132页。
② "禹步"为战国巫师创造的一种整齐有序、规范严谨的巫术步法，是巫者娱神的舞步。《抱朴子内篇·仙药》中有详细记载："禹步法：前举左，右过左，左就右。次举右，左过右，右就左。次举右，右过左，左就右。"［王明：《抱朴子内篇校释》（增订本），中华书局，1986，第209页］一般认为，"禹步"源于跛脚巫师所跳的跛舞，所谓"禹步"不过是战国术士假托夏禹首创或传授而已。参见刘信芳《〈天水放马滩秦简综述〉质疑》，《文物》1990年第9期；胡新生《禹步探源》，《文史哲》1996年第1期。
③ 陈伟主编《秦简牍合集（贰）》（释文注释修订本），武汉大学出版社，2016，第474页。

简中祠先农的祭品亦可对应，但官方的祭品种类显然更为丰富。加之祠先农的复杂流程，彰显了秦人对祭祀活动的重视程度。

官方祭祀活动结束后，剩余的祭品通常会售予城旦、隶臣等刑徒。仓啬夫不仅是祭品的出售者，还是售卖钱款的管理者。作为卖方，仓需要同买者进行交易，并单独计入售卖后的钱款。待日后缿满或至月末，再将金钱尽数取出，统一输入少内。值得注意的是，从祭品的出售，到钱款的汇总与管理，最终上交少内，均由仓负责。这是符合经济管理原则的，既简化了基层政府的财政管理，又提高了行政效率。仓佐是仓啬夫的属吏。除了辅助仓啬夫提供、售卖祭品外，也是交易活动的经手人，需亲自书写三辨券。券书上详细记载买卖双方、经手人、出卖时间、祭品种类，以及祭品的单价等信息。祭品交易券书通常由卖方、令史及县廷三方分持，成为日后核验的文书凭证。城旦、隶臣等刑徒是祭品的购买方。作为人之常情，对酒肉的喜食使刑徒往往出钱购买剩余祭品。购买者目睹所交钱款投入缿中后，方可获得相应的祭品。在民间交易中，买卖双方通常难以保证经济关系的成立，需第三人从中作保或见证，以便顺利达成交易。在秦基层政府的祭品买卖活动中，亦有"令史"等第三人全程监督。受钱器的特殊设计及"令史"角色的存在，更凸显了秦朝严格的财务收支制度。

商品买卖是一种建立在买、卖双方认同基础上的经济关系。交易中，买卖双方各取所需，以达到经济上的平衡。在国家极为重视祭祀活动的前提下，剩余祭品的数量与种类依然可观，加之剩余祭品不易长久保存，官府可能更倾向于低价出售，带有一定的福利性质。正如沈刚所言："售卖酒肉等祭品是保障其经济利益的一种现实选择。"① 考虑到食余祭品易于变质，尽快处理仍可以带来经济利益，官府故而以较低价格就近向刑徒出售。对部分城旦、隶臣等刑徒来说，饮酒食肉可视作一次难得的生活改善，而官府出售的剩余祭品则恰好给他们提供了一次打牙祭的机会。

祭祀先农是农耕社会中人们对农业丰收的一种精神寄托。作为以农为本的国家，先农一直是历代官府和民间重点祭祀的农神。丰富的祭品，隆重的祭祀仪式，以及天子、百官的所谓"亲耕"，既是国家借祭祀来感召百姓勤于农桑，更体现了国家对农耕文明的重视。

---

① 沈刚：《新出秦简所见秦代市场与商人探讨》，《中国社会经济史研究》2016年第1期。

From Liye Qin Bamboo Slips to See the Business Issues of Remaining Offerings in Qianling County

Yang Yi   Jin Wen

Abstract: "Sacrifice to Xiannong" is an activity to worship the god of Xiannong in ancient Chinese society. After the official sacrifices recorded in the Liye Qin Bamboo Slips, the remaining offerings were usually sold. As a seller, the granary manager not only needed to sell offerings, but also managed the money temporarily after the sale. In addition, he needed to account for the money separately so that it can be handed over to Shaonei together in the future. The purchasers of the offerings were mostly prisoners such as Chengdan and Lichen. In order to ensure fair trading and prevent cheating, buyers and sellers and the third party "Lingshi" must be present throughout. As a document certificate for the sale of offerings, the three tokens were usually written by Cangzuo and held by the seller, Lingshi and the county government. In addition to writing trading time, buyers and sellers, dealers, trading items and other information, there was also a record of the price of each item on the three tokens. The special design of the piggy bank and the existence of the supervisory officer demonstrated the strict financial income and expenditure system of the Qin dynasty.

Keywords: Liye Qin Bamboo Slips; Qianling County; Granary; Remaining Offerings; Business

《汉书》与中国传统型经济史学范式的形成

唐艳艳　赵德馨**

摘　要：本文从经济史学史的角度，基于经济史学结构理论，阐释《汉书》对中国经济史学的贡献。从经济史学研究内容来看，它开创了以"食""货"为代表的国民经济史学的研究。《汉书》中宣扬的寡欲守贫、轻利贵义的经济哲学，表明社会主流经济思想发生转变，倾向保守主义的儒家思想胜出，成为经济史学理论的价值判断基调；如何研究经济史学的经济史学理论框架基本成型，在撰写体裁、研究内容、评价标准、文笔基调等方面都有了统一的标准。因此在中国经济史学史上，《汉书》开创的经济史学研究的"食货体"，是具有中国特色的经济史学模式，标志着传统型中国经济史学范式的成型和产生阶段的结束。

关键词：《汉书》　经济史学史　传统中国经济史学　食货体

中国的经济史学自《史记》肇始，《盐铁论》促进了学科的进一步发展，直至《汉书》成型，这是传统型中国经济史学的产生阶段。本文在《史记》《盐铁论》探讨①的基础上，研究《汉书》在中国经济史学史上的作用与地位。

---

* 本文为国家社会科学基金一般项目"中国经济史学起源和形成考察"（21BJL120）阶段性成果。
** 唐艳艳，1974年生，武汉理工大学经济学院副教授，主要研究方向为中国经济史；赵德馨，1932年生，中南财经政法大学经济学院教授，主要研究方向为中国经济史。
① 唐艳艳、赵德馨：《〈盐铁论〉与中国经济史学的产生》，《中国经济史研究》2021年第3期；唐艳艳、赵德馨：《〈史记〉与中国经济史学的开端》，载陈锋主编《中国经济与社会史评论》（第10辑），社会科学文献出版社，2022。

一 引言

《汉书》记述了上起西汉高祖元年（前206），下至新朝王莽地皇四年（23）共230年的史事。历代以来，《汉书》学在考校训释、编撰技术、部分具体文本研究上都取得了丰富的成果。对于《汉书》在各学科学术史上意义的探讨，则是近年来的关注点。陈其泰等指出，现阶段对《汉书》史学成就和历史地位的考察，不但应从史学传统之继承、发展关系来分析，还应从传统史学演进的长过程中来评价。[1] 这是一个相对宏观和长期的视野，时至今日学者们已经拥有足够长的时间维度，考察它在传统史学史和各学科史中的作用。

已有学者研究《汉书》相关部分作为其他学科的学术源流，例如史念海关于历史地理学史的研究等。[2] 从经济史学角度的研究则多集中于经济史实，如《食货志》的经济史实贡献；[3] 以及李剑林等将《史记》《汉书》中的7篇经济专篇作为一个整体，试图描绘出一部完整的截止到东汉的2000多年的社会经济发展史，甚至绘制出西汉时期经济都会分布图和西汉时期工商物产分布图等。[4] 关于《食货志》所含某一具体经济问题的研究更是数不胜数，例如关于盐法、官田、赋役、漕运、钱币乃至救荒备灾和工赈等的研究。梁方仲首先从经济史学学科史角度研究《食货志》。他简要介绍十三种《食货志》包含的经济史实、总结经济史学编撰的方法（即经济史学理论的内涵之一），但没有涉及其中包含的经济史理论。[5] 刘志伟最近开始探讨作为经济史方法的"食货"原理，试图通过对传统食货学的研究，建立将中国经济史学传统与现代中国经济史方法联系起来的基本范畴，进而构建解释中国王朝时期的经济理论体系和概念方法。[6]

---

[1] 陈其泰、张爱芳：《20世纪〈汉书〉研究述评》，载瞿林东主编《史学理论与史学史学刊》2008年卷，社会科学文献出版社，2008，第121~36页。
[2] 史念海：《班固对于历史地理学的创建性贡献》，《中国历史地理论丛》1989年第3期，第11~38页；史念海：《论班固以后迄于魏晋的地理学和历史地理学》，《中国历史地理论丛》1990年第4期，第23~68页。
[3] 黄绍筠：《中国第一部经济史汉书食货志》，中国经济出版社，1991。
[4] 李剑林、董力三：《史汉经济与地理著作研究》，湖南地图出版社，1996。
[5] 梁方仲：《十三种〈食货志〉介绍》，《历史研究》1981年第1期，第85~101页。
[6] 刘志伟：《作为经济史方法的"食货"》，《开放时代》2021年第1期，第71~75页。

因此，现有研究以《汉书》为基础，分散研究部门经济史、专项经济政策和制度史、特殊经济术语等的成果较多，将《汉书》作为一个整体，探讨其作为经济史学著作的特点及所处地位的成果鲜见。本文将《汉书》作为经济史学文献，从经济史学演进的长过程来研究它在中国经济史学史中的地位。本文分析框架与笔者所撰论《史记》《盐铁论》两文一样，仍然基于经济史学结构论，经济史学科包括两个分学科，即经济史学与经济史学理论。经济史学是经济史学科的主体，它又由两个分支学科构成：经济史实与经济史理论。①

二 《汉书》中的经济史实

《汉书》中有四篇专门的经济史论述，以及遍于全书的以"互见"形式展现的经济史记载。下文分别概述。

（一）《食货志》——第一部农业和货币通史

班固借鉴《尚书·洪范》所列国家治理八要务的前两项，构造"食货"一词，并加以界定："食谓农殖嘉谷可食之物，货谓布帛可衣，及金、刀、龟、贝，所以分财布利通有无者也。二者，生民之本，兴自神农之世。"② 食是指粮食等农业作物的生产；货是指手工劳动生产的布帛衣物，以及交易用的各种货币，其核心是流通。这是对当时主要国民经济活动的概括，"食货"表达出一个清晰的两部门国民经济框架。班固也正是从这两个方面来撰写经济史的，不再是只记一些重要的政府"好财兴利"的政策和手段，而是开始意识到从宏观的角度关注所有的经济制度以及实践，探讨如何达到"食足货通"的理想状态。《史记》中的《平准书》以政策命篇名，《汉书》中的《食货志》以经济整体为名。由此"食货"成为后世"经济"的代指，食货学成为中国的经济学和经济史学。《汉书·食货志》不是断代史，它是一部经济通史，记载上至周代，下至王莽去国。

1. "食足"的政策与实践。"理民之道，地着为本"。农业生产是国民

---

① 唐艳艳、赵德馨：《〈盐铁论〉与中国经济史学的产生》，《中国经济史研究》2021年第3期，第164~176页。
② 班固撰，颜师古注《汉书》卷二十四上《食货志上》，中华书局，2013，第1117页。

经济中的主要部门和基础。粮食产出充足才可以达到"食足"。因此，在食货中，"食"是核心，即要"重农"。围绕这个核心，《汉书·食货志》对"食"的叙述从以下几个方面展开。

（1）田制。第一次详细记载中国从井田制到王莽土地改革的土地制度变迁过程，并给予评价。在中国传统社会，对于农民而言，土地绝不只是某种可以利用的实物资本，而是与具体的生产与生活方式、社会关系等都密切相关。对于国家来说，土地也不仅仅是财政与税收的来源，亦是关系着如何组织与治理整个社会的基础。因此土地制度是经济制度的核心。

班固花了大量篇幅介绍井田制以及配套制度。井田制下的土地所有权归国家，受封者只有使用权，而没有所有权，不能转让与买卖。他详细描述田地的度量单位、形状，授田的方法与标准、耕种形式，赋税的征税对象、内容和用处，在井田制下人们一年四季的生产生活、教育和粮食储备等。还借孔子的言论对井田制高度赞赏。在井田制下人们"出入相友，守望相助，疾病相救，民是以和睦，而教化齐同，力役生产可得而平也"①。这样，井田制不仅仅是一种土地制度，也是税赋制度、社会保障制度、国家教化体系，是一种理想社会模式，一般而言是中国传统社会的标杆。

周朝晚期，井田的经界被毁，私田开垦泛滥，井田制逐渐被破坏，"徭役横作，政令不信，上下相诈，公田不治"②。新兴的土地制度中，鲁国的"初税亩"意味着对于土地私有的承认，它是新制度的一个典型。

战国晚期，商鞅在秦国行"急耕战之赏"的政策，彻底破坏了井田制，土地私有。民众间和国家之间土地兼并频繁，贫富差距拉大。巨大的利益刺激，完全改变了传统的国家间、民众间的地位和社会的运行范式，"庶人之富者累巨万，而贫者食糟糠；有国强者兼州域，而弱者丧社稷"③。

直至王莽改制之前，土地私有制度没有根本性变化。王莽的土地制度变革是中国历史上鲜见的尝试。始建国二年（9），在毫无准备的情况下，王莽采用了类似于井田制的土地制度，变土地私有制为国有制（王田），固定人均（男子）的土地数量，并禁止买卖，"今更名天下田曰王田，奴婢曰私属，皆不得卖买。其男口不满八，而田过一井者，分余田与九族乡

---

① 班固撰，颜师古注《汉书》卷二十四上《食货志上》，中华书局，2013，第1119页。
② 班固撰，颜师古注《汉书》卷二十四上《食货志上》，中华书局，2013，第1124页。
③ 班固撰，颜师古注《汉书》卷二十四上《食货志上》，中华书局，2013，第1126页。

党"。"犯令,法至死。"① 始建国四年(11)由于无法实施,王田制度被取消,恢复原有制度。如前所述传统的土地私有制的确是很多政治与社会问题的根源,但经济史实表明通过国家权力仓促地改私有为国有是行不通的,终究要回到私有制。

(2)促进农业发展的重农(农民、农业)政策。其意在采取一系列措施提高农业产出水平,保护人们从事农业的积极性。

其一,降低农业税率的税收政策。汉高祖的减税政策,包括实行"十五税一"的税率;以及财政上量入为出,"量吏禄,度官用,以赋于民"。汉文帝(前167)"乃下诏赐民十二年租税之半",三十税一;公元前166年甚至"遂除民田之租税"。公元前155年,"孝景二年②,令民半出田租,三十而税一也。"③ 三十税一成为汉代定制。就农业税率而言,这是中国古代所见的最低的税率,后成为各皇朝轻徭薄赋的标尺。

其二,提高粮食重要性的贵粟政策。通过长期稳定粮食价格和临时刺激粮价提高人们种粮的积极性。先是魏国李悝的"尽地力之教",政府利用"平粜"手段稳定粮食市场价格,达到"使民毋伤而农益劝"的目的。在此基础上汉宣帝五凤四年(前54),耿寿昌在边郡设立正式的"常平仓"制度,"令边郡皆筑仓,以谷贱时增其价而籴,以利农;谷贵时减价而粜,名曰'常平仓'。民便之"④。国家还根据国情,采取短期措施,实施明确的粮食价格导向政策,提高其市场地位。汉文帝前后两次采纳晁错建议,"贵五谷而贱金玉","今募天下入粟县官,得以拜爵,得以除罪"。⑤ 先是捐粮至边关,后又倡导捐粮到地方郡县。在这种政策的刺激下,人们种粮积极性高,边关和郡县都得以满仓。

其三,推广提高农业生产力的技术。汉武帝末年任命擅长农业技术的赵过为主管军粮的搜粟都尉,在全国(包括边境地区)推广代田制⑥。代田制生产效率高,有配套的工具和耕种方法。例如耦犁(一种二牛三人的

---

① 班固撰,颜师古注《汉书》卷二十四上《食货志上》,中华书局,2013,第1144页。
② 《史记·孝景本纪》和《汉书·景帝纪》都载"孝景元年",即公元前156年。
③ 班固撰,颜师古注《汉书》卷二十四上《食货志上》,中华书局,2013,第1127、1135页。
④ 班固撰,颜师古注《汉书》卷二十四上《食货志上》,中华书局,2013,第1141页。
⑤ 班固撰,颜师古注《汉书》卷二十四上《食货志上》,中华书局,2013,第1135页。
⑥ "代田制"是在同一地块上,作物种植的田垄隔年代换,所以称作代田法。它在用地、养地、合理施肥、抗旱、保墒、防倒伏、光能利用、改善田间小气候诸方面多有建树,因此能提高产量。

新型耕田犁地方式）是当时最先进的技术代表，其结果是"一岁之收常过缦田亩一斛以上，善者倍之"。同时政府一方面通过垄断铁器生产，加大高质量铁器的供给，"大农置工巧奴与从事，为作田器"；另一方面鼓励保护耕牛，在缺牛的地方"教民相与庸挽犁"换工，采用这样的办法，人多的组一天可耕三十亩，人少的一天也可耕十三亩，较旧法用耒耜翻地，效率大有提高。①

2. "货通"的政策和实践。促进"货通"的政策和实践从以下两个方面展开，其中通过币制变迁论证币制稳定的重要性是其根本。

（1）从周到王莽新朝间的货币以及货币制度变迁。货币变迁，基本以《平准书》为基础，但是在时间上，向前向后扩展。向前扩至周、秦，向后延至新朝灭亡，详近略远，尤以对新朝时期货币变迁的记载最为详细。笔者在前述论《史记》一文中已经详细阐述西汉前期货币变迁，这里只记前后扩展部分。

首先，明确指出"夏、殷以前其详靡记云"。周以前的货币情况缺乏记载，故《汉书·食货志》直接从周开始，描述周朝的货币（黄金、铸币和布帛）以及度量单位，"太公为周立九府圜法：黄金方寸，而重一斤；钱圜函方，轻重以铢；布帛广二尺二寸为幅，长四丈为匹"②。

春秋战国时期的货币并未加以讨论，直接转至秦统一货币。钱币分为两种，一是上等币黄金，以溢为单位；二是铜钱铸币，重半两，为下等币；其他的珠、玉、龟、贝、银、锡等仅作为器物、首饰或宝藏，不再是货币。货币已经统一为金属货币了，并有了统一正式的度量单位、名称及形制（圆形方孔铜钱）。

《汉书》对《史记·平准书》所未涉及之宣、元、成、哀、平五代的货币情况，只记载了两件事。一是元帝时贡禹提出废除金属铸币，用布、帛、谷交易的激进建议。他认为"铸钱采铜，一岁十万人不耕，民坐盗铸陷刑者多。富人臧钱满室，犹无厌足。民心动摇，弃本逐末，耕者不能半，奸邪不可禁，原起于钱……租税、禄、赐皆以布、帛及谷，使百姓壹

---

① 班固撰，颜师古注《汉书》卷二十四上《食货志上》，中华书局，2013，第1139页。
② 班固撰，颜师古注《汉书》卷二十四下《食货志下》，中华书局，2013，第1149页。有人认为"九府圜法"是西周初实行的货币制度，但现有文献证明这只是班固借姜太公所为以说明货币制度的来源而已。

意农桑"①。他的建议没有被采纳。② 这应该是有记录的第一次废除货币主张，后世多有论及，原因也不外上述观点。二是武帝元狩五年（前118）到平帝元始间（1～5），约120年中，西汉总共铸造五铢钱约二百八十亿万。说明稳定统一的五铢钱是为市场所接受的，它是中国历史上成功的货币之一。

王莽时期币制相当复杂，从公元7年到公元14年，7年间进行了四次币制的改革。其币制特点在于币种繁多，变化频仍，法令严苛，以至于"每壹易钱，民用破业，而大陷刑"③。其中"宝货制"是世界币制史上一种空前绝后的币制，共五物六名二十八品。例如泉布有十种，虽有文字标明价值，但时人多不识字，且十种泉布一级只差一铢，难以辨别；龟贝币要随时测量，更是麻烦。老百姓面对光怪陆离的货币，感到头昏眼花，当然该币制也以失败告终。

（2）盐铁酒榷等官营工商业的发展。汉武帝实施盐铁酒政府专营，对于保障政府财政居功至伟，但是负面影响也不小。汉昭帝年间，基于"盐铁会议"对盐铁酒榷专营优劣讨论的结果，只是"罢酒酤"。④ 汉元帝时期曾全面废除盐铁专营，但三年之后即因财政原因恢复专营。

王莽进一步扩展了政府专营与管制的范围，号称"五均六筦"。六筦，"筦"即"管"，就是政府管理、主导六种经济活动，即盐、铁、酒、铁布铜冶、名山大川和"五均"。盐、铁、酒这三种商品由国家统一生产经营；铁布铜冶，是指冶铜铸币由国家控制；名山大川，即名山大泽产出归国家所有。这是汉武帝时已有的政府垄断政策，王莽政府又加上"五均"，合称为"六筦"。

"五均"是政府对市场运行监管的实践。始建国二年（9），王莽下令："今开赊贷，张五均，设诸斡者，所以齐众庶，抑并兼也。"⑤ 所谓"五均"就是在长安、洛阳、邯郸、宛和成都五大城市设五均司市师，负责征收工商各业税款以及五种"均"市场的活动。市平（平抑物价），"诸司

---

① 班固撰，颜师古注《汉书》卷二十四下《食货志下》，中华书局，2013，第1176页。
② 在汉哀帝时，师丹也建议："古者以龟贝为货，今以钱易之，民以故贫。宜可改币。"（《汉书·师丹传》）在复古思潮的影响下，一大批儒生将贫富两极严重分化的原因归结为货币的使用，认为以取消金银货币为手段的复古可以解决问题。
③ 班固撰，颜师古注《汉书》卷二十四下《食货志下》，中华书局，2013，第1184页。
④ 《盐铁论》载："请且罢郡国榷沽、关内铁官。"即取消了酿酒以及关内的铁器专营。
⑤ 班固撰，颜师古注《汉书》卷二十四下《食货志下》，中华书局，2013，第1180页。

市常以四时中月实定所掌,为物上、中、下之贾,各自用为其市平,毋拘它所"。收滞货,"众民卖买五谷、布帛、丝绵之物,周于民用而不雠者,均官有以考检厥实,用其本贾取之,毋令折钱。"平市,"万物印贵,过平一钱,则以平贾卖与民。其贾氏贱,减平者,听民自相与市,以防贵庾者"。赊,"民欲祭祀、丧纪而无用者,钱府以所入工、商之贡但赊之,祭祀无过旬日,丧纪毋过三月"。贷本,"民或乏绝,欲贷以治产业者,均授之,除其费,计所得受息。毋过岁什一"。①

这些对于重要手工业产品生产以及市场交易管制的政策和措施,大部分是汉武帝政策的延续。其目的在于利用政府力量控制部分市场,稳定物价,保障基本物品的供给,同时增加财政收入,缩小贫富差距。但过多的管制使"民摇手触禁","富者不得自保,贫者无以自存"。②

(二)《地理志》——中国第一部人文经济地理通史

《汉书·地理志》全文约3500字,由三个部分组成。一是辑录《尚书·禹贡》和《周礼·职方》,并依汉代语言做了文字上的修改,其意在记录汉以前,尤其是夏、商、周的经济、地理沿革,资料有限。这一部分以九州为纲,较为疏阔。二是叙述汉平帝元始二年(2)③的政区地理。其时全国共计14州(部),所辖103个郡(国),下设1587④县(县1356,相当县的道29,侯国193)。⑤班固以"郡"或"国"为纲,以"县"或"道"或"侯国"为目展开,极为详尽,这是《地理志》的主体。三是辑录了汉成帝时刘向《域分》和朱赣《风俗》两篇文献,意在概述当时天文分野⑥与区域经济特点和风俗。综合上述内容,《地理志》不仅是历史上自

---

① 班固撰,颜师古注《汉书》卷二十四下《食货志下》,中华书局,2013,第1181页。
② 班固撰,颜师古注《汉书》卷二十四下《食货志下》,中华书局,2013,第1185页。
③ 其郡国一级名目所据是元始二年的资料,而县邑一级的名目所据却是成帝元延、绥和之际的资料。
④ 据周庄(周振鹤)《〈汉书·地理志〉县目试补》,《汉书·地理志》后序说有1587个县级政区,但实际只记载了1578个。载中国地理学会历史地理专业委员会《历史地理》编委会编《历史地理》第二辑,上海人民出版社,1982。
⑤ "国"是与"郡"同级的行政机构,如赵国、广平国、中山国等,下辖有县或侯国;一些县注明是某侯国,例如,"曲梁,侯国。莽曰直梁",是说曲梁县是一个侯国,王莽时叫作直梁。
⑥ 这是将天界星区与地理区域相互对应的学说,其最初目的就是为了配合占星理论进行天象占测。汉代后天文分野从一种实用的"占星学"变成承载人们世界观的严密体系。

然地理的介绍，还以行政区划为纲，系统介绍各地行政沿革、户口数据、山川水道交通、经济物产、生活习俗等，是中国第一部人文经济地理通史，是地理经济史的组成部分之一。综合而言，从经济史学角度看，《地理志》包括以下内容。

1. 从传说中的大禹时期到汉代的河道交通概况。最早的《禹贡》只依次记载九州重要的水道。一般介绍该州的贡品通过什么河流可以进入黄河或其他主要河流水道或者大海，进而到达目的地。例如兖州地区从济水、漯水乘船进入黄河，即"浮于汶、漯，通于河"①。班固的记载则涉及具体州县区域中的河流，强调河流的发源、走向和名称变化。在整篇《地理志》中，总共记载了四百多条水运通道，一般都详述其源出、流向、水程及归宿。

2. 从传说中大禹时期到汉代区域经济（农业、传统手工业）。《禹贡》分别简略介绍九州的土壤的颜色、肥瘠情况，进而说明其农业产出和特色手工业或矿业产品，并指出土地等级和赋税级别。《职方》也是分九州来阐述的，但更为简练，例如："其利金、锡、竹箭；民二男五女；畜宜鸟兽，谷宜稻。"②寥寥数语，介绍扬州的农业、畜牧业以及手工、矿业特点。班固的区域经济记载，详述每一郡或国特色产业（铁、盐、工、服官等）、县域内的名胜古迹等。整理《地理志》的记载可知，西汉设盐官34处，铁官47处，③工官8处，服官（为宫廷制造舆服）2处，楼船官1处，发弩官1处，铜官1处，木官1处；还有管理当地特色产业的家马官1处，牧师苑官（军马）2处，橘官2处，羞（饈）官2处；此外还有云梦官2处、湖官或陂官1处，西汉的官营手工业、地方特色分布也由此一清二楚。

3. 梳理人口数据。关于人口数据，《职方》给出了估计的九州人口中男女的比例。班固则记载了全部103郡（国）的户数和口数，甚至部分县也有具体数据。这些数字不但是我国有史以来最早的比较完整的户口统计，而且因为分别系于各郡国之下，又自然成为人口分布资料，各地人多人少，一目了然，很有价值。汉平帝元始二年（2）的总户数是12233620

---

① 班固撰，颜师古注《汉书》卷二十八上《地理志上》，中华书局，2013，第1525页。
② 班固撰，颜师古注《汉书》卷二十八上《地理志上》，中华书局，2013，第1539页。
③ 或48处，有一处为金官，即荆州桂阳郡。

户，口数则是 59594987 口，可见当时平均每户接近 5 口（4.87 口）。人口最多的前三州（部）依次是兖州、豫州、司隶部，这三州（部）人口占据全部（14 州、部）人口的 37% 多。如果以郡国而言，人口密度最高的当数平原郡，每方公里 416 人；最低的是敦煌郡，每方公里仅 0.3 人，[1] 两者相差极大。

4. 资源禀赋和人民生活等。《域分》介绍天文分野，是有史以来较为详细的记载，这里不详述。关于社会风俗和人民生活的描述，班固以专业书籍《风俗》代论，将全国分为 15 个区域分别展示了当时人们基于不同资源禀赋而衍生的经济特征和生活习俗，颇具特色，后世类似的《郡国志》《地形志》都没有论及。例如秦地，下分四个小区域，即关中、天水陇西六郡、武威郡以西的匈奴旧地和南边的巴蜀广汉郡。关中地区"又郡国辐凑，浮食者多，民去本就末，……嫁娶尤崇侈靡，送死过度"[2]。关中地区地理位置优越，资金充足，商业发达，崇尚金钱、奢侈。天水、陇西等六郡盛产林木，百姓用木板来建造房屋。因地处戎狄边界，崇尚气节和力量，善于射猎，民俗质朴，"汉兴，六郡良家子选给羽林、期门，以材力为官，名将多出焉"[3]。武威郡以西的匈奴旧地，地广民稀，水草宜畜牧，故凉州之畜为天下饶。"是以其俗风雨时节，谷籴常贱，少盗贼，有和气之应，贤于内郡。"[4] 南边巴、蜀、广汉，土地肥美，有江水沃野，山林竹木蔬食果实之饶。更南边的贾滇、棘僮等地，民食稻鱼，亡凶年忧，俗不愁苦，而轻易淫泆，柔弱褊厄。这些记载清晰地描绘出一幅当时各地人民所具有的经济特色、性格特点和生活习俗的精彩画卷。

(三)《汉书·沟洫志》——中国第二部水利经济通史

《沟洫志》是一部关于农业水利灌溉设施、粮食漕运通道和黄河治理的通史，也是继《史记·河渠书》之后的中国第二部水利经济通史，显示出对于水的利用、治理在中国传统社会的重要性。该篇以司马迁《河渠书》为

---

[1] 梁方仲编著《中国历代户口、田地、田赋统计》，上海人民出版社，1980，第 4~5、14、18 页。
[2] 班固撰，颜师古注《汉书》卷二十八下《地理志下》，中华书局，2013，第 1643 页。
[3] 班固撰，颜师古注《汉书》卷二十八下《地理志下》，中华书局，2013，第 1644 页。
[4] 班固撰，颜师古注《汉书》卷二十八下《地理志下》，中华书局，2013，第 1645 页。

基础，增加部分水利工程的记载，修正少许错误；① 并续写至王莽新朝时期。因前文已述，故本文只记《沟洫志》相对于《河渠书》新增的部分。

1. 补充汉武帝时期修建的农业灌溉设施——六辅渠和白渠。六辅渠是郑渠的补充，白渠走向与郑渠大体相同。白渠的建成改善了泾阳、三原一带大片土地的土肥条件，促进了农业生产发展："郑国在前，白渠起后，举臿为云，决渠为雨。泾水一石，其泥数斗。且溉且粪，长我禾黍。衣食京师，亿万之口。"②

2. 重点关注黄河水患的影响、治理以及经验总结。黄河的水患及其治理占了《沟洫志》一半的篇幅，涉及重要的黄河决口及治理7次；完整保留水利专家们的治理建议讨论，实为承先启后总括历史经验的权威记录。内容包括两个方面。其一是汉代防范水灾的措施。除了传统的防堵（堤防）、分疏、改道等措施外，贾让在《治河三策》中还提出开浚和建立蓄洪区的新观点，凡是后代有的措施，当时都出现了。其二是灾情和政府赈灾记载。例如汉成帝建始五年（前28）馆陶和东郡金堤决堤，"泛滥兖、豫，入平原、千乘、济南，凡灌四郡三十二县，水居地十五万余顷，深者三丈，坏败官亭室庐且四万所"。政府进行了粮食赈灾和移民，"谒者二人发河南以东漕船五百，徙民避水居丘陵九万七千余口"。③

（四）《货殖传》——中国第二部工商人物活动发展史

《汉书·货殖传》是截至王莽新朝末，历史上从事工商活动成功人士的群传，记载他们所从事的行业、经营致富的经验；作者通过对人物活动的评论，阐述自己的经济思想，尤其是关于私人工商业的观点。因此实际上它是对历史上私人工商业经济发展的记载，也是中国学术史上少有的正史中对私人工商业的讨论。

《货殖传》共计3200余字，所用资料与《史记·货殖列传》大致类

---

① 例如《史记·河渠书》载："西门豹引漳水溉邺，以富魏之河内。"《汉书》则指明是"史起为邺令，遂引漳水溉邺"。另一处是纠正两次重要的黄河决口的时间间隔，一次是汉兴三十九年，孝文时黄河决于酸枣，再一次是黄河决于瓠子。《史记》记载："其后四十有余年，今天子元光之中，而河决于瓠子。"《汉书·沟洫志》记载是，"其后三十六岁，孝武元光中，河决于瓠子"，根据其他资料证明汉文帝十二年（前168）河决酸枣，汉武帝元光三年（前132）河决瓠子，中间确是36年。
② 班固撰，颜师古注《汉书》卷二十九《沟洫志》，中华书局，2013，第1685页。
③ 班固撰，颜师古注《汉书》卷二十九《沟洫志》，中华书局，2013，第1688页。

似，但是篇幅却只有后者的一半。其字数差异主要因为两点：一是前者将后者记载的区域经济和风俗，纳入了《地理志》；二是班固重写了表明作者经济思想的前言部分，司马迁较为详尽地论述了他基于私人工商业发展历史而来的自由主义经济思想，而班固删除了司马迁原文（将近1000字），抛弃、批判司马迁的主张，提出了完全不同的经济观点。

《货殖传》所记货殖人物共计40人，包括《史记·货殖列传》所载的29人①，以及补充后续时代的11人。这11人被分地区简略记载，除了罗裒和王孙卿两位稍详细外，其余9位富人，总共只有区区不足300字介绍，一般只提及名字、地域、时期和财富数量。值得注意的是，所补11人，8人来自京师，3人来自京师之外，其中罗裒的业务遍及巴蜀和京师。

前29人史料采用虽基本一致，但班固和司马迁对他们的评价迥异。司马迁总体上从正面细论各家致富手段和经验，他撰书的目的是总结经验让后世学习如何求富。②班固将因货殖致富的人物分三类。第一类是"然常循守事业，积累赢利，渐有所起"，此类人虽经营不违法，但是生活富裕，多因吃、穿、住、行而"越法"。第二类是"公擅山川铜铁鱼盐市井之入"，例如蜀卓、宛孔、齐之刀间等，其罪恶是"上争王者之利，下锢齐民之业，皆陷不轨奢僭之恶"。第三类是"掘冢搏掩，犯奸成富"的人，例如田叔、桓发、雍乐成等，这类人更是罪不可赦，"伤化败俗，大乱之道也"。③总而言之，货殖致富，于社会、国家无任何益处，小则"越法""僭越"，大则"乱道"。其核心观点在于，人们想发财致富，这种心理就是不正确的，因为前代圣人已经有"均无贫"的理想。如果一个人发了大财，多半是因为他"靡法靡度，民肆其诈"，故而他犯了"逼上并下"的过错。④班固写《货殖传》，就是要证明上述观点，进而贬抑商人，贬抑富人，批评个人发财致富的心理与行为。

（五）《汉书》其他部分经济史实例证

《汉书》其他部分也有经济史实记载，以互现互证经济事实，这里择

---

① 《史记·货殖列传》记载31人，班固去掉姜太公和管仲。
② 参见唐艳艳、赵德馨《〈史记〉与中国经济史学的开端》，载陈锋主编《中国经济与社会史评论》（第10辑），社会科学文献出版社，2022。
③ 班固撰，颜师古注《汉书》卷九十一《货殖传》，中华书局，2013，第3694页。
④ 班固撰，颜师古注《汉书》卷一百下《叙传下》，中华书局，2013，第4266页。

要说明。

1. 纪、传中的经济史实。"纪"是按时间顺序的皇帝和皇后大事记，包括所涉及人物相关的所有事务，因此易于作为志书类的补充。若以币制为例，《高后纪》记二年春，行八铢钱；六年春，行五分钱等。① 这些都是对《食货志》的有益补充，两相对比，便于读者查遗补漏，厘清事实。

"传"为人物传记，记载重要政治、军事、经济人物的生平与事迹。这些人物大多参与重大经济政策的决策或实施，因而读者可以在这些传记中发现对同一事件从不同角度的记载。而且《汉书》"传"部分引用较多传主的著作或奏章，保留时人的观点，更利于探究事情的原委。这些传记是探究经济变迁不可或缺的支撑资料。

2. 《五行志》中的气象以及自然灾害史实。《五行志》共5卷，是所有"志"类中卷数最多的，其在后世颇受讥议。当代人多视《五行志》是宣扬灾异迷信之作，但它汇编了从春秋时期的鲁隐公至王莽时七百余年间的重要灾异记录，同时选摘了西汉灾异学家对这些灾异的解说，是中国灾害史、气象史、天文史和记录异物的历史。例如地震，其记录西汉有5次；蝗灾，春秋时期12次，西汉7次等。《五行志》不仅有对灾害强度的描述，而且有关于受灾人口、土地、房屋、牲畜的记录。它的编年记事、方便检索的灾异分类与区域配置，可以为经济史学、减灾学等学科提供长时间维度的灾害周期以及灾害时地分布等研究数据。近年来这些早期气候和灾害资料在经济史研究上得到了充分的应用，涌现出许多有意义的研究成果。

3. 周边少数民族传中关于各民族历史、经济发展与民族关系的记载。《汉书》延续《史记》传统，仍然有5篇关于周边少数民族的传，即《匈奴传》上、下，《西域传》上、下，《西南夷两粤朝鲜传》。从篇目设计上可以看出，它更加突出匈奴这个重点。这类传记载各民族的区域地理位置、产业构成、风俗习惯、经济政治组织以及和中原政权之间的相互关系演变。以《西域传》为例，它包括西域50余国的户口统计、物产、地理位置、各国之间的方位和交通距离等基本情况，汉武帝通西域之前的社会经济状况，以及通西域后政府对西域各国的管理与经济开发。例如："出阳关，自近者始，曰婼羌。婼羌国王号去胡来王。去阳关千八百里，去长

---

① 班固撰，颜师古注《汉书》卷三《高后纪》，中华书局，2013，第97、99页。

安六千三百里,辟在西南,不当孔道。户四百五十,口千七百五十,胜兵者五百人。西与且末接。随畜逐水草,不田作,仰鄯善、且末谷。山有铁,自作兵,后有弓、矛、服刀、剑、甲。西北至鄯善,乃当道云。"① 这是其中关于婼羌国的记载,涉及国名、地理交通位置、户口、军队人数、农牧产业、资源禀赋和特色产业,内容丰富,后之修史者按此范式写作,今人将历代相关传记结合起来,就能描绘出一部西域各国简要的地理经济史。

三 《汉书》中的经济史理论

经济史理论是经济史的理论形态,是对经济史实的理论抽象。经济史研究可以发现理论,可以检验理论。班固在撰写《汉书》时,不是只述经济活动的发展过程,更重要的是借写经济史实表达自己或者当时人的思想和理论观点,寓论于叙事中。

(一) 食足货通:国家经济基础理论

前文说到班固构造了"食货"一词。"食足货通,然后国实民富"②的提法也自他始。这句话是班固经济思想的精要所在,对于经济史理论来说,是一个新思维、一个新框架、一个重要的思想贡献。

首先,班固第一次高度抽象出经济的两大核心部门:食和货,即与食物生产相关的农业和与商品流通相关的货币、手工业和商业。食货并列,是对于以农业为本的本末说的一个跨越。前人也曾高度评价除农业之外的其他经济部门,例如司马迁观察到"故待农而食之,虞而出之,工而成之,商而通之"③,但是在学术上没有将四者并列为国民经济重要部门,本质仍然是本末分类。班固将食货并列,并专篇分别记载、研究如何做到"食足货通",创造了一个新的研究框架。

其次,班固厘清了"食足货通"是国家经济基础的逻辑。他通过描述神农、黄帝、尧、舜、禹以来的实践,指出无论是"斫木为耜,煣木为

---

① 班固撰,颜师古注《汉书》卷九十六上《西域传上》,中华书局,2013,第3875页。
② 班固撰,颜师古注《汉书》卷二十四上《食货志上》,中华书局,2013,第1117页。
③ 司马迁:《史记》卷一百二十九《货殖列传》,中华书局,2013,第3254页。

耒，耒耨之利以教天下"，制作工具以提高生产力而食足，还是"日中为市，致天下之民，聚天下之货，交易而退，各得其所"而货通，其目的都是"生民"即国实民富。民众生活富裕，"于是里有序而乡有庠。序以明教，庠则行礼而视化焉"。统治者因而可以富而"教民"。农民依附于土地，四民有业，不仅仅解决了他们的生存问题，更重要的是以礼义固化人们，最终的目标是"安民"。①

再次，论证"食足"和"食不足"的原因。班固用对比的方法，先述文帝、景帝时期的"民人给家足，都鄙廪庾尽满，而府库余财"——"食足"的成功经验在于"约法省禁，轻田租"以及重农贵粟政策。后论武帝以后"食不足"的根源在于政府庞大支出导致的苛捐杂税，以及私有制下土地兼并引致的粮食生产低效。汉武帝时期"外事四夷，内兴功利，役费并兴，而民去本"，"田租口赋，盐铁之利，二十倍于古"。②苛政猛于虎一直是传统国家反思王朝衰落原因的论调，同时强权官僚贵族和富有商人的土地兼并迫使农民流亡，放弃农业生产，粮食生产不足也不容忽视。董仲舒论富人的兼并，"富者田连阡陌，贫者无立锥之地"③。《哀帝纪》中则记叙了贵族官僚兼并土地："诸侯王、列侯、公主、吏二千石及豪富民多畜奴婢，田宅亡限，与民争利，百姓失职，重困不足。"④ 如前所述，针对"食不足"，总体而言国家想尽办法让农民固定在土地上，有地可耕，有基本的收入保障，具体措施包括：轻徭薄赋、抑制土地兼并、重农贵粟、提高农业生产力政策等。

最后，阐述"货通"的基本路径。"货通"关注货币和物价的稳定以保证货物交易顺畅。一是稳定币制，权衡币制稳定和征收货币发行税之间的关系。班固详细记载货币改革变迁史，尤其是王莽的币制改革，试图用事实论证币制稳定对于经济的重要性。二是稳定市场物价，尤其是农产品价格，重点是粮食价格。他指出："籴甚贵伤民，甚贱伤农。民伤则离散，农伤则国贫。"⑤ 粮价甚贵或甚贱都不好。三是从商品流通的角度，肯定市场的重要性。"日中为市，致天下之民，聚天下之货，交易而退，各得其

---

① 班固撰，颜师古注《汉书》卷二十四上《食货志上》，中华书局，2013，第1117页。
② 班固撰，颜师古注《汉书》卷二十四上《食货志上》，中华书局，2013，第1137页。
③ 班固撰，颜师古注《汉书》卷二十四上《食货志上》，中华书局，2013，第1137页。
④ 班固撰，颜师古注《汉书》卷十一《哀帝纪》，中华书局，2013，第336页。
⑤ 班固撰，颜师古注《汉书》卷二十四上《食货志上》，中华书局，2013，第1124页。

所"，因此圣明的统治者要"开市肆以通之……通财鬻货曰商"。① 这说明"货通"需要建立商品市场以促进商品流通。但班固对发展商品流通和市场作用的认识并不深入，他仅仅关注政府垄断工商业和排斥私人工商业者的经济活动，没有认识到商品生产的真正作用。②

（二）抑制土地兼并理论：从限田到均田

土地兼并是秦汉时期出现的新的经济问题，是土地私有化的必然结果之一。土地的集中加剧了贫富差距，贫民无以聊生，经济问题导致社会问题和政治问题。班固强调："不患寡而患不均，不患贫而患不安；盖均亡贫，和亡寡，安亡倾。"③ 当时的学者、官员以及执政者对于天下治平的反思，也集中在土地兼并问题上，班固尝试厘清这一难题。在《食货志》中，他系统介绍历史上相关的政策以及效果，为后世留下理论探索经验。当时解决方法的核心不外乎内塞兼并之源（主要针对官民暴富后的兼并，下节详述），外限民名田（制度保障土地的均平），以求法律上土地所有的均平。

限田论是最早提出的解决方案，它打开了一个新思路。汉武帝时，董仲舒看到井田制废除后土地兼并，尤其是富裕商人的兼并现象突出，首提"限民名田，以澹不足，塞并兼之路"④。其核心是国家强制规定民户拥有土地的数量，但未提及限制几何，也未涉及限田的方法。汉哀帝时期，师丹再提限田，"列侯在长安，公主名田县道，及关内侯、吏、民名田，皆毋过三十顷。……期尽三年，犯者没入官"⑤。在董仲舒建议的基础上，师丹的方案向前发展了一步，限田变得更为具体，数额清楚，对象明确（强调限制贵族、官僚、商贾等人的田地），并规定了实行的期限，限田思想变成了可以操作运行的法律政令。但上述两次限田建议都由于各种原因，没有实施。历史的实践可以看出，这种政策实施的交易成本非常高，即便是在汉武帝时期，国家行政能力强大，也无法实施。

真正实施的是王莽的王田制，即规定田地归国家所有，不能买卖，同

---

① 班固撰，颜师古注《汉书》卷二十四上《食货志上》，中华书局，2013，第1117页。
② 陈其泰、赵永春：《班固评传》下，南京大学出版社，2011，第5页。
③ 班固撰，颜师古注《汉书》卷二十四上《食货志上》，中华书局，2013，第1117页。
④ 班固撰，颜师古注《汉书》卷二十四上《食货志上》，中华书局，2013，第1137页。
⑤ 班固撰，颜师古注《汉书》卷二十四上《食货志上》，中华书局，2013，第1143页。

时固定人均拥有田亩的具体数量。一家（男口不超过8人）土地超过一井（900亩）的，余田要分给九族邻里乡党（即100亩/男），无实施预备期限。这是针对所有人（男丁）的等额限田，可视为"均"田。相对于师丹的限田论，王田制在多方面有所超越：王田制规定了无田户的处理；规定土地禁止买卖；王田制级别更高，限田论规定超越限额是违章犯禁，而超越了王田制数量规定则是犯罪。王田制实行三年之后不得不废弃，这一改革尝试以失败告终。

王田制之后，针对土地兼并这一历史难题，东汉的荀悦和仲长统提出限田论，西晋初年有占田制，直至北魏李安世的均田制，可以清晰地看到思路的一脉相承。除了限制官员贵族富人的土地数量，均田制从王田制继承了保证普通农民土地数量的制度；但又吸取王田制的教训，改完全禁止土地买卖为部分禁止土地买卖，使之更符合当时的经济规律。① 均田制无论从政策措施还是理论上，都达到了比较完善和成熟的阶段，后历经北齐、北周、隋直至唐初，均田制的具体条文虽有所改变，但一直是统治者解决土地问题的基本政策。

（三）政府直接参与经济活动优劣理论

班固是赞同国家在部分行业或部门直接参与经营的，认可"所以齐众庶，抑并兼也"的政策背景。汉武帝之后，官府对经济的干预力度并未减小，国家对盐铁等的专营也一直没有彻底消失；王莽更是在原有政策的基础上增加了"五均"，形成"六莞"，政府直接参与经济运行的实践范围更广。政府依靠特权直接介入市场，从而将原来属于私人工商业者（兼并势力）的暴利转到官府腰包里，在增加国家财政收入的同时，也能有效抑制兼并。班固观察到政府垄断活动的长期性："故管氏之轻重，李悝之平籴，弘羊均输，寿昌常平，亦有从徕。"他肯定这一系列政策的实施效果，最好的结果是"民赖其利，万国作乂"；次之，汉武帝时也能做到"民不加赋而用益饶"。但是王莽时期实行相似的政策，其结果却是"制度失中，奸轨弄权，官民俱竭，亡次矣"。②

---

① 北魏均田制禁止土地买卖，但作为世业的桑田可以买卖；唐朝口分田不可买卖，农民、官吏所受永业田可以买卖。韩国磬：《北朝隋唐的均田制度》，上海人民出版社，1984，第154页。
② 班固撰，颜师古注《汉书》卷二十四下《食货志下》，中华书局，2013，第1186页。

班固认为政策效果差异的关键在于具体执行官员的素质。以前效果较佳是因为"顾古为之有数,吏良而令行"。他批评王莽时期政府垄断经济活动在实践中,"羲和置命士督五均、六斡,郡有数人,皆用富贾。……乘传求利,交错天下,因与郡县通奸,多张空簿,府臧不实,百姓俞病"。导致"奸吏猾民并侵,众庶各不安生"。① 班固偏好于从政策执行人私德方面找原因,而没有谈及制度本身的问题,这种思想影响深远。近代也有很多学者高度正面评价制度本身,例如胡适认为王莽实行的五均六筦之制,"都是'国家社会主义'的政策。他们的目的都是'均众庶,抑兼并'"②。当然一些学者也从政策制度本身进行反思,认为长此以往,会形成官府拥有干预经济的天然权力的文化氛围,垄断的恶果都不足以引起人们警觉。人们习惯于从私欲有害、管制乏力等角度去解释官商体制的低效和弊端,干预造成的危害成为进一步干预的理由。③

(四) 促进"货通"的货币理论

中国经济史学重视货币史记载的优良传统,首先应归功于司马迁的首创和班固的发展。货币史记载中的丰富实践,衍生出广泛的理论探讨,显示出中国古代货币理论的丰富性和先进性。《汉书》对于货币理论的探讨都是出于促进"货通"的目的,是对历代货币理论的一个总结。

1. 货币职能界定。班固将货币名称化用为比喻,形象地解析货币的职能,相当精炼:"故货宝于金,利于刀,流于泉,布于布,束于帛。"④ 金、刀、泉、布、帛都是我国古代货币的指代。"宝于金"指货币本身具有价值,跟金子一样宝贵。"利于刀"则是说货币作为交易的支付中介在商品交易支付中便利如刀。"流于泉"指流通职能,是说货币能使商品交易如泉水一样畅行无阻。"布于布"指货币像布一样易于分布流行,是大家愿意接受的媒介。"束于帛"是说货币的贮藏职能,贮藏时如丝帛束聚,便于集藏。这形象的解析,反映了班固对货币本身的价值、流通职能、支付职能、贮藏职能等职能的认识,虽不全面,但贵在形象和首创。

2. 敛散轻重控制物价说。"民有余则轻之,故人君敛之以轻;民不足

---

① 班固撰,颜师古注《汉书》卷二十四下《食货志下》,中华书局,2013,第1183页。
② 胡适:《胡适文存》贰,华文出版社,2013,第20页。
③ 钟祥财:《"大同"思想的历史维度》,《探索与争鸣》2009年第4期,第54~58页。
④ 班固撰,颜师古注《汉书》卷二十四下《食货志下》,中华书局,2013,第1149页。

则重之，故人君散之以重。凡轻重敛散之以时，则准平。"① 班固研究管仲在齐国创造经济奇迹的经验，探讨政府如何稳定以货币标价的市场物价。政府通过逆价格行事，市场物资多，价格低，就买进；市场物资短缺，价格高，就卖出，追求物价准平，使货物流通顺畅。更重要的是"守准平，使万室之邑必有万钟之臧，臧繈千万；千室之邑必有千钟之臧，臧繈百万"②。在稳定物价的长期过程中，政府会积累大量财富，消除大贾豪家剥夺民众的可能性。

3. 子母相权货币流通论。班固专门引单穆公反对周景王铸大钱的论述，强调其中的货币理论。第一，首次出现钱有文的记载。"卒铸大钱，文曰'宝货'"。此后中国的钱币上都为文字，不同于西方惯用人物花鸟动植物为饰。这是关于货币形制的理论。第二，"先王因灾制币说"的货币起源论。"古者天降灾戾，于是乎量资币，权轻重，以救民。"第三，界定古代分析货币问题所使用的基本范畴：轻重、子母。"量资币，权轻重"，货币的轻重是相对于商品而言的，是要通过在交换中和商品（资）的比较来衡量，即把货币的轻重看成货币表现在商品上的相对价值。货币在流通中不仅同商品发生关系，而且不同的货币之间也发生关系，于是就有了关于货币流通的又一对范畴，即子母范畴。从"民患轻，则为之作重币以行之。……若不堪重，则多作轻而行之，亦不废重……小大利之"。③ 因而子母关系实际是同时流通的轻币和重币、小币和大币之间的关系。④ 这里虽未直接说明同时发行不同面值货币，但子母货币的提法具有首创性。第四，关于发行货币的作用。周景王铸大钱是为了解决财政困难，目的在于"实王府"。单旗认为是否应该加铸货币，是作重还是作轻，应根据货币流通的需要，只能由"量资币，权轻重"来决定。这显示出中国历史上对于这一问题两种对立观点的渊源：一种是把发行货币看作弥补财政亏空的手段；另一种是从流通过程的需要出发，把发行货币看成促进商品交换的措施。以上这些言论，是中国历史上最早的关于货币流通的理论。

4. 政府垄断铸币理论。班固引贾谊《谏铸钱疏》中的议论，并结合西

---

① 班固撰，颜师古注《汉书》卷二十四下《食货志下》，中华书局，2013，第1150页。
② 班固撰，颜师古注《汉书》卷二十四下《食货志下》，中华书局，2013，第1150页。
③ 班固撰，颜师古注《汉书》卷二十四下《食货志下》，中华书局，2013，第1151页。
④ 何平：《单穆公"子母相权"论与货币的层次结构》，《中国钱币》2019年第1期，第59~62页。

汉铸币的实践，表达自己的观点。贾文系统阐述了放开民间私自铸造货币的危害和垄断铸币的益处，该论述在古代社会颇详其旨，直至唐代都难以被超越。其所言危害有三：法律矛盾难题（允许私铸和要求铸造足值货币的矛盾）、交易的便捷性问题（不同货币交易不便）、农事弃捐而采铜者日蕃（铸币收益高而导致农民抛弃农业）等，因此要禁止私人铸币。但是"禁之不得其术，其伤必大"，其原因在于"令禁铸钱，则钱必重"，又会导致私人逐利而盗铸。因此最好的办法是把铜业收归国有，民间缺乏铜资源，无法私人铸造货币，铸币权自然统一于政府。政府垄断货币的原料，不仅可以避免上述三种危害，还可以额外带来"七福"，进而重农抑商，强国富国。其基本路径是："上挟铜积以御轻重，钱轻则以术敛之，重则以术散之"，稳定市场物价，促进商品流通；进而"以临万货，以调盈虚"，使官富实，而末民（工商业者）困，增加政府财政收入。[1]

（五）寡欲守贫、轻利贵义的经济哲学

对比《史记·货殖列传》和《汉书·货殖传》，会清楚地看到社会主流的经济哲学在200年间发生了根本性的转变：从求富逐利重货殖转为寡欲守贫抑货殖。

司马迁所处时代，前期（文景之治）货殖发达，后期（武帝时代）政府直接参与货殖活动，与民争利。他注意到了货殖的重要性，正视求富乃人之情性，源自人心有"欲"，人心欲富、欲贵，这种态势既不可无，亦不可纵，当以义防利，以礼化争，否则天子亦将患贫而与民争利。[2] 学者们对《史记》经济思想的评价转折起于西汉末期的扬雄。扬雄注意到司马迁对货殖、商人积极作用的阐述，直接批评司马迁："及太史公记六国，历楚、汉，讫麟止，不与圣人同，是非颇谬于经。"[3] 他还指出："今货殖之徒，皆务朘天下之脂膏以自肥，则天下之受其困者能恶衣恶食，终无所怨乎？此圣人不患贫而患不安之意，明货殖之术，徒足以致天下之不安而已。"[4] 谓货

---

[1] 班固撰，颜师古注《汉书》卷二十四下《食货志下》，中华书局，2013，第1153～1155页。
[2] 阮芝生：《货殖与礼义——〈史记·货殖列传〉析论》，《台大历史学报》1996年第19期，第1～49页。
[3] 班固撰，颜师古注《汉书》卷八十七下《扬雄传下》，中华书局，2013，第3580页。
[4] 汪荣宝撰，陈仲夫点校《法言义疏》卷十六《渊骞卷第十一》，中华书局，1987，汉典古籍在线数据库。

殖之徒犹如吸血之蚊，明确反对求利的工商业活动，将货殖活动导致的收入差距当成影响社会稳定的重要原因。这表明汉代社会主流经济哲学开始发生重大转变。进入东汉，班彪讨论《史记》所涉具体学术问题："其论术学，则崇黄老而薄《五经》。序货殖，则轻仁义而羞贫穷。道游侠，则贱守节而贵俗功。"①班固在其父的观点上更进一步："其是非颇缪于圣人，论大道则先黄、老而后六经，序游侠则退处士而进奸雄，述货殖则崇势利而羞贱贫，此其所蔽也。"②文辞虽相似，但更为尖锐，从学术上的批评上升为道义和道德的指责。班固在《货殖传》中具体实践他的思想。《货殖传》基本上取材于司马迁的《货殖列传》，但班固几乎删去了所有司马迁有关治生的经验总结和赞誉，转而以几乎相同的材料，得出完全不同的结论。他认为依靠工商业致富的各行业人物，即便是正常积累致富，也因不坚守其原有职业阶层安贫乐道，追求财富和物质享受，逼上并下。其完全不同于司马迁关于货殖致富等同于"素封"的观点，转而反对宣传货殖人士的成功经验，从道义和理论上压制货殖活动。

班固在《货殖传》开篇时就引用《管子》之言，以表明他奉行的经济哲学。"古之四民不得杂处，……不见异物而迁焉。……是以欲寡而事节，财足而不争。"③主张把人们限制在相对固定的四个职业（行业）的狭小圈子里，抑制求货益财的欲望，主张寡欲守贫抑货殖。这表明汉代社会主流经济哲学的转变已经完成。崇尚自由无为的黄老思想消退，倾向保守主义的儒家思想胜出。随着《汉书》在社会上的推崇与宣扬，这种经济哲学占据主导，以至范晔修《后汉书》，没有为"货殖者"单独立传，而对那些"仁义逊让"的"高义"之人，以及能"修身谨行"，宁肯阖家共财同穷的"独行"之士推崇备至，特立《独行列传》《逸民列传》，以表彰他们能"蝉蜕嚣埃之中，自致寰区之外"④的"义行"。后世正史中多有类似传记，而无货殖传。对于货殖活动进行记载研究、总结理论经验的著作就此从正史中消失了。

---

① 范晔撰，李贤等注《后汉书》卷四十上《班彪列传上》，中华书局，2012，第1325页。
② 班固撰，颜师古注《汉书》卷六十二《司马迁传》，中华书局，2013，第2738页。
③ 班固撰，颜师古注《汉书》卷九十一《货殖传》，中华书局，2013，第3680页。
④ 范晔撰，李贤等注《后汉书》卷八十三《逸民列传》，中华书局，2012，第2755页。

四　《汉书》的经济史学理论贡献

《汉书》对经济史学研究对象、研究方法、叙述方法、评价标准等经济史学科理论也有重要贡献。

(一) 经济史学研究对象的扩展——以"食货"为主体的国民经济史

司马迁在《史记》中开创研究经济史的传统，他在《太史公自序》中说："维币之行，以通农商；其极则玩巧，并兼兹殖，争于机利，去本趋末。作《平准书》以观事变，第八。"① 可见他写《平准书》时，关注点是"货"。为说清楚"货"，进而发展为尝试厘清财政的收支。《平准书》应定位为关于货币专题史和财政部门经济史。作为经济史著作的《盐铁论》研究的范围超出财政和货币，开始向广泛的国民经济部门扩展。班固写《食货志》时，他在《叙传》中指出："厥初生民，食货惟先"，创造性提出"食足货通，然后国实民富"理论，高度概括了社会经济根本，即国民经济的主体是由"食""货"两个部分组成。《食货志》可定位为以"食货"为框架的国民经济史。中国传统经济史的研究对象亦由货币、财政扩展到以食、货为主体的整个经济。这是后世学者编修正史时都采用班固创造的"食货"体叙述经济的根本原因。《汉书·食货志》由此成了正史记载经济的范式，也成了中国传统经济史学的范式。正是在这个意义上，我们认为《汉书·食货志》是中国传统型经济史学形成的标志。

《汉书》之后，《晋书》等12部正史②，均因袭《汉书》而专辟《食货志》，且篇章增多，以反映历代农业、手工业生产及商品货币经济的发展变化。其中《宋史》《明史》中的《食货志》子目多至20余种，分别记述田制、户口、赋役、仓库、漕运、盐法、杂税、钱法、矿冶、市籴、

---

① 司马迁：《史记》卷一百三十《太史公自序》，中华书局，2013，第3306页。
② 即《晋书》《魏书》《隋书》《旧唐书》《新唐书》《旧五代史》《宋史》《辽史》《金史》《旧元史》《新元史》《明史》。有些正史编撰时没有食货等部分，但是一般在后续的史书中补齐了，例如《隋书》的十志不仅叙述了隋朝的典章制度，而且概括了梁、陈、北齐、北周的政治、经济情况，有的甚至追溯到汉魏。

会计（国家预算）等制度。唐杜佑所撰《通典》，"食货"居首，专门论述上溯唐虞、下迄唐天宝年间的经济问题。元马端临的《文献通考》，全书24考，有关经济方面的占1/3。这实际上意味着随着经济的复杂化，传统经济史学研究也逐渐专门化、部门化。

（二）以文代述、以文代论、以文代传方法的发扬光大

司马迁写《史记》，采用了引用文献以文代述、以文代论、以文代传的方法，班固将之发扬光大。① 据统计，《汉书》共采录西汉时期文章1170篇，② 西汉一代有价值的文章，几乎被搜罗殆尽。采用这种方法，除了间接起到了保存历史文献的作用外，③ 更重要的是他利用所引文献记述事实，表达观点，或者直接作为某些人的传记。

《汉书》中重要的经济史篇章之一《地理志》中《禹贡》《职方》《域分》《风俗》等，是以文代述的例子，班固借用专业文献，使其对区域地理变迁、人口分布、物产、产业和风俗传统的介绍更有说服力。引用文章讨论重大经济政策问题，是《汉书》最常用的方式，即以文代论。例如《食货志》中贾谊的《论积贮疏》《谏铸钱疏》，晁错的《论贵粟疏》《守边劝农疏》，董仲舒的《限民名田疏》，《沟洫志》中贾让的《治河三策》等。班固通过引用这些奏疏，将有关问题的缘由、政策建议说得一清二楚，使其对相关问题的研究更有系统性、理论性和权威性。至于引用当时当政官员的简短政策建议和评论意见，可以说遍布全书。"以文代传"是《汉书》列传的特色之一。贾谊、晁错、董仲舒、司马迁等传都是借传主文章写人的成功范例。其中《司马迁传》只载司马迁《太史公自序》和《报任安书》两文，其家世人品、事业抱负、学术思想就一一坦露，较之别采材料，重加编次，效果更好。《史记·贾谊列传》只引其《悼屈原赋》《鵩鸟赋》，班固还加上《治安策》，这就更全面地展现出贾谊在政治、经济、军事、文化方面的成就。

更为重要的是，通过这种方法，后世的读者能够了解几千年前的官员、专家、学者、民间人士对当时经济政策的看法和对政策效果的评价，

---

① 许殿才：《〈汉书〉典雅优美的历史记述》，《史学史研究》1996年第1期，第38~44页。
② 吴福助：《汉书采录西汉文章探讨》，文津出版社，1988，第16页。
③ 贾谊《治安策》、晁错《言兵事疏》、董仲舒《天人三策》、司马迁《报任安书》等名篇都是赖《汉书》得以保存。

有利于后人正确认识历史实践。钱穆说:"因此要讲某一代的制度得失,必需知道在此制度实施时期之有关各方意见之反映。这些意见,才是评判该项制度之利弊得失的真凭据与真意见。"① 班固在《食货志》中引用的文献,正是制度实施时代的人们据其切身感受发出的评论,是当时的时代意见,也是我们今天要了解的历史意见。

(三) 文字表达从自由恣意转向规范严谨

人们对比阅读《史记》《汉书》类似篇章,第一点直观的感知就是文笔差异。文笔的差异不是源于作者的文字写作水平差异,班固、司马相如、扬雄及张衡并称"汉代四大赋家",就文字写作水平而言,班固与司马迁不相上下。班固在《汉书》中也多用工整的排偶句式,遣词造句典雅。因此,两书中展现出来的文笔的差异,应该是他们在写作中的有意选择或者说他们对于史书写作风格的不同认识。

对于同样的事件或人物,很多时候《汉书》撰写直接继承了《史记》,但是文字有改动、删减。班固一般尽量删减虚字、语气词,使《汉书》文章有典诰之风。《史记》行文变化入神,《汉书》行文平铺直叙。《后汉书》作者范晔认为司马迁的文笔纵横驰骋,激情洋溢,能突出人物的个性,不是仅仅"见事不见人",而是"固文赡而事详","固之序事,不激诡,不抑抗,赡而不秽,详而有体……"② 班固写作的情感基调是严谨而理性的。班固父子在赞中语气稍微强烈一些的表达,最多就是"哀哉"。类似于司马迁"何足数哉、何足数哉"这种重复的情感句,在《汉书》中鲜见。因此《汉书》文有定法,且融通过去,然少彩色,有格式化的倾向。

在历史评论方面,班固也相对保守。后世官修史书多采用班固的写作方法,去文学化,文笔规矩,更偏学术化。其目的在于为统治阶级治理国家提供历史借鉴,对于与君主国家的本质有所抵触的个人精神缺少关注;对王朝意识形态的描述更加慎重和严肃,导致其评论观点不是非常鲜明。这种文字的规范和学术化一方面提高了规范性和可信性,另一方面,缺少

---

① 钱穆:《中国历代政治得失》,生活·读书·新知三联书店,2001,第6页。
② 范晔撰,李贤等注《后汉书》卷四十下《班彪列传下附班固列传》,中华书局,2012,第1368页。

多样性评论的政治正确也招致很多人的反感。西晋学者傅玄说："吾观班固《汉书》，论国体，则饰主阙而抑忠臣；救世教，则贵取容而贱直节；述时务，则谨辞章而略事实，非良史也。"①

（四）中国传统型经济史学"实录"标准的确立

班固在《汉书·司马迁传赞》中，首次论证司马迁的"实录"精神，借以回答中国传统型史学理论、经济史学理论中的一个重大问题：撰写历史学和经济史学著作的基本目标和评价它们优劣的标准是什么？"服其善序事理，辨而不华，质而不俚，其文直，其事核，不虚美，不隐恶，故谓之实录。"② 这是班固基于《史记》得来的"实录论"。它有三个核心内容：文直；事核；不虚美、不隐恶。"实录论"实际上从事、文、义三要素来阐明中国传统型经济史学研究的基本撰写原则和价值观。③

1. 文直。"直"乃公正不曲之意。要求记事如实，史文准确。史文不直则曲，就难以真实地反映史事，就可能歪曲事实。除了"直"之外，还应该"辨而不华，质而不俚"，这是对文采的要求，语言要求优美但不流于浮夸，辞语质朴而不至于鄙俗。

2. 事核。"核"，即记事要求无虚假无疏漏，如百果之核一样坚实，经得起核实。清代学者蒋彤对这个"核"字的内涵做过精彩的概括："核无定形，随物为大小。试读《史》《汉》中传，长者数万言，短者数百言，有一事不坚实否？故文论短长，总有天然结构，如铜就范，有不可增减意，是无他，文洁而事信也。"④

3. 义，即对历史的评价也要求实录。"不虚美，不隐恶"，除了记事行文不曲笔粉饰，不掩饰真相外，更是指在评价历史事件和历史人物时，褒善贬恶，都有事实为依据。自觉地表明作者对事件的观点，即在记录史事中表达自己的价值判断，使善恶分辨鲜明。这是一个正直的学者所应具有的修养。⑤

---

① （清）严可均辑《全晋文》（上）卷49《傅子·补遗上》，商务印书馆，1999，第507页。
② 班固撰，颜师古注《汉书》卷六十二《司马迁传》，中华书局，2013，第2738页。
③ 施丁：《班固之"实录"论》，《中国社会科学院研究生院学报》2007年第3期，第121~125页。
④ 蒋彤：《丹棱文钞·上黄南波太守论志传义例书》，载《清代诗文集汇编》编纂委员会编《清代诗文集汇编615》，上海古籍出版社，2010，第695~696页。
⑤ 张桂萍：《〈史记〉与中国史学的实录传统》，《学习与探索》2004年第1期，第118~124页。

五 小结

《汉书》对中国经济史学科的创新与贡献体现在以下三个方面。

首先，从经济史学研究内容来看，《汉书》开创了以国民经济史为研究对象的"食货体"经济史。《史记》首创经济史记载，开创了部门经济史学；《盐铁论》开始扩展研究内容，尝试向国民经济史过渡，但没有明确的界定；《汉书》的创新在于高度抽象出"食货"新范畴，将其作为国民经济的代指，并以"食货志"为标题界定经济史研究内容框架，后世中国传统型经济史学都以"食货"为框架而展开。

其次，在经济史理论方面，《汉书》确立了寡欲守贫、轻利贵义的经济哲学，倾向保守主义的儒家思想胜出，标志着中国社会主流经济思想一次重要转变的完成。《史记》中展现出百花齐放的自由主义经济思想；桓宽在《盐铁论》中有着明显的儒学偏向，贵义贱利论、重本抑末论和黜奢崇俭论等来源不同、素有争议的经济论点，被穿上"儒服"，开始被教条化；[1] 班固则明确贬商抑富，主张寡欲守贫。《汉书》以及以后的主流文献中司马迁的经济理论被定性为"崇势利而羞贫贱"，文人学者避论经济民生、耻谈百工技艺，经济史理论的价值判断基调已然成型。在此基础上，一些具体的经济史理论在实践中涌现，并被广泛抽象出来加以探讨，例如如何促进食足、国家垄断经济的优劣、私有制下土地集中带来的千年难题，以及"货通"理论等。

最后，如何研究经济史学的经济史学理论框架也基本成型，在研究对象、体例体裁、价值判断、评价标准、文笔基调等方面都有了统一的标准。传统型经济史学的体裁确立：以纪传体为根本，各种"志"为主要载体，加上纪、传等其他部分"互现"经济实践。研究内容以食货为基本框架，包含的具体内容则随时代发展而变化。《汉书》之后，正史皆断代史，不再有通史著作，包含三要素的"实录"成为学术评价的最高标准，文字表达也统一为严谨规范。

《汉书》"刊《史记》之文以从整齐，后代史家之例皆由此出。《史

---

[1] 赵靖：《中国经济思想通史》（修订本）1，北京大学出版社，2002，第671页。

记》一家之书，《汉书》一代之史"①，因而被学者们共行钻仰，垂范千秋，"遂为后世不祧之宗焉"②。百科全书式的《汉书》不只是史学史上的经典，也意味着传统型中国经济史学范式的成型，标志着中国经济史学产生阶段的结束。

HanShu and the Formation of Chinese Traditional Paradigm of Economic History Studies

Tang Yanyan Zhao Dexin

Abstract: From the perspective of history of economic history studies and based on the structural theory of economic history studies, this paper explains the contribution of HanShu to Chinese economic history studies. From the research content of economic history, it initiated the research of national economic history represented by "food" and "Currency". The economic philosophy advocated in HanShu shows that the mainstream economic thoughts have changed and the conservative Confucianism has won out, which has become the value judgment keynote of economic history theory; The theoretical framework of economic history on how to study economic history has a basic shape, and there are unified standards in writing genre, research content and evaluation standards. Therefore, in the history of China's economic history, HanShu created the "Shi-huo style" of economic history research, which is a model of economic history studies with Chinese characteristics. It marks the formation of the traditional paradigm of Chinese economic history studies, and also means the end of the stage of generation.

Keywords: Hanshu; History of Economic History Studies; Chinese Traditional Economic History Studies; Shi-huo Style

---

① （清）钱大昕：《潜研堂集》卷28《跋汉书》，上海古籍出版社，2009，第483页。
② （清）章学诚：《文史通义》，上海古籍出版社，2015，第15页。

咸同时期戎幕幕僚的经济问题探析

张秀玉[*]

摘　要：咸同时期，因清廷与太平军、捻军的作战，戎幕兴旺发达，产生了众多人才鼎盛的幕府。戎幕因经费保障可靠及幕僚的出路较好、地位较高等优势成为"众所欲也"。戎幕幕僚的实际收入并不比其他文幕更好，但比前线兵勇高出百倍。幕僚的灰色收入在不同幕府间差异巨大，但实际数额难以考证。大多数戎幕幕僚在战时因贫困入幕，出幕后入仕者多富贵，从教或继续游幕者多困窘或收入平平。幕僚间因性情或利益多有纠纷龃龉，这也是幕间的常有状态。幕僚中那些名师宿儒并非圣人，其品性操守未必有野史所载之丑陋，也未必如正史所称之高尚，还原真实更有益于认识历史。

关键词：幕府　幕僚　曾国藩　李兴锐　赵烈文

中国古代幕府和幕僚在不同朝代的概念和指向差异较大，清代幕府以其制度渐趋完善、规模逐渐扩大且对国家政治、军事、外交、文化有直接且重大的影响而备受学界瞩目。尤其围绕晚清曾国藩、李鸿章、张之洞等几大幕府的形成、运行、影响产生了诸多研究成果，[①] 这些著述围绕晚清

---

[*] 张秀玉，博士，安徽省社会科学院历史研究所、区域现代化研究院研究员，研究方向为文献学。

[①] 全增佑：《清代幕僚制度论》，《思想与时代》1944年第31、32期；缪全吉：《清代幕府人事制度》，台北中国人事行政月刊社，1971；[美] K. E. 福尔瑟姆：《朋友·客人·同事——晚清的幕府制度》，中国社会科学出版社，2002；郑天挺：《清代幕府制的变迁》，《学术研究》1980年第6期；郑天挺：《清代的幕府》，《中国社会科学》1980年第6期；魏鉴勋、袁闾琨：《试论清代的幕僚及其对地方政权的作用》，《史学月刊》1983年第5期；朱东安：《曾国藩幕府研究》，四川人民出版社，1994；朱谐汉：《曾国藩的幕府及其"功业"》，《历史档案》1994年第2期；李志茗：《晚清幕府：变动社会中的非正式制度》，上海社会科学院出版社，2018；尚小明：《浅论李鸿章幕府——兼与曾国藩幕府比较》，《安徽史学》1999年第2期；王尔敏：《淮军志》，《"中央研究院"近代史研究所专刊（22）》，"中研院"近代史研究所1967年编印；等等。

幕府的功能、制度及其兴盛原因、幕僚的才能和出路，以及幕府在文学、学术、文化、洋务、外交各方面的作用和影响进行了深入研究，然而这些研究中尚少有对幕僚经济问题进行的专门探讨。① 咸同时期（1851～1874）战争连绵，涉及地域辽阔，晚清大幕多在此阶段繁荣发展，戎幕中幕僚的经济问题呈现出特有的面貌。幕僚的经济问题也与他们的职业选择和思想倾向密切相关，因此本文拟就咸同时期戎幕中幕僚的经济问题做一探析。

一 咸同时期"众所欲也"的戎幕幕职

自太平天国军兴（1851年），至1872年曾国藩去世，曾国藩的幕府延续了约20年，几乎贯穿咸丰、同治两朝。曾国藩幕是咸同时期的最大戎幕，也是清代最大的幕府。曾国藩幕僚兼弟子薛福成列举了曾幕的主要人物，大致分几类：治军书兼筹划者22人；时间短而各有才德者22人；宿学客幕及书局者26人；刑名、钱谷、盐法、河工等专家13人。这其中并不包括他认为的碌碌无为的人。② 支撑起数量庞大的幕僚的经费来源主要是幕主的养廉银，但是咸同战事期间其来源已经有了变化。李志茗考证出晚清各将帅和疆吏各自为计，就地筹饷："他们主要通过办捐输、运饷盐、收厘金等办法筹饷，以解决军需用款问题，其中也包括幕僚的薪水。如曾国藩初出办团练时，其幕僚的薪水就统一由内银钱所发放。后来，随着幕府人员的激增和幕府机构的不断设立，幕僚的薪水遂直接从他们所属的幕府机构中支取。"那些未被差到所属机构任职的幕僚，"其馆金遂根据惯例，仍由幕主支付"。③

这里需要再细究的是，曾国藩所设的采访忠义局，主要招宿儒写传记，以表彰忠义死节之士，对这些"宿儒"，方宗诚称，皆由曾国藩"分

---

① 对幕僚日常生活和经济问题的研究相对薄弱，有郭润涛《试析清代幕业经济生活状况》，《中国社会经济史研究》1996年第4期；郭润涛《试论"绍兴师爷"的区域社会基础》，《中国社会经济史研究》1991年第4期；张秀玉《清代桐城派文人治生研究》，中国社会科学出版社，2015，该文涉及晚清幕僚收入。
② 薛福成：《叙曾文正公幕府宾僚 甲申》，《庸庵全集·庸庵文编》卷4，台湾华文书局，1972，第19页。
③ 李志茗：《传统与现代之间：晚清幕府制度之演进》，《学术月刊》2008年第9期，第142页。

廉俸为之，不用公帑也"①。尤其是对那些未能入采访忠义局的大儒，"如苏州陈硕甫先生奂、江宁汪梅村、兴国万清轩，并无一字干之，而公必为移书各督抚，使得所厚养"②。另外，曾国藩所设立的内银钱所，正是凭借其养廉银设立："曾公在营十余年，廉俸所入，别立银钱所委员司之。凡出入皆经其手，内室不留一钱。公尝告属吏曰，凡官府银钱，必令何项入，何项出，可以告于人，人方是正本清源之道。盖银钱所即其以身为则也。"③

事实上，仅靠养廉银支撑幕僚收入显然不足。咸同时期幕主除以上所称通过捐输、运盐、抽厘等方法获得资金（此渠道主要支撑军队所需）外，还有一个渠道，即清查钱粮浮收。以今人说法，就是通过查办贪腐获得大额钱款，以此款津贴州县及书吏，以资办公之用，这一方式十分便捷好用。因此，此法自胡林翼克复湖北后开始采用，之后曾国藩在三江、阎敬铭在山东皆学习推广。此法好处是"下不剥民，上可裕国，实去中饱"。只不过此法"取之有定数，不得任其需索也"，即取之有限，不能过分。④

曾国藩在金陵时，除两江总督每年廉俸一万八千两外，另还有办公费，每年一万两。曾国藩基本上是以养廉银养家人僚属，办公费做慈善："公在金陵，凡署中食用以及馈遗亲戚故旧皆取诸廉俸，其办公费则尽存粮台，非公事不动用。向来总督去任时，此款皆入宦囊，公则仍留为慈善之用。移节直隶后，安徽有灾，买米振之，皆此款也。"⑤ 除曾之外，其他督抚大幕的办公费多半成为幕主个人收入。从同以清廉著称的彭玉麟的财务情况来看，可供曾国藩调度的经费应是相当多的。同治八年（1869），彭玉麟交卸兵符，乞病归田，军务告竣，"除已报销饷项及阵亡恤赏养伤各银外，下余应归私囊银近六十万，悉留协济长江，不敢携分厘以贻害子孙，咨明六省督抚在案"⑥。报销之后可余银六十万两，显然报销的名堂很大，而经费完全可以因之获得自由。

养廉银是养幕经费的主要来源，是否充裕暂且不论，但咸同时期各大戎幕的"受宠"却是十分显著的。同治元年（1862）二月十四日，曾国藩

---

① 方宗诚：《柏堂师友言行记》，载沈云龙主编《近代中国史料丛刊》第22辑，台湾文海出版社，1968年影印本，第57页。
② 方宗诚：《柏堂师友言行记》，第57页。
③ 方宗诚：《柏堂师友言行记》，第68页。
④ 方宗诚：《柏堂师友言行记》，第72页。
⑤ 方宗诚：《柏堂师友言行记》，第74页。
⑥ 彭玉麟：《彭玉麟集》2，岳麓书社，2008，第29页。

幕下赵烈文与龚橙辩幕府之善恶，认为龚橙所云幕僚有为衣食之故，为虎作伥之错："书又云，为衣食之故，为虎作伥，又以为进身幕府之资。夫伥虎食人，则不可，伥虎逐害人之物，则奚不可？且吾与其为神之丛，毋宁为虎之伥。然而必辩者，烈闻虎之有伥，使为之导也。必虎无见而后使伥，亦必伥善见而后能导。今虎登高瞩下，物无不睹，伥方彳亍迷途于其后，是乌用伥为哉？"赵烈文明确地说："幕府，众所欲也。烈之情，亦众之情，夤缘进身，理或有之，又何辩？"并且，外幕肥，中幕瘠（意在外主钱谷刑名之幕肥，在幕中主操文案者瘠），而自己求文案之幕都已很费力了："足下取其肥如索囊然，烈求其瘠则将进趑趄，亦如烈之读书，尚有志而未逮。"① 这些话应该只反映了事情之一面，即文幕收入少于其他，但其最重要的好处是有被保荐的前途。如曾国藩之幕僚在战后大量被举荐入仕，且级别甚高。甚至方宗诚这种"既非参赞幕府，又未奔走戎行，无筹饷之劳，乏陈事之策，虽滥厕采访忠义局中，……过检阅文卷，作传记小文字，以备异日志乘之采择已耳"，都得以被曾国藩叙录劳绩，奉旨以知县留江苏补用。② 让求幕者看不到此等好处，显然不可能。

当然，幕僚职业的经历见识和能力锻炼对这些高级知识人（他们多半有功名，举人、进士为多）本身就是极好的培养，尤其是曾国藩幕府，面对的都是最危重紧要的军政之务。因此薛福成认为，当时幕僚以兵事、饷事、吏事、文事四端实已囊括世务，无所不该。幕僚虽专司文事，然独克揽其全。所以出而膺兵事、饷事、吏事之责者，罔不起为时栋，声绩隆然。③

咸同时期戎幕地位之高见于诸事。左宗棠咸丰年间在湖南巡抚骆秉章幕下时，"腹笥笔底，俱富丽敏捷，而性情跋扈，在骆幕任意横恣"。骆短于才，对左宗棠言听计从，文武官绅以获得左之欢心为得意。咸丰十年（1860）左宗棠以四品京堂来江西帮办，对江西布政使张集馨军火口粮稍有愆期短少即出语刚硬，不假辞色。张集馨称"左宗棠复文……满纸语句，摸之有棱"④。若非幕僚地位高上，断无此语。

同治十年（1871）三月，曾国藩为李兴锐续留两江总督幕，开缺其已

---

① 赵烈文：《致孝拱书》，《能静居日记》第1册，岳麓书社，2013，第477页。
② 方宗诚：《谢曾节相保荐书》，《方宗诚集》，安徽教育出版社，2014，第313页。
③ 薛福成：《叙曾文正公幕府宾僚 甲申》，《桐城派名家文集》第10卷《薛福成集》，安徽教育出版社，2014，第96页。
④ 张集馨：《道咸宦海闻见录》，中华书局，1981，第315页。

得大名知府职，亲自上疏道："俯准大名府知府李兴锐开缺留于两江，酌量差委，俾该员稍遂返哺之私，臣亦藉收得人之效，出自逾格恩施。"① 且此"差委"实权较大，"委办营务处稽查水陆兵勇及各处厘卡"。② 同一天，李兴锐还在曾国藩面前给安徽布政使"下眼药"，称："论及皖抚某公做寿，余痛言方伯某不良，亦欲俟乘便训诫耳。"同治十年，安徽抚巡为英翰，布政使吴坤修，③ 李兴锐因其为曾国藩近僚就有机会随时"整一整"从二品官员，可见幕僚地位权力非其品级所能反映的。随后李兴锐又被委任为查勘苏州水师章程，赴苏州、上海检查，从同治十年四月二十二日出发，一路沿江向东，至六月一日方返金陵向曾国藩复命，此期间多次记被请客送礼，然"皆不受"。④

咸丰十一年（1861）八月，胡林翼病重，延请曾幕下欧阳兆熊为之医治。欧阳兆熊又邀赵烈文同去，赵欣然同往："信延晓老，晓老必欲吾同行乃去。吾素慕润帅名，借与一面，因允之。"⑤ 赵烈文向曾国藩告辞并感谢所赠程仪，应允赴湖北（时胡林翼为湖北巡抚）回来后为曾办理夷务。九月初一，赵烈文与欧阳兆熊从安庆出发，初四日刚到浔阳就听说胡林翼已于前月二十六日下世，遂改道从江西游湖南、湖北，再沿江向东，同治元年（1862）正月十七日晚返回安庆。⑥ 一路壮游山水，除亲属故旧接待，也有一些当地官员照应接待。战火尚燃期间，幕僚的日常生活可谓适意。

咸同时期礼遇幕僚之风经久不息。范当世在李鸿章幕下时亦备受尊重。光绪初年，范当世就李鸿章之聘，得到李鸿章的特别尊重。每逢初一、十五李鸿章"必衣冠候起居，每食，奉鱼翅一簋"。范当世推辞不受，李鸿章遂以干翅寄奉其二亲。范当世为诸生，未能中举人。时有人劝其考举人，范当世称："谁不知我为李公西席，中式何为！"成为李鸿章幕宾所得社会地位显然高于中举。李鸿章蒙赏紫缰，范当世尝借用，访友于天津紫竹林。有人告李鸿章，谓范乘紫缰舆作狭邪游，李鸿章说："既用紫缰，不可缺拥卫。"立命戈什哈八员护之。⑦ 所载未必可尽信，然李鸿章对幕僚

---

① 廖一中、罗真容整理《李兴锐日记》，中华书局，2015，第78页。
② 廖一中、罗真容整理《李兴锐日记》，第80页。
③ 钱实甫编《清代职官年表》，中华书局，2019，第1713、1935页。
④ 廖一中、罗真容整理《李兴锐日记》，第83～90页。
⑤ 赵烈文：《能静居日记》第1册，第368页。
⑥ 赵烈文：《能静居日记》第1册，第371、372、375～467页。
⑦ 徐珂：《范肯堂佐李文忠》，《清稗类钞》第3册，中华书局，2010，第1398页。

的尊重显然是遗风有自。

综上，因戎幕之经费有保障，戎幕幕僚前途有希望，见识、才能可得到锻炼培养，工作有地位有尊严，生活内容丰富且充裕，所以戎幕幕职备受追捧，成为"众所欲也"。

二 咸同戎幕幕僚的实际收入情况

与其他非战区的督抚幕府相比，湘军各幕的幕僚收入并没有更高。咸丰九年（1859）张集馨在觐见皇帝回答幕僚问题时，称："只有四川臬司系请三人，其余各处不过一人。若辈束脩甚大，人多请不起。"上曰："束脩系多少一年？"对曰："总要千金，少亦七八百。"① 即咸丰年间，四川按察使的一位幕僚年脩在八百两至一千两银之间。

相比之下，当时以人才鼎盛著称的曾国藩幕中的江宁人汪士铎精舆地考证，咸丰中被胡林翼招至湖北，在其幕下修兵略及地舆图，据称"衣食所费外无他求也"。此人常拒绝帮助。咸丰十年，避兵湖南时，友人馈赠薪米者皆受之，馈肉食则辞谢。门人入学，除束脩之外皆不受。② 可以想见其入幕并不会要求高薪。同治六年（1867），两江总督曾国藩的刑名幕友只有一名任伊，兼办例行事件，月薪为六十两。但是这位任伊"月送六十金尚嫌少"，所以李鸿章认为如曾国藩不想用，可转荐给李瀚章。③ 那么就是说，曾幕中刑名幕僚的月薪酬应该不超过六十两。此后可能略有上涨，同治九年（1870）七月十二日曾国藩在写给曾纪泽的信中提到："钱谷刘幕价本太重，以后至多不得过八百金。"④ 八百两比之年薪七百二十两，涨得也很有限。

对比湘军同治十年（1871）营务处委员的薪水，幕僚的收入高出许多。与亲兵、护勇相比，更是高出百倍。曾国藩同治十年称："现令章合才招湘勇三千东来，派朱唐洲、李健斋为营务处，梅煦庵为支应委员。薪水则朱六十金，李梅各四十金，略为位置三人。"⑤ 湘军营官月给薪水银五

---

① 张集馨：《道咸宦海闻见录》，第267页。
② 方宗诚：《柏堂师友言行记》，第56页。
③ 《致瀚章兄》，载翁飞、董丛林编注《李鸿章家书》，黄山书社，1996，第145页。
④ 《曾国藩全集》第21册《家书之二》，岳麓书社，2011，第534页。
⑤ 《曾国藩全集》第21册《家书之二》，第563页。

十两不扣建,又月给办公费一百五十两不扣建。但这一百五十两包括了帮办及管账目军装书记、医生、工匠薪粮,并置办旗帜号补各费在内。一个管理百余人的哨官日薪只有三钱,哨长日给银二钱,什长日给银一钱六分,亲兵、护勇每名日给银一钱五分,伙勇只有一钱一分,长夫一钱。即一名亲兵全月为四两五钱左右,伙勇一个月才三两三钱。① 赵烈文记湘军鞠营的实际薪水口粮:"部下约五六百人,多提标营兵,月饷行粮三两,坐粮米三斗,四十五日一支,尚是和帅奏定。本营汛失守者便无,不失守者亦半折。"② 相比之下,洋人募勇给的待遇就好得多:"每人月给洋十元,岁给衣二称。"③ 洋十元约合银七两,比湘勇高出约一倍。实际其他绿营兵勇之薪饷还不能实发此数,福建某营每月甚至只有三钱。"闽省章程,省城各标营满汉兵饷,武职例马俸廉,俱系按月于廿八日支放,从不短绌。"但"凡武官到任,铺张器具,都守千把,红白喜葬,护送饷鞘弁兵盘费,修补零星军装器械,起早油蜡,差操茶点,无一不摊派兵饷,是以每月每兵仅得饷三钱有零,不敷一人食用,别寻小本经纪,或另有他项技艺,藉资事蓄"。④ 幕僚收入可以百倍于同时的兵勇,应当是当时社会知识人(应比识得数百字可记账的水准高,至少为诸生)率太低的原因,且知识人愿投入幕职并胜任者数量有限。同治六年,李鸿章说:"近来幕道最难出色,好手即欲为官,不肯久居,其久居者率皆阘冗。故弟以作官为苦,要紧公事必须自家执笔。"⑤

无论将官、兵勇还是幕僚,都有不同的灰色收入,而且这类收入可能远远高于明面上的薪水。曾国荃攻破金陵时,其下官兵各自抢掠,甚至幕僚及委员也参与了抢夺或抢购。赵烈文称:"幕府文案委员有至城(者),见人幼子甫八岁,貌清秀,强夺之归。其母追哭数里,鞭逐之。余诸委员无大无小争购贼物,各贮一箱,终日交相夸示,不为厌,惟见余至,则倾身障之。"⑥ 攻城之后默许抢掠,使得湘军产生了大量富豪,尤其营官以上,相当富庶。《湘军志》载:"故一充营官统领,无不立富,家中起房造

---

① 王定安:《求阙斋弟子记》卷24,清光绪二年都门刻本,第7页。
② 赵烈文:《能静居日记》第1册,第596页。
③ 赵烈文:《能静居日记》第1册,第597页。
④ 张集馨:《道咸宦海闻见录》,第279页。
⑤ 《致瀚章兄》,载翁飞、董丛林编注《李鸿章家书》,第145页。
⑥ 赵烈文:《能静居日记》第2册,同治三年六月十九日,第802~803页。

屋，水面连艨大舟，四出营利，而士卒恒半菽不饱，人心思乱。"将领"人人足于财，十万以上赀殆百数，当领未发之饷辄公输县官，计银动数十万"。① 在李鸿章幕下并转而做官的桐城人方传书，收入亦不菲，来源却令人颇费思量。方传书于道光间捐官得兵马司正指挥，后任知州。咸丰中"江南大吏以粤贼踞金陵，大军屯聚，兵事殷，宜得长才力洽，乃复招君出。同治元年，权松江府知府。明年，因守松江功，赏戴花翎，以道员用。明年，再任太仓。又四年，简授陕西凤翔府知府，寻改江西临安府知府。君自以年老，宜知止足，遂引疾以归"。同治六年方传书回桐城后，于地方慈善居功甚大，"置义庄、义塾，若周急排难，屡屡捐数千金不惜。其善行弥众"，仅此记载，方传书的花费当在数万两。② 而以其做官数年时间，正常薪俸显然达不到此数。

幕僚的灰色收入也有各种来源。戎幕之中不当获利最为严重且见于记录者，为虚报募勇，其数轻易可达数万两，而核查极难。咸丰九年（1859）闽浙总督兼福州将军庆端幕下，就有不止一个巨贪幕僚。"当日事前有报案者，有曾领司款数万而仍造报十余万者，有未领司款而挪用地耗杂课至盈千累万者，此时按籍钩稽，参酌当日贼情缓急，量加核减而已。采访人言，如章琮者，系庆督幕友，曾署福宁府事，保至记名道员，丁忧回浙，据云有三十余万之多。……现升甘肃平庆泾道、前建宁府万金镛，浮冒多金，经庆督派员往查，浮冒属实，章琮在督幕，得万金重贿，事遂不究。"③

不同幕府的纪律风气也大有差异，并由此导致极大的收入差异。如胜保幕中管理粮台之幕甚肥，而曾国藩幕则差得多。《道咸宦海闻见录》载胜保幕下张起鹓之事：

> 虽瘠死家破，而粮台终不相负。即如余在独流交银后，张起鹓拨运至天津，清理天津帐目，胜帅令余做折乞饷，拨内库三十万两至营，张起鹓拨回七万至天津公馆，此何说也？张起鹓拜胜保为门生，贽仪千金，又为其母做寿，不下数百金。胜保每月关支五百金，而厨役请领蔬果等项，不在其内。张起鹓之子张琛，在连镇捐办堤工，用

---

① 王闿运编《湘军志·筹饷篇》，光绪十二年成都墨香书屋刻本，第4页。
② 《诰授荣禄大夫特用道临江府知府方君墓志铭》，载王达敏校点《张裕钊诗文集》，上海古籍出版社，2007，第425页。
③ 张集馨：《道咸宦海闻见录》，第277~278页。

项甚巨,保举知府花翎,张起鹓亦保布政使衔,父子并得优保,其捐费皆出自粮台,是以张起鹓虽获咎痰毙,不得谓无所沾润也。①

张集馨称,粮台利益太过巨大,很难清廉,即使清廉,也没有人相信:"随营粮台,万不可管,众人皆虎视眈眈,纵清白乃心,旁人断不相信,即执途人而告之,人谓其情虚掩饰。粮台什物米薪,无所不备,珍醋酒浆,又复罗列:皆以供帅营用也;晒文案处、营务处之强有力者,亦不时需索,设或拒绝,怨声载道矣。"②张集馨由此深恨自己从不索取分文以自肥:"乃竟罚赔,有何天理?"与张集馨所说相反的是方宗诚笔下之胡林翼幕僚阎敬铭:"予在鄂识之。初在刑曹,胡文忠闻其贤,奏调总理粮台。搏节核实。东征之军,赖之以济。贼上窜黄州时,武昌官吏皆亡走,君独守粮台不去。其后擢楚臬,兼总粮台。旧例,实任官兼办理粮台者,于本任廉俸外,仍支薪水。君独辞之。冠服蔽陋如老诸生。"③

曾幕下管粮台的李兴锐也没有如此豪阔。李兴锐对陋规金额的感受相当不同,应是收入并不太高所致。李兴锐同治九年随曾国藩在京,有多次支付引见之费。五月十六日(公历6月14日),他去吏部直隶股主橡管襄芬家,托其办理引见事宜,允部费一百六十金,得道员衔加百金,称管"是书办中之矫矫者"。④七月十四日,因自己是实缺知府(大名府),为会馆捐三百金,称"从未有此种出手,为一邑计也"。十八日,又送会馆团拜费五十金。二十四日,因补授知府以道用,赏送谢恩折车钱三十二千。二十五日,称送部费二百六十两给管书办,并问文凭。十月九日向钱鼎铭借了一千两清还债务。回南京路上,李兴锐对曾国藩说,去年来京时借过内银钱所一千两,先挂账,等回去之后再筹还,且又借了钱鼎铭一千两。曾国藩"似讶费用颇多"。然而李兴锐并不认为较多,称:"北来年余,仆从数辈,一切日用皆须自筹,且引见一次,以我观之,尚不多也。"⑤对比在此之前的一些官吏出京就外任时需打点的费用,李兴锐所用确实不多。正三品的、从二品的官员留别之敬大多逾万。如相近时期,张

---

① 张集馨:《道咸宦海闻见录》,第249页。
② 张集馨:《道咸宦海闻见录》,第249页。
③ 方宗诚:《柏堂师友言行记》,第62页。
④ 廖一中、罗真容整理《李兴锐日记》,第23页。
⑤ 以上皆载于廖一中、罗真容整理《李兴锐日记》,第47~48页。

集馨所记其他省布政使、按察使官员的留别之费,与李兴锐相比几近霄壤:"陕西粮道出京留别,共费万七千余金。四川臬司出京留别,一万三四千金。贵州藩司出京,一万一千余金。调任河南藩司出京,一万二三千金。"连张集馨都颇感肉疼,认为这些应酬没有用处,不仅出事时没有人帮腔,当了多年下官也没有帮说好话以助升迁:"及番案牵连,朝右士大夫持公论者甚少,转以附合琦文勤为余罪案。试思剿番并无错误,况余仅随同画诺,并未与闻耶!余资格官声,当开府者久矣,而抑于藩司者已十载,曾未闻有力陈政绩上达宸知者,则应酬又何足恃乎?"①

晚清时的陋规实际已成为泛例,然而不同等级人物的别敬数额差别还是很大。与李兴锐、张集馨所记之敬仪相差甚远,知府方传穆的别敬则不多。方宗诚称:"方竹青谓予曰,外官入都引见,例送同乡官别敬,往者方彦和太守进京,赠同乡别敬各四金,惟姚乐亭孝廉莘曾课其弟读,加赠八金,乐亭不受。"②这里仅是四两、八两之额,对比上述李兴锐、张集馨所记等人所费,几乎微不足道。但是这些数字对应一下当时米面价格,并不微小,且更直观。当时"粮食常价,大米每升制钱八十二文,小米七十五文,白面每斤三十四文"③。按咸丰时银钱比价,一两银约二千文,则四两银可得235斤白面。于百姓日常生活而言,四两也不算小数字。

就咸同戎幕幕僚的实际收入来说,不同幕府或略有差异,曾国藩幕僚的年薪当在六百两至八百两间。曾幕并不比其他幕脩金更高,可能还略少。但幕僚束脩远高于委员书吏,比起亲兵、护勇的正式薪饷更是高出百倍以上。幕僚的灰色收入差异很大,较难考证,曾幕管粮台肥差的幕僚也比他处逊色。幕僚的收入比起通常的各省级官员,还是要低得多。《儒林外史》第七回王太守所说"三年清知府,十万雪花银",即使放到晚清,也不是虚言。

三 咸同戎幕幕僚的经济困境及龃龉

确切地说,进入戎幕操文笔的幕僚,进入之前大多贫困,离开之后入仕则能够小康乃至富裕,从教或再进其他幕府,则多半较为困窘。而主营

---

① 张集馨:《道咸宦海闻见录》,第271页。
② 方宗诚:《柏堂师友言行记》,第92页。
③ 廖一中、罗真容整理《李兴锐日记》,第196页。

务、粮台、银钱支应，或入营伍带兵打仗之幕僚，基本都建功立业，各有发展，并无个人经济之困。书局的宿儒在同光间星散以后处境各有不同，辗转求职者多。显然咸同戎幕给入幕者提供了个人和家庭在战时的温饱，但积蓄不足，并不能提供战后长期的安稳生活。

曾幕向称人才济济，人人勤奋争进，实际或许不然，大多数人是因兵事致贫后入幕立身。浙江海宁唐仁寿，家故高赀富商，饶于财，累书万卷。及咸丰八年（1858），太平军踞浙中，唐仁寿"奔走流离，田宅财物，扫地划绝，所购书亦荡尽。既经丧乱，志意萧然"①。同治三年（1864），金陵克复后，曾国藩与李鸿章先后任两江总督，开书局于冶城山，招江宁汪士铎、仪征刘毓崧、独山莫友芝、南汇张文虎、海宁李善兰及端甫、德清戴望、宝应刘恭冕和成蓉镜入书局，其中多人原本曾幕中人。同治四年（1865），唐仁寿由曾国藩延请入书局。徐子苓于道光末，因多次赴会试及管理不善负债累累，咸丰兵乱中，更是贫病交加，曾与姚莹相约贩盐，结果"贩文既不利，鬻盐又困，益无冀矣"②，遂入游幕为生，先后在陈源兖、曾国藩、冯志沂、英翰等幕中。同治三年，湘军克复金陵后，合肥徐子苓回乡买牛耕作，结果遇旱灾，又出为幕，游于皖北各处。方宗诚大致相似，本就家贫，"无半亩之田"③，兵燹后游幕于山东、直隶吴廷栋幕，后偕子方培浚同至山东。桐城吴汝纶，其父在咸丰中"以其勤力所得市米谷，尽散之乡人，而妻子至采菜茹、拾橡橡为食。又尝敛数千金馈军，家人乏食，遮道告之，不顾。又益纠合义勇，以与贼抗，所捍百数十里。其在军，席地而寝，市饼为食，不虚縻乡里一钱，不顾问家事"④。可以略见其本有一定财力，其母"之来归也，资送千金"⑤，然遇兵难后依然很快堕贫。

文幕转教者，多亦困。同治三年十一月，张裕钊致书曾国藩，因与湖北当政者（张之洞）关系有问题，辞去了芍庭书院之职，并且无处可去，恳请曾国藩"既顷湖北书院已无可谋者，且裕钊以名位之卑，重以迂滞狷狭之守，亦诸所不宜。欲恳夫子寓书杜小舫观察，于汉口咸齑局位置一地，每月可三十金者，乃稍足自给"。并畏相处有难，希望"属少假借以

---

① 王达敏校点《张裕钊诗文集》，第137页。
② 徐子苓：《与孙芝房书》，《敦艮吉斋文存》卷1，清光绪三十二年集虚草堂刻本，第16页。
③ 方宗诚：《重编儿培浚遗文叙》，《方宗诚集》，第253页。
④ 《吴征君墓志铭》，载王达敏校点《张裕钊诗文集》，第145页。
⑤ 《吴母马太淑人祔葬志》，载王达敏校点《张裕钊诗文集》，第149页。

礼貌，而无苛以簿书酬应之事，庶迂滞狷狭者，得安于其所处"。① 直到次年三月，曾国藩为其谋得古今书院讲席一职，而张裕钊"自惟谫陋，非所能任，再四辞谢，尚未获命"②。实际张裕钊在同治三年后，由曾聘在江宁凤池书院十余年。后再由李鸿章聘至莲池书院兼主学古堂六年。张裕钊还曾为亲属谋干修："小山干修已略有成议，其数目尚属未定，或者一岁可四十金，果能如此，亦复不无小补，然已费尽五牛二虎之力矣。大抵谋馆难，而干修则尤属万难，必大有力、大情面乃侥幸可以办到，然荐者及主者稍有移易，即立时辍止，只是取得一年算一年，断断不可长恃。"称这一年四十两干修之职，是"如登天之难，可以而决不可再也"。而另一子次源入汉口厘金局就业，亦称"甚可喜。运气稍转"。③ 张裕钊还曾写信给入仕后的吴汝纶，推荐柯逢时任南宫书院山长，因此职"修金只京钱八百缗，岁再三至，恐柯逊庵或以为难"。又再谋新河山长，"便可令逊庵兼主二席。并恳阁下与孔亦愚大令言之"。④

并未贫困交加，因志趣入幕者亦有人在。文献家莫友芝，道光十一年（1831）举人，父莫与俦为嘉庆进士，曾任四川盐源县知县，再改官为贵州遵义府学教授。咸丰八年（1858）截取知县，弃去不顾。咸丰九年（1859）入曾幕，从安庆追随至金陵，并拒绝李鸿章荐为知县之请。同治十年（1871）九月卒于金陵。⑤ 其并非为志趣，求利应为常态。费行简称，曾国藩军幕中，一屋五人，比屋而居有三十多人。"国藩兴则治文檄者治文檄，读书者读书。国藩寝而诵声辍，有出与人赌酒者，有共为戏谑者，有引被卧者。"⑥ 就是做出勤奋贤达之态给曾国藩看而已，不为求利而何？曾幕中赵烈文对此说得非常清楚，苟非贤杰以天下为己任，"流俗之情，大抵求利耳，将销声匿迹于南山之南，北山之北，又肯来为吾用邪"？⑦

即使是教育家吴汝纶，其学术志趣也未必大于为官之信念。有研究者认为吴汝纶弃官从教，是因"对官场越来越抱有厌弃心理，而对颇有根基的文业，则怀蓄着牢不可破的挚爱情结，更有维护和发展由曾国藩嫡传的

---

① 王达敏校点《张裕钊诗文集》，第492页。
② 王达敏校点《张裕钊诗文集》，第495页。
③ 王达敏校点《张裕钊诗文集》，第499页。
④ 王达敏校点《张裕钊诗文集》，第462页。
⑤ 《莫子偲墓志铭》，载王达敏校点《张裕钊诗文集》，第141页。
⑥ 费行简：《张裕钊》，载王达敏校点《张裕钊诗文集》，第559页。
⑦ 太平天国历史博物馆编《太平天国史料丛编简辑》第3册，中华书局，1962，第198页。

文派、学派的人生理想,这使吴汝纶做出超俗的抉择"①。然而其对世务的评价中,充满了官阶、财富、名望之念。吴汝纶二女儿嫁给汪应张,汪为光绪举人,死于河南怀庆,父为河南道员汪景度。汪应张相貌出众,"丽晳端丰",但吴汝纶相当看不上,称自己在天津当官的时候,汪景度寄了应张的文章来看,吴汝纶认为"未之奇也"。吴汝纶到冀州做官以后,弟弟吴汝绳送女儿至汴梁成婚,对方"赍赠贫薄,布政公至惭,其僚稍稍补益之"。后来汪应张与女儿归宁到冀州来,吴的幕僚对他评价不错,称之为君子,但吴汝纶认为"其道未成,其文未大鸣于世",对女婿无名声无财帛的不屑溢于言表。汪早卒后,吴汝纶的女儿十分悲痛,虽"素不习文,恸其夫早死,乃学把笔为夫行状,以求文于当世能言之士"。②而吴汝纶同情女儿,遂为汪应张追作铭文。这里因要先写好行状才能去求人作铭,所以女儿要先学写字。真是令人莫名悲伤:吴汝纶的文集中,为人作传状不知凡几,而女儿想请人为夫作传却如此不易。墓志铭实际较少攻讦人非,而吴汝纶对女婿汪应张真是不客气之至,且通篇在财富、名位上计较不休,这是否反映他自己看重的东西?

幕僚之品质也未必支持得起环境之良善。地理考据家举人邹汉勋战死于太平军攻陷庐州之战,王闿运出曾幕,作其传文除了描述当时殉难惨烈情景,更有讥讽之意,令人心凛:

> 天之与人也,弗全其身,必全其名。贪夫殉身,圣亦保之;烈士殉名,隐亦好之。汉勋两守城,迁两阶,位不为高。虽死难,名不如江忠源。忠源好学不如汉勋,沉隐不如汉勋。汉勋乃卒与同死,其著书竟不成。然则身死而名微,誉浅而命薄。天若予而若夺者,视汉勋竟何等也!士固有附骥尾以自显,然诚在自立。宝其所长,何辟何乡,而曰成忠壮,合圣贤,则死者蹈白刃相望矣。③

其文意可归纳为:贪者为殉难之名丢了命,隐者也好殉难之名,可是邹汉勋守城只升了两级,身死而名微。邹汉勋未能自立所以附骥尾而自显都做

---

① 董丛林:《吴汝纶弃官从教辨析》,《历史研究》2008年第3期。
② 吴汝纶:《汪星次墓铭》,《吴汝纶全集》第1册,黄山书社,2014,第137页。
③ 王闿运:《湘绮楼诗文集》第1册,岳麓书社,2008,第134页。

不到，以至名微而命薄。邹汉勋也算是为国捐躯，此评真是刻薄至极。此类幕僚之心志很难称忠厚公允，也很难令人相信其能与僚友相善。

不仅在看似踔厉奋发的各大名幕中幕僚并非全都敬业进取，僚属之间的关系也并非全然互相敬慕、团结协作。幕僚之间的纠纷龃龉常常存在，这种局面有多种原因，主要与个人的利益相关。虽然这类事件形诸笔端者不多，但有蛛丝马迹可见端倪。

同治九年（1870），李兴锐与吴汝纶在京，朝夕过从，然而李对吴腹诽颇多。如八月十八日，因谈夷务，"与挚甫（吴汝纶字）抵牾久之。挚甫论议好为精辟，聪明过人，惜其握拳透爪之态过多，亦处世一大缺憾也"。二十一日，又因夷务"以片言龃龉半响"。九月七日，仍关于教案事，"挚甫因此忿忿不平，语言不逊，何其浅躁不顾大局耶"。"乃挚甫复与之讦辩抵牾，殊伤忠厚。"这里对吴汝纶尚属正常普通批评，而对方宗诚，则是不屑至极了。李兴锐在日记中记载，九月十二日夜，张翰泉与方来谈，方宗诚"迂儒无足谈者，其好利骛俗，卑陋尤甚，道学顾如是耶"！不久后，他传达曾国藩的意思劝方宗诚就任河北枣强县令，方宗诚未反对。① 而方宗诚就任后，野史对其污言相向，讥其贪墨及假道学，② 与幕间名利之争关系颇切。《清稗类钞》对其假道学的虚伪描述生动至极，被转述极多，几乎使方宗诚成了清代假道学的"榜样"人物：

> 文正之重督两江也，中江李眉生鸿裔游其幕，年少倜傥，不矜细行。文正特爱之，视如犹子，文正秘室，惟眉生得出入无忌。时文正幕中有三圣七贤之目，皆一时宋学宿儒，文正震其名，悉罗致之，然第给以厚糈，不假以事权。一日，文正方与眉生在室中坐谈，适有客至，文正出见之，眉生独在室，翻几上案牍，得《不动心说》一首，为某老儒所撰。老儒，即所称圣贤十人中之一也。文之后幅，有"使置吾于妙曼娥眉之侧，问吾动好色之心否乎？曰不动。又使置吾于红蓝大顶之旁，问吾动高爵厚禄之心否乎？曰不动"。眉生阅至此，戏援笔题其上曰："妙曼娥眉侧，红蓝大顶旁，尔心都不动，只想见中堂。"③

---

① 廖一中、罗真容整理《李兴锐日记》，第36~42页。
② 张祖翼：《清代野记》，中华书局，2007，第224~228页。
③ 徐珂：《曾文正幕府人才》，《清稗类钞》第3册，第1389~1390页。

实际对其记载诸事加以考证，大多数完全不能成立，部分则并无证据。①

其他野史对幕僚的记载也多有贬低污诋，虽然情节生动，内容很难置信。如王之春从幕僚出为将领，军功卓著。② 而野史笔记中的评价则对王之春充满了鄙夷。《花随人圣庵摭忆》载王之春在广州时，不知彭玉麟不允许他人为之祝寿，因递帖庭参，被彭玉麟呵斥。彭因当众辱王后悔，次日去道歉。笔记载"王踉跄迎谈"，结果彭颇称意，且见他相貌奇伟，将他推荐给张之洞，后显达。又称湘人作赋嘲之，以之为"便黠之暴发官僚"。③ 这些记载仿佛有人始终旁观，又仿佛彭玉麟是个无法断人贤愚的傻子。

幕僚之操行未必尽然高洁，却又未必如野史所载般污浊。李兴锐与吴汝纶的腹中官司还另有一事。同治九年十月，吴汝纶因被保举得知州，不能随曾国藩回金陵，而李兴锐虽得大名府缺，仍可随曾国藩回江南。吴汝纶遂认为李兴锐从中作梗，"大发牢骚，百端怨怼"，并告知曾纪鸿。及见李兴锐，"南行一节，负气辩驳，语多愤激"，李兴锐显然比较心安理得，称"此君性情颇乖，不必与之辩论，听之而已"，"自此亦不必再论此事矣"，甚至认为吴汝纶送曾国藩南还，"未免过情"。④ 然二人始终往来频繁，每次大吵之后，李兴锐也总是记日记，说自己不该，"过矣"。这应该才是同僚间的常态。

不仅戎幕，在其他文幕或官场中小吏间的利益之争亦是常见之事。吴汝纶族兄吴康之，由吴汝纶父亲抚养长大，做书部小吏。大学士宝鋆见其书牍，喜其书法，"此写官谁也？吾有书使录幅一通以来"。吴康之让其他人写，宝鋆怒道："此非前书某牍者迹也。"后由吴康之书写，康之又附诗一章入所写幅册中以进。宝大人很喜欢，与之唱和，期待甚厚。不久出都公办，带康之随往。回来后给了吴康之数百两银子。按规则，下吏从公差有私入，回来要分给同事，但康之并不知道这个惯例，没有分。于是"吏久者交口毁议君"。过了很久，宝鋆出都又带上康之，回来后吴康之拿着

---

① 张秀玉：《〈清代野记〉中方宗诚贪墨事实考》，《古籍研究》2017年第1期，考《清代野记》所记为非。
② 王之春：《从征二首再呈侯相》，注明"蒙荐赴李伯相戎幕"，《椒生诗草》卷二，上洋文艺斋刻本，1884，第14页。
③ 黄濬：《花随人圣庵摭忆》（1），山西古籍出版社、山西教育出版社，1999，第371页。
④ 廖一中、罗真容整理《李兴锐日记》，第48～53页。

小费辞职了。吴康之后来又做了山东巡抚谭廷襄的幕僚，谭做湖广总督，他也随往，后转入仕。① 另如吴汝纶做冀州知州时，请了两个幕宾，一是李馥堂，一是张廷湘。李馥堂年纪大，府中大小事基本倚靠张廷湘，结果招致嫉妒，"谗谤朋兴"，以致张"欲引自退"。②

另外，幕主与幕宾（僚）也有相互成就、利益相系的方面。如曾国藩对李鸿章有提携知遇之恩，李鸿章也是曾幕所出最有位望之幕僚及弟子。同治十三年（1874），曾已去世二年，其子纪泽、纪鸿因职位之事有求于李鸿章。李鸿章与沈葆桢、李鸿藻相商为其捐赀，称："如须凑捐，兄与弟似应各尽绵力，文正师一生清苦自强，不为子孙谋名利，身后乃尔零落，虽才如劼、栗，已为守分佳子弟，尚累累若丧家之犬，托钵于人。我辈身后更当何如甚哉？"③

咸同戎幕中多聚有战时经济困难的幕僚，战后因军功而升大吏高官者比比皆是，如李鸿章、李兴锐等人。宿儒转而继续游幕或从教者很多，他们则依然未能富贵。幕僚之间因利益或性情，也多有龃龉之处，幕间的常态实际能展示出他们的真实思想和操行。比起野史津津乐道于这些名吏大儒的丑态，发掘史料还原历史真实面貌更有必要。

An Analysis of the Economic Problems of the Military Staff in Xiantong Period

Zhang Xiuyu

Abstract：In the Xiantong period, the military was flourishing due to the war between the Qing Dynasty and the Taiping Army and the Nian Army, and many shogunates with prosperous talents emerged. Because of the reliable funding guarantee, the better outlet and higher status of the staff, the military curtain became "popular". The actual income of the military screen staff is not better than that of other screens, but it is 100 times higher than that of the front-line soldiers. The grey income of the staff varies greatly in different shogunates, but the

---

① 吴汝纶：《从兄郓城知县吴君墓表》，《吴汝纶全集》第1册，第118页。
② 吴汝纶：《黄来庭墓表》，《吴汝纶全集》第1册，第121页。
③ 《致瀚章兄》，载翁飞、董丛林编注《李鸿章家书》，第13页。

actual amount is difficult to verify. Most of the military staffs entered the scene due to poverty during the war, and those who entered the scene were rich, while those who continued to visit the scene were embarrassed or had low income. There are many disputes and discord among the staff due to their temperament or interests, which is also a common state among the staff. Those famous teachers in the staff, Su Ru, are not saints. Their character and conduct may not be as ugly as those in unofficial history, nor as noble as those in official history. Restoring the truth is more conducive to understanding history.

Keywords: Shogunate; Aides and Staff; Zeng Guofan; Li Xingrui; Zhao Liewen

规行矩步：晋商茶规中的两湖地区外销砖茶采买与制作[*]

杨 帆 唐 晔[**]

摘 要：茶叶规程（简称"茶规"）作为晋商商业应用型文献中的一种，是研究晋商茶叶产运销的百科全书，也是茶商控制成本、质量的重要依据。茶规中包含的晋商在两湖地区采买、制作砖茶的流程、工种、制作标准、包装成本等重要经济信息，详细勾勒了砖茶生产线的组织情况。茶规中记载的两湖地区茶叶生产，已经拥有了成熟的生产流水线，并形成聚集效应，虹吸各地技术工人和商贸团体，直接促进了手工业生产群落的形成，带动了城镇的商业繁荣，凸显出民间专业化市场斯密型增长特点，是中国手工业生产模式的典型代表。但两湖茶叶生产显露出技术革新的疲态，以及对单一销售路径的高度依赖。晋商对茶叶贸易的垄断增加了技术革新的惰性，并最终成为茶叶贸易衰落的重要原因之一。

关键词：晋商 茶规 砖茶 采购与制作 两湖地区

清代中期起，山西茶商每年从闽广、两湖、江浙等地组织货源，以绝对的垄断优势将茶叶西输新疆及内外蒙古，北经恰克图远赴莫斯科、圣彼得堡等地，打造了"万里茶路"的跨境远途产运销生态链，更带动了沿途城镇的发展，创造了地区性商业繁荣。晋帮茶商为高效组织货源、控制成本、保障运输、规避风险，便创作了茶务操作手册，即茶叶规程。这类资料为学术界对晋商长途贩运业的发展以及山西茶商的专业化生产销售、定

---

[*] 本文为用友公益基金会资助一般项目"山西旅蒙商商贸史料整理（2018－Y06）"阶段性成果。

[**] 杨帆，河北大学宋史研究中心副教授，研究方向为中国古代经济史；唐晔，河北大学宋史研究中心研究员，研究方向为社会经济史。

义山西茶商帮的地缘范围、解析茶叶生产的发育程度及生产关系、资金链的形成与运营等问题的研究提供了一手史料,引起了部分学者的重视。[1] 基于茶规对安化、羊楼洞一线的详细记载,山西茶商在两湖地区的产运销轨迹呈现得更为微观,底层的洞地工人、山西茶商、江西技工等在茶叶生产中的活动更为清晰,这为深入考察两湖地区茶叶生产发育程度提供了重要线索。两湖地区的茶叶之所以在清中后期被晋商选择,有其历史悠久、技术成熟、产量庞大的内部特点,也有晋商在武夷地区经营受挫后的投资转型和商业技术革新的客观影响,再加上晋商独到的产运销和较高的专业化程度,两湖外销砖茶的生产名动一时。晋商茶叶贸易是学界的研究热点,成果涉及茶叶运输销售与市场形成、商业家族、外贸、金融等多个层次,但旨在探讨茶叶生产环节发育程度和特点的并不多,[2] 对茶叶生产环节的把握还很不足,本文拟借助茶规等资料,将研究视野下沉到技工的组合、生产线管理、资金融通等方面,探讨生产制作环节对晋商茶贸可持续发展的影响。

一 十种茶规资料概述

茶规属于商业应用型文献,主要针对茶叶的采办、生产、运输来撰

---

[1] 孟伟、廖声丰:《清代山西茶商的茶规及其学术价值浅论》,《盐城工学院学报》(社会科学版) 2022 年第 1 期,第 54 页;魏晓锴:《从办茶规程看清代民国山西商人茶叶贸易》,《福建论坛》2021 年第 1 期;曾旭:《清代山西商人的茶叶长程贸易研究》,中山大学博士学位论文,2018。

[2] 如张喜琴《百年晋商·万里茶路》,山西出版传媒集团,2014;程光、李绳庆《晋商茶路》,山西经济出版社,2008;黄鉴辉《明清山西商人研究》,山西经济出版社,2008;〔英〕艾伦·麦克法兰、〔英〕艾丽斯·麦克法兰《绿色黄金:茶叶帝国》,扈喜林译,社会科学文献出版社,2018;〔英〕罗伯特·福琼《两访中国茶乡》,江苏人民出版社,2016。立足茶叶产运销的绩效考察和生产成本计算者如石涛、李志芳《清代晋商茶叶贸易定量分析——以嘉庆朝为例》,《清史研究》2008 年第 3 期;刘建生、吴丽敏《试析清代晋帮茶商经营方式、利润和绩效》,《中国经济史研究》2004 年第 4 期;梁四宝、吴丽敏《清代晋帮茶商与湖南安化茶产业发展》,《中国经济史研究》2005 年第 2 期。上述成果对茶路上运营成本进行量化分析,偏重梳理运销、细化路线定位。李灵玢:《"万里茶道"与清代羊楼洞边贸茶》,《北方工业大学学报》2022 年第 1 期;李灵玢:《万里茶道上的羊楼洞茶商》,载张忠家主编《长江文史论丛》二〇一八卷,湖北人民出版社,2018;李灵玢:《洞商与羊楼洞区域社会》,中国社会科学出版社,2016。陶德臣:《砖茶究竟产生于何时》,《中国茶叶》2018 年第 6 期;陶德臣:《晚清时期外国人对近代中国茶业危机的认知》,《中国农史》2016 年第 4 期。这些成果总结了地区性茶叶经济的生产特点、时间,以及家族、商帮在茶叶生产中的地位和作用。

写,内容包括茶源地位置、茶叶品种、工具、包装、工种及工价、生产管理、脚费、税金、行用、交通工具、行程等,其创作目的在于高效组织货源、控制成本。[①] 因此茶规的信息必须准确,且具有可操作性。就近年来已经整理问世的茶规资料来说,[②] 每家商号都有自己的常用茶道和办茶经验,记载的信息各具特色。茶规的使用属于从业人员技能训练的硬性要求,使用时虽有调整,但茶山位置、生产程序、行程、税费、平码银色、脚费等重要经济信息是相对稳定的。

(一) 资料概述

1. 《清中期羊楼洞、洋楼司买茶规程》[③]

98张散页,咸丰后成书,是某号在羊楼洞、临湘、湘潭、安化驻地采办外销茶的实录,内容包括炒篓、过筛、打吊、押砖、捆套、箱式、箱体内外包装等制作环节的业内标准、人员配比、工种工价,并存有道光十五年(1835)公议发货规、兰仪口公议规例、郑家口卸货规。[④] 据所载秤比来看,销售地应是东口(即张家口)。

2. 《行商纪略》[⑤]

75页残册,晋商在武夷办茶期初次成书。该规详细记载了不同等次茶叶的形态及颜色、包装、工价、运费、关税、平码、银色兑换等信息。从茶规中各地市秤皆与祁县秤比照来看,商号应在祁县。[⑥] 其运输范围横跨晋商西北、东北、华北、远东四大贸易区。此规有详细的道口到通州张湾段水路码头名称,记载了从临清关入天津城的具体行程。

[①] 孟伟、廖声丰认为茶规属于汾河谷底祁县、太谷、汾阳、文水、清徐一带具有鲜明地域特色的规程文书,并将其含义细分为5点,见《清代山西茶商的茶规及其学术价值浅论》,《盐城工学院学报》(社会科学版) 2022年第1期,第55页。魏晓楷认为茶规是茶叶商人为茶叶贸易而编写的应用型文献,是商人办茶经验的文字积累,具教材性质,见《从办茶规程看清代民国山西商人茶叶贸易》,《福建论坛》2021年第1期,第139页。

[②] 茶规资料选编如史若民、牛白琳《平、祁、太经济社会史料与研究》,山西古籍出版社,2002;张亚兰《行商遗要释读与研究》,山西经济出版社,2018;范维令编《祁县茶商宝典》(以下简称《宝典》),北岳文艺出版社,2017;《晋商史料集成》(以下简称《集成》),商务印书馆,2018。

[③] 《集成》第67册,第287页。

[④] 《集成》第67册,第322~324页。

[⑤] 《宝典》,第107~182页。此规被《宝典》完整收录,《集成》误将其分成《清代做砖茶用纸规程及各码头规程》《行商纪略》两个茶规。

[⑥] 原件为祁县晋商文化研究所藏。

3.《光绪二十七年办红黑茶规矩》①

53张，封面载"□楚办红黑茶埠规矩沿路厘金章底即光绪贰拾柒年八月录"，光绪二十七年即1901年，但内容里有丙午年（1906）、光绪三十四年（1908）、民国元年（1912）、庚申年（1920）的记载，故至少是在1920年后成书。该册切口面下部有"福云斋"红章，上部有"□□□路课程"红章，曾为专业教材。该规有与洋行交易的内容，如算先令法、汉口洋货定头矩、子口税新例、外文与中文间的数字标码参照。

4.《宣统二年庆喻堂办茶、办杂货规程》②

66页，残损书签有"庆喻堂"三字，为堂号名。此规保存了湖南办红茶规矩、行用、花茶规、赊店发太谷及泽州一线路规、24种茶叶茶源地③，及朱仙镇、天津、东昌府、泾阳、平遥发货脚价。

5.《清代各地发茶规例》④

绵纸连页折册，该号茶源地为羊楼洞、安化两地，聂家市为重点加工地，运茶路线上从羊楼洞、安化至东口止，属于晋商转移茶源地的"两湖时期"，故成书应在咸丰中后期。此规记述的重点是茶叶运输的装载方式、脚价、税金、工价、设备成本这五类内容。

6.《清代安化办红茶规矩》⑤

63页残册，因记载汉口以洋利银结算、以磅过秤等信息，故成书时间在汉口开埠后。内容为该号在湖南安化采办红茶、黑茶、大花茶的地点、路线、厘金、脚价、制茶工费、包装工费。行程从安化到汉口、天津、通州段止。内有《包头江西人立约规例》一则。此规偏重于记录制茶、包装环节的工料费，尤对工种记载详细。

7.《民国六年办茶规程》⑥

39页，封面标有"民六年录"，应是誊录本，文本上有明显从他处裁

---

① 《集成》第67册，第379页。
② 《集成》第67册，第482页。
③ 包括龙井、春茶、朱兰、松罗、白毫、武夷茶、旗枪茶、苏香片、雀舌、银针、红梅、砖茶、湖茶、天尖、贡尖、花香、普洱、寿眉、苦丁、帽盒茶、金尖、苏花、双窨、兰蕊。《集成》第67册，第488~489页。
④ 《集成》第67册，第550页。
⑤ 《集成》第67册，第570页。
⑥ 《集成》第67册，第638页。

剪来的小条，上书"安山踹办红茶定清包头规矩（民国五年留）"①以及"丙辰年大昌川力钱"的记录②；另记有民国八年黑茶价格："批，民八年祁黑茶价目：三和（本号）每件廿一两五，德和（副号）一十六两五、一十七两，川记（三副号）一十四两五"③，故成书在1919年之后。而"三和号"正是祁县乔家的三和系列商号，后被大德诚收购；大昌川为1869年晋商与羊楼洞雷氏合资创办的茶号。此规对厘金的记载偏多，对工价、包装规格很重视，专门立篾匠、裱匠、铝（或为铅）匠、篆匠结账底，以及在益阳、汉口两处购置物品的细则。另有尖篓、篾壳、二五洋庄箱尺寸、篾六四红茶箱用篾序及二五庄箱壳规制④等详细数据。该号办茶路线途经安化、小淹、益阳、岳州、宝塔洲、汉口、祁县，从平码看，兼涉常德、沙市、交城、文水、平遥、忻州一线。

8.《民国八年运费价目及卖茶规例》⑤

56页，侧面有"□□□课程"红章，下部有"淇云斋"红章，文中有"民国八年阴历五月初十日"的记载，留有一份裕和公司运输合同。该号已经使用火车货运，文本3/4的内容详细记载了常用货运段的站点、票价、运费，另有正太铁路运货总价单。该规只涉及中国秤与法秤、担与中国秤的换算，运费普遍用洋元计，无银两平码、银色折算。

9.《市山茶规》⑥

红色竖条格子折页。某号在市山一线的办茶规则，记载了横溪、市山、羊楼洞多地的运费、工费、厘捐、包装成本等，其中关于厘金和制茶工价的记载较多。茶叶运至汉口止，报价中存在圆银、库平银、铜钱、洋利银的换算，成书应是汉口开埠之后。此号在买茶地雇用江西人管理制茶，分工详细⑦。

10.《道光茶规》

清代手抄本，现藏于北京晋商博物馆，封面用黑色钢笔写成书名"大

---

① 《集成》第67册，第668页。
② 《集成》第67册，第640页。
③ 《集成》第67册，第642页。
④ 《集成》第67册，第664~665页。
⑤ 《集成》第67册，第676页。
⑥ 《集成》第67册，第734页。
⑦ 以箱、篓、担装运出山，制作上用到押工、斗工、押砖小工、搬壳、扛扶、打吊、接袋、打底板、捧撒箕、缴水、挑炭、装匣人、掌架人、捆包人、捆箱人、架火人、攀扛、搬斗、出砖、挑砖等工种。《集成》第67册，第734页。

清道光玖年新正吉立茶规"，为原藏者手写。此规重于记载箱、篓的包装材料价格、包装工价、关口税金，更重要的是它保留了乾隆三十一年、嘉庆十八年、道光二十三年和二十四年的张湾发货公议细则，对在张湾排船轮帮起发各色茶货的规则、工价、脚价、付款规则、路线等规定逐条记录。

（二）文献特点

1. 创作延续

茶规的创作时间带有延续性，难以准确断定它的首次成书时间，以《集成》中一则茶规为例，其封面标题为"口楚办红黑茶埠规矩沿路厘金章底即光绪贰拾柒年八月录（附沿埠发货规矩序）"[①] 其中的"录"字，只能说这是该茶规的誊录、抄录时间，并不能确定初始成书时间；另据《道光茶规》记录的从乾隆三十一年、嘉庆十八年、道光二十三年和二十四年的张湾码头发货规则来看，其内容不断添改。目前，茶规所属时间一是暂以文书封面上所载时间为准，二是以行文中税款或税关存废时间、地名及行政区划的变动、河道的改变、重大历史事件、印花税票、商号存废时间等因素来判断成书（或誊录）的大致时段。例如《清中期洋楼洞、洋楼司买茶规程》[②] 中有"岛口厘金丁巳年新立规例"、"樊城新打洪抽厘金丁巳年新定章程"、"汉阳关抽厘金丁巳年新定章程"的记载，丁巳年即1857年，仅能确定该书为咸丰后成书。

2. 不易归户

归户，一直是民间文书整理的必要环节及方法，但就茶规来讲，归户可谓困难。有的藏家、档案馆等在收藏时准确掌握了资料来源信息，或是凭借文献上的商号、人名信息来判断。鉴于茶规本身有相互抄录、誊录的创作习惯，目前公布的茶规大多较难找到准确信息实现归户。民间文献的市场化，也增加了归户的难度，[③] 甚至影响文献辩伪。

---

① 《集成》第67册，第379页。
② 《集成》第67册，第287页。
③ 孟伟、廖声丰：《清代山西茶商的茶规及其学术价值浅论》，《盐城工学院学报》（社会科学版）2022年第1期，第56页。

二 茶叶的采买

中国南部山区，尤以闽广、两湖、安徽为代表，有着悠久的茶叶生产历史，至清代中期，晋商长途贸易的活跃，加之本地百年来的技术积累，进一步成为中国外销茶的重要产地。山西商人奔赴茶源地与茶农、茶行等机构签订契约采购茶叶，甚至直接买山种茶。① 主茶源地换到两湖之后，茶商大多仅常设总庄，临时设子（仔）庄，专管茶叶的采购和制作，不再过多插手茶树培育和茶叶初级加工，雇用掌管、锅头、账房等人包办生产线的组织管理，一应生活消费、税费缴纳则交由当地行屋负责。晋商注重的是生产工具的革新②、资金调配、质控和运销，山西茶商最大限度地利用和开发了当地社会商业组织和生产能力。

质控是生产的关键，质控的重点一是毛茶采买，二是炒押技术。对于毛茶的采办，每个商号的办茶经验都浓缩在茶规当中，山西人不具备加工精品茶的核心技术，他们的优势在于垄断长途运销，这也是茶规对晋商尤其重要的原因之一。仔细甄别茶叶产地、颜色、形态、口味是保证商品质量的基础，更是让采购物有所值的关键。茶规尤重对优质办茶区的记载，长于对茶叶色态的描述，如："龙吟（青录色）、虎嘴（青录色）、长岭（碧录色）、破庙（青录色）、官掌（青录色）、渡背（青录色）、楼下（青录色）"；③"一宗广庄办嫩庄茶，细堆子脚、二春头，亦要色、条索、味气、水色俱全……一宗广庄办上上小种茶、岩茶色种，本山好茶青红色，红点白班，条索紧实，水色气味无一门不可"。④ 这些都在强调毛茶质量监控，但描述过于宏观，茶叶鉴别技术的传承，更依赖实地手口相授。

山西人依赖茶规的另一个原因在于，两湖茶源地是一个开放与封闭并存的市场。茶产地的贸易体系有着强大的聚集效应，它既是专业化分工明细的手工业市场，也是经济增长模式单一的劳动密集型产业群落。当地的

---

① 刘建生、吴丽敏：《试析清代晋帮茶商经营方式、利润和绩效》，《中国经济史研究》2005年第2期，第18页。
② 李灵玢：《"万里茶道"与清代羊楼洞边贸茶》，《北方工业大学学报》2022年第1期，第146页。
③ 《集成》第67册，第343页。
④ 《集成》第67册，第346页。

规行矩步：晋商茶规中的两湖地区外销砖茶采买与制作

茶栈、行屋已经形成了稳固的生产要素供应链条，这种稳定的状态一方面极力吸引茶商办茶，另一方面又将茶商与直接生产者之间进行了有效隔离，人为地制造商业信息不对称，从而赚取利润。山西茶商因其对茶叶运销的垄断和雄厚的资金优势，在采购环节有充分的话语权，愿意与当地人保持服务合作关系，只抓品控和秤头，余者利润下放。同时，像洞商这样的当地商人普遍认为"与其外出涉险牟利，不如与晋商分工合作"[1]，双方一拍即合，当地的中介可包揽技术工人的招募、客人的酒食住宿、货物的存储调运，已经演变成从事服务业的专业商人，山西人直接靠当地人来安排采买、炒制、包装、运输等环节，甚至可以让当地人做账房先生，但"每当管庄去汉口或外出，必有山西籍'管事'把关，从不让从羊楼洞雇请的先生全面负责"[2]，杜绝人力管理风险。

进山采买毛茶是所有"工程"的开始。如晋商在安化收茶时多先设子庄，大多没有铺面，只设庄客、大盘、称手、账房四人，除了庄客为山西籍，由本号派出负责监督、复验，其余都是本地人。子庄收茶都要经大盘看货定价，看好货品决定收购时，大盘将茶农姓名、茶价及茶叶袋数计入茶票，连同"样茶"都交给庄客复验，庄客拿茶袋里的茶和大盘的样茶对比，合格后让称手照价称过。[3]在湖北洞地收茶，则依仗掌管、发票先生、掌秤人，这些人都是山西客商在本地的雇员，主要负责山内裁纸、打样茶、制造箱壳、剪茶砖边、包砖茶、运送货物等事，他们进山办货前已经雇好，随茶商进山。"小船俟至张家嘴，起早挑担着大掌管照应。进山至新店、至山内，一路挑脚钱俱是新店行内、山内行家出，客只结付众掌管盘费钱一百文。"[4] 如茶商临时有事不能按时进山，则派掌管带纸票领结盘费及生活用品先行进山，一路船上伙食花费至山按商号均摊，[5] 至茶叶开炒之日，由大掌管照应炒茶人，并承办茶叶包装。

晋商在采购前要应付"陋规"，打点当地政府人员。以羊楼洞地区为例，进茶山之前，本县城守照例送告示一张，晋商须照定例赏来人酒银以

---

[1] 李灵玢：《万里茶道上的羊楼洞茶商》，载张忠家主编《长江文史论丛》二〇一八卷，湖北人民出版社，2018，第 36 页。
[2] 李灵玢：《洞商与羊楼洞区域社会》，中国社会科学出版社，2016，第 151 页。
[3] 雷男、杜修昌等编《湖南安化茶叶调查》，出版者不详，1943，第 11 页。
[4] 《集成》第 67 册，第 301 页。
[5] 《集成》第 67 册，第 311 页。

示尊敬。一旦进山，山内的箱户、篓户、行主必来预支银两，在这种情况下，客商不能自付，须经行主之手约量而付。客人进山后3~4天是行屋负责伙食，之后自理，掌管随客进山，伙食自理，但到了开秤、开炒、开押之日，客商需要给掌管等人添加犒劳钱。到买茶之时，为防卖茶人舞弊，事情都交予掌管办理。

采购中对茶农的压价和克扣是惯例，有几种较为常见的表现形式，如"定例扣"，即先打九折，明七六暗九扣。"明七六"，即100斤按76斤算钱，名义上是为了除去水分、茶梗、灰尘不能用者；"暗九扣"是指商人在交易时再扣一折，即实重×0.76×0.9＝收购重量。① "称手扣"则是出秤100斤扣除5斤，但实际不止扣5斤。"银扣"则是指交易用银在品色上的扣头，即实用银×银扣比率＝折算银。另外，在交易中的大盘、称手、账房常在茶票上造假，把克扣的茶叶卖给别的茶号，在复验环节还存在压价"打棒"和"掠盘"②。此外还有恶意压价、高秤收茶、留样茶、除皮、杀秤、抽佣金等花样③层层剥削茶农，以此应付后期的交易税、杂捐，扩大利润率。

茶规的记载重点在组织生产、采购与运输，在生产资金来源上并未着墨。实际上，茶农经常因生产资金短缺而向茶号借贷茶叶生产专项资金"茶洋"，月息二分，春来无法归还者用本季茶叶抵补。④ 山西人在茶山放贷收茶可追溯到明代，《芙蓉山茶记·诸业》载："明季，西票与西茶俱来（芙蓉山）会兑……寄橐……明人有诗：'茶市春回宵卖酒，西票又放印子钱。'"⑤ 生产性贷款支持茶农生产的情况很普遍。山西茶商的采购呈多样化，除总庄给子庄拨款收购外，他们还借助当地的茶栈、茶行进行收购。茶栈是专门从事茶叶买卖的商业机构，在茶商和洋行间介绍贸易，新茶上市前，茶栈会派人到茶源地向茶商、茶号放款，⑥ 待茶叶销售后回款回息。茶行本身也收茶，直接面向茶商和洋行销售，也是茶商的采购对象。此外，

---

① 雷男、杜修昌等编《湖南安化茶叶调查》，第11页。
② 打棒即庄客验茶时发现品质和定价不符，可压价。子庄打压价格是常事，叫"掠盘"，也可据时价和质量抬价，不受总庄控制。
③ 陶德臣：《近代中国外销茶流通环节考察》，《中国经济史研究》1995年第1期，第126~127页。
④ 吴觉农编《皖浙新安江流域之茶业》，出版者不详，1943，第30页。
⑤ 转引自余也非《中国古代经济史》，重庆出版社，1998，第762页。
⑥ 《近代中国外销茶流通环节考察》认为茶栈的收入来源分三个方面，其中之一为早期直接收买茶叶或设庄于产区参与茶贸。

当地茶叶店也可对接客商采购，代客收买箱茶以下的脚茶，即茶梗、茶朴、茶末，仅限于质量粗下品。茶源地的茶叶收购、贷偿关系如图1所示。①

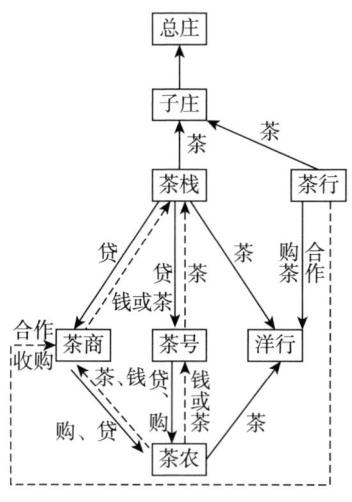

图1 茶源地茶叶收购、贷偿关系

三 茶砖的制作与生产管理

1. 晾、炒、酵

毛茶入手就进入摊晾、萎凋，待其失水适度，像篓茶洒面晾5~7天即可炒制，十日半月属佳，里茶则需一个月到四五十天为妥。② 稍作揉捻就进入杀青炒制阶段，择吉日开炒，开炒前，箱户、篓户、本山行主俱要送礼。据茶规载，开炒头天可炒4锅，不可贪多，只求捋顺工序，以后每日炒12锅。炒过的茶晾凉过筛，去枯枝、黄叶、杂末等，好末仍可作三六茶打底之用。复炒入锅再过筛，而后按品质分成官堆。③ 在发酵渥堆过程中，要谨防茶叶内部温度过高引起火灾，需专人挖茶透风，每个茶屋用工2人。

---

① 依据陶德臣《近代中国茶叶中的高利贷金融资本》(《中国农史》2001年第3期)，陶德臣《近代中国外销茶流通环节考察》(《中国经济史研究》1995年第1期)，雷男、杜修昌等编《湖南安化茶叶调查》，金陵大学农学院农业经济系调查编纂《湖北羊楼洞老青茶之生产制造及运销》(金陵大学农业经济系印行，1936)，《皖浙新安江流域之茶业》等资料综合绘制。
② 《行商纪略》，第123页。
③ 即渥堆，将已经杀青揉捻的茶叶按品堆成高大的茶堆，间隔数日翻堆（或搬堆）一次，保证均匀发酵。

发酵后可打吊（称茶）配茶，每锅打冷吊足22斤，① 一天产量二百六七十斤，计热吊足秤7斤半装一篓。砖"押"篓"踹"②，反复三次踹紧之后在茶袋子上打茶号印记，自然晾干再发酵，有"日晒夜露"之说。如开押日自己照顾不过来，仍可在山内雇人管理，工价如表1所示。

表1 洞地制茶部分工价

工种	雇钱	酒钱	茶砖	盘费	神福钱	备注
管开押人	约3000文	200~300文	4~5块			
大掌管	7两		4~5块	500文		随客出山至汉，盘费加钱4000~5000文
掌管	3两		5块	500文		
发票先生		8两	4~5块			
管行人		5两	4~5块			
守夜人	1000文/月	300~400文				
把秤先生		7~8两			500文	如是本山人员，付斤砖10来个
理发师	1两		4~5块			
厨师		据住宿日期量给				

资料来源：《集成》第67册，据第302~303页中的数据汇总编制。

上述工价除守夜人按月结算外，余者都是在完工出山前，以工程为单位结算，以大掌管、把秤先生、发票先生工酬最多，三者是控制茶叶成本、维持工人秩序、协调调度的"管理者"，发票先生和把秤先生可在山外雇人，如用山内人，工资会明显低于外地雇工。工资的支付分钱、物两个部分，茶砖即使是在茶乡，也可作为一般等价物酬付雇值。

2. 筛拣

发酵完成的茶叶在押砖前进入筛检程序，筛分头号至八号（或0~10号），以网眼大小为标准，筛眼与标号呈反比。操作头号、二号筛时需两人推拉筛茶，除去茶叶中的泥沙、碎茶末、灰尘，3~8号筛为单人手筛，筛到最后全是灰末，③ 这些灰末可入三六砖里茶（二七茶不用），有的被小

---

① 此处称重是以参秤校吊秤斤码，毛茶收购时则用"山内行称"做秤码。
② 工人将炒好的茶叶装入布口袋，保证茶叶在篓内扎实压紧，边装茶边用茶杠旋紧篓口，因工人操作时有向前方脚蹬、踹紧的动作，因此叫"踹茶"，以区别于踩茶。
③ 金陵大学农学院农业经济系调查编纂《湖北羊楼洞老青茶之生产制造及运销》，金陵大学农业经济系印行，1936，第12页。

贩收去作增重之用。头筛筛下的灰泥砂石中还有很多碎茶，需用风车吹分茶和杂物，如要制作洒面、洒底，还需要女工手拣梗茎，这些梗茎用刀切成细段之后混入里茶。筛拣工具用量如表2所示。

表2 制茶器具数量（千箱量）①

器具	数量（个/把）	器具	数量（个/把）	器具	数量（个/把）	器具	数量（个/把）
屯箱	1500	软篓	200	三筛	40	生末	8
拣茶篾篓	500	大掇箕	200	四筛	50	陈末	8
腰篓	300	风车	16~17	粗雨筛	300	备注：另有播盘、筛架子、拣茶架子、拣茶榈子、茶秤、退皮秤。各种筛子约1000把。
焙笼	300	晒帘	100	中雨筛	30	
拣茶盘	4000~5000	头筛	10	小雨筛	450	
笆箕	300	二筛	20	芽雨筛	50	

筛茶工程繁复，茶筛分头筛、二筛、三筛、四筛、小雨、中雨、芽雨、粗雨、生末、陈末。②第一遍筛出的茶为一茶，以此类推，如"头筛壹茶，正粗雨，过蹬、分码③、过扇④，茶发拣，拣净复振⑤，用正小雨贰筛；贰茶，勿粗雨，过蹬、分码、过扇、发拣，拣净复振，用正小雨叁筛"，流程重复直到四茶。粗雨筛尾茶，再小雨筛过，流程再重复一遍，中雨筛中尾茶、小雨筛小尾茶、铁沙筛铁沙茶，之后均要分码、过扇、提筛、上堆⑥。粗铁沙、生末筛、陈末筛，叁宗过扇、上堆。以上前五宗复振，拣茶、过、提，用二、三筛复提，小雨筛灰、复扇⑦、复火⑧、上堆、拣茶、提台。二、三筛过再次复蹬，用小雨筛灰、过扇、复火、上堆。各色合子茶渣分筛，用四筛起至陈末止，复振用中雨。头茶用小雨筛筛过经过扇、发拣、复蹬、拣茶，然后再经小雨过筛。三茶、四茶用芽雨筛筛过后过扇、发拣、复蹬，再经芽雨过筛，之后过火、上堆。⑨这是区分茶叶

---

① 《集成》第67册，第592页。
② 《集成》第67册，第565页。
③ 按品质分类摆放。
④ 用风扇箱吹灰末。
⑤ 再次振筛除灰末。
⑥ 把相同品质的茶分类成堆安放。
⑦ 再次风扇吹灰末杂质。
⑧ 茶叶再次快速热炒。
⑨ 《集成》第67册，第595~597页。

品质优劣的重要程序，如此重复数次，分拣出不同品质的茶叶，反复筛、扇、拣、过火，去除杂质，完成分类。

3. 打吊、配比、押制

在使用蒸汽动力押砖机之前，押砖用全人力杠杆压砖架或半人力螺旋压砖机进行，碎砖率较高，晋商主动引进先进机器改善生产，大大提高了劳动效率。砖茶打吊配比分三层，第一层为洒面（面茶），质量最好，向内第二层质量较差叫二面，最里层为里茶，质量最次。东口货常见二七、三六两种，二七茶砖重55两，每箱重92.81斤，三六茶砖每块41两，每箱重92.25斤。西口货的三九砖茶每块55两，每箱重134.06斤，二四砖茶每块重89两，每箱135.5斤。[①] 不同的茶规中记载的重量不一，具体如表3所示。

表3　茶砖配比、总重汇总表

茶砖	洒面	二面	里茶	砖重	成箱重
西口三六茶	不详	8～9两	2斤（32两）	带皮重约2斤10两	97～98斤
西口二七茶	不详，或没有洒面	12两	2斤10两（42两）	带皮重3斤7～8两	95～96斤
西口斤砖	1两5钱或没有	全用二面、籽尖茶，15两5钱		带皮重1斤1两	61～62斤
二四砖	5两	15两	70两	茶净重90两；砖5斤12两3钱/块	不详
三九砖	4两	10两	41两	茶净重55两；砖3斤8～9两/块	

备注：重量以参平为准。在《湖北羊楼洞老青茶之生产制造及运销》表七[③]记载：二四砖5.56斤/块，133.5斤/箱；二七砖3.44斤/块，92.81斤/箱；三六砖2.56斤/块，92.25斤/箱；三九砖3.44斤/块，134.06斤/箱；四五砖4.56斤/块，115.41斤/箱；四六砖1斤/块，64斤/箱（民国市斤）。其ާ六[④]中载三六砖41两/块、二七砖55两/块、三九砖55两/块、二四砖99两/块（民国市斤）。《旅蒙商大盛魁》[⑤]中载三六茶是41两，92.25斤/箱；二七茶是55两/块，92.81斤/箱；二四茶是89两/块，133.55斤/箱；三九茶是55两/块，134.06斤/箱（疑为民国市斤）。上述重量未说明净重或毛重，茶规数据所用秤码也不同，故数字有异。

资料来源：据《清中期羊楼洞、羊楼司买茶规程》之《押砖茶小论》《西口二四砖打吊》中数据汇总制表，见《集成》第67册，第305、295页。

以西口二四砖、三九砖为例，二四砖三种配茶共重90两，从外到里的

---

① 为民国市斤，见湖北省地方志编纂委员会办公室编《湖北省志资料选编》第一辑《羊楼洞青砖茶》，湖北省二轻局机械厂附属印刷厂，1983，第149页。
② 金陵大学农学院农业经济系调查编纂《湖北羊楼洞老青茶之生产制造及运销》，第19页。
③ 金陵大学农学院农业经济系调查编纂《湖北羊楼洞老青茶之生产制造及运销》，第18页。
④ 中国人民政治协商会议内蒙古自治区委员会文史资料研究委员会编《旅蒙商大盛魁》（《内蒙古文史资料》第12辑），内部发行，1984，第90页。

用茶量1∶3∶14，押砖后参平称重为92两3钱；而三九砖三种茶的配比约为1∶2.5∶10，配茶总重55两，成砖后为56~57两，再经过刷油、晾晒、包装，终为成品。常见的三六、二七、二四、三九茶因箱内茶砖数量得名，斤砖因每块重量得名。往东口销售的茶分为篓茶、二七茶、三六茶、六四斤砖、六四米砖①、六四斤米砖，打吊配比量如表4所示。

表4 部分茶砖打吊配比

茶砖类型	洒面	二面或洒底	里茶	茶砖净重	茶砖尺寸	净茶重/箱
东口二七茶	4两	7两	45两5钱	3斤8两半	宽4寸8；长9寸8；厚1寸2~3分	92~93斤
东口三六茶	3两5至4两		34两	2斤8两半	长9寸8；宽4寸8；厚7、8、9分~1寸	92~93斤
六四斤砖	1两五	2两	13两5钱	1斤1两	长6寸8；宽3寸6；厚5~6分	68斤
六四斤米砖	1两5		15两		长6寸8；宽3寸6；厚5~6分	66~67斤

备注：据《湖北羊楼洞老青茶之生产制造及运销》③（第18页）载三六砖洒面3.5两，二面3.5两，里茶34两，41两/块；二七砖洒面3.5两，二面3.5两，里茶48两，55两/块，两组数据秤码不同。④

资料来源：《集成》第67册，第293~294页。

盒茶也是砖茶的一种，"青砖茶最初不叫砖茶，而叫帽盒茶。经人工用脚踩制成椭圆形的茶块，形状与旧时的帽盒一样。每盒重量正料7斤11两至8斤不等，每3盒一串。经营这种茶的山西人，叫盒茶帮"③。《羊楼洞青砖茶》中载："羊楼洞茶叶加工历史可以上溯到明代中叶，当时销售的圆柱形'帽盒茶'即为今日的砖茶的前身。"④ 盒茶为羊楼洞地区传统茶类型，如以万篓计数，炒制时备锅28口，工人55个，包括挑茶1人，打冷吊、革末1人，炒茶28人，打热吊⑤1人，过热筛5人，磨筛1人，铺竹叶1人，余者作打官堆⑥、打篓、上毛印⑦之用。篓茶、盒茶制作工钱如表5所示。

---

① 米砖的毛茶材料是红茶，三六、二七、三九等茶砖用老青茶（黑茶）压制。
② 1930年后，民国政府开始使用500克/斤，但国内仍保持1斤=16两计重。
③ 陈椽：《茶叶通史》，中国农业出版社，2008，第202页。
④ 湖北省地方志编纂委员会编《湖北省志资料选编》第一辑《羊楼洞青砖茶》，第149页。
⑤ 打吊、打冷吊、打热吊是指不同类型茶的称重。
⑥ 也称"匀堆"，炒过的茶垒起高堆，用竹杷从上到下耙梳，让各层茶叶均匀发酵。
⑦ 在外包装上打上茶号印记、商标等。

表 5　青砖茶制作部分工种、工价①

工种	雇钱	犒赏（5 天/次）	备注
炒工	银 1 分	酒钱 13 文/人或 25 文/人	盒茶四万件上下需炒锅 28 口，做工人 55 个
捆串工	银 5 厘 4/串	酒钱 13 文/人（半套不算）或 50 文/人	
装篓、缝口小工		40 文/人	

另据《蒲圻文史》记载：发酵、挖洞、翻堆、提包、装匣 2~3 元/日；烘炕、打筛、搬箩、担水约 1 元/日；拣茶女工 400 文/日（2~3 箩/日）；解放前工资大概水平在 0.5 元/日。

资料来源：《集成》第 67 册，第 304 页。政协蒲圻市委员会、文史资料研究委员会：《蒲圻文史》（第二辑），1986，第 12 页。

炒茶、打吊配比、押砖是茶规着墨的重点环节。其中押砖需要多工种配合，形成一套有序的押砖流水线，工种分类详细，专业化和生产效率很高，以工计酬。以清代押二七、三六砖用工为例①：攀扛（杠）5 人，掌架 2 人，出砖 1 人，攀斗②4 人，装匣 2 人，提包 1 人，烧火 1 人，底吊、二面吊③2 人（实算 1 人），打杂 1 人，捆箱 4 人，擢茶④1 人，共 24 人。三面底吊并提袋 2 人，拖砖 1 人，打官堆每副架用人 8 个，量添攀箱、扛（杠）人。押三六、二七箱共 26 人，添烧火 1 人，攀架 1 人，攀茶⑤1 人，底吊 1 人，扣□1 人，煮饭 1 人，拈袋 1 人，打面板 1 人，打底板⑥1 人，二面吊 1 人，洒面吊 1 人，拖斗 1 人。⑦ 打官堆工序中，以二七堆为例，用工人 24~27 名，三六堆 20~22 名，筛洒、二面、洒底工也在其列，二九堆还出现了拣工。拣茶工序中有拣洒面、二面工、擒斗工、跟架工、码柴工、挖茶沟工、挑水工这几个工种记载，而押米砖工序中则出现了加油斗⑧的工人。

羊楼洞、安化的制茶工人不仅有当地人，茶山里揽工者、包工头大多

---

① 《集成》第 67 册，第 558 页。
② 攀扛（杠）、掌架、攀斗都是在押茶机上作工的工种，负责砖茶抬押杠杆、填卸砖斗。
③ 不同品质茶叶称重配比工人。
④ 同"拣工"。
⑤ 螺旋式攀盘押茶机上的押制工。
⑥ 打面板、打底板是茶砖上机压制时用两个与砖大小一致，上有阴、阳文字刻花的铅板附在上面与砖同压，即可成为茶砖上的花纹商标等图文，打面板、打底板工人负责覆板这道程序。
⑦ 《集成》第 67 册，第 566 页。
⑧ 给茶砖斗抹油，押砖后便于取出，也有在成砖上再刷油的，油干后可防潮。

来自江西，技术精湛，晋商在两湖办茶特别认可江西技工，"河口（江西铅山县属）及宁州（江西修水、铜鼓两县属）茶司，各有专长，蜚声茶界，在国内制茶工程上，盖处于鼎足地位。祁、浮各地红茶号河口帮有极厚之势力"①。茶商和工人定立标准化合同，形成雇佣关系，茶规中存留一份《包头江西人立约规例》，契约中主要明确两点，一是工价，二是责任。工资按工种、工作时间段计价，工人昼夜轮班作业，白天工以"黎明即起至黄昏止"12~14 小时，夜工工价从燃灯起至子夜止，每名计工半个，如到天明，则按大工照算。筛茶工每日 140 文/人，开筛之前到庄，既有伙食钱给付，40 文/人。开筛日加神福肉钱 50 文/人，逢初一、十五发神福钱 50 文/人，逢端阳节、中秋节，包头自办神福钱、肉钱 50 文/人给工人。头字茶的制作中，开筛日会发给工人"官堆礼钱"100 文/人以下，开踩日给神福钱 50 文/人。头字及二、三、四字茶的生产制作是个连续性的过程，熟练工连续工作的工钱以 140 文/人结算，否则以 130 文/人结付，避免中途招募新人耽误工时。而五、六字茶及口庄工人工价以 130 文/人结付，如用子庄工人，以子庄开秤起计回庄止，每天工价钱 100 文。②综上，工人的薪酬普遍是"计日工钱+各类赏钱"，包头付酬，以人头为准，腰牌为信，或有不端之举，一概包头承当，与商号无关。资料中的"包头"是中间承包商，负责工人的招募、监督、组织生产。

综上，山西茶商在两湖地区对毛茶的采买和制作主要依靠当地资源，茶商的重点在管理，对毛茶的收购、加工、运输会长期雇用大盘、账房、称手、掌管，仅在制茶期雇用一线技工。在产茶地开设的子庄联合当地的茶厂、行屋提供茶叶加工生产场地、工具共同生产，加工环节的质控是核心，因此对核心技术工人如大盘、掌管、锅头的控制是其工作重点，也是晋商重视雇用合同的重要原因。通过总庄、子庄这种总公司与分公司或办事处的机构模式建立商业网络组织，相当于建了庞大的商业信息网，这对于各地沟通有无，掌握市场行情意义巨大。

结　语

山西茶商所保留的茶叶规程记录了产运销链条上详细的经济信息，从

---

① 吴觉农编《皖浙新安江流域之茶业》，第 30 页。
② 《集成》第 67 册，第 593~595 页。

而形成集成本控制、工作细则、商业教程于一体的特殊商业文献，这是山西茶商高度专业化的体现。山西茶商在两湖地区的经营显示出斯密型经济增长的特点，手工作坊组成了专业化、季节性的大型生产线形成产业群，并以契约关系联结投资人、管理者与生产者。羊楼洞、安化等重要产地虹吸周边劳动力资源，带动相关产业的发展，如造纸业、竹木制造业、房屋租赁业、餐饮业、运输业等，实现地区性产业联动，从而带动多地经济协同发展。

山西茶商在茶叶运销环节的垄断，使得茶源地的生产没有自觉创新能力，生产工具更新效率低。由于生产者和技术工人不是利润获益主体，其创新积极性普遍较低。茶叶生产者从面向市场，变成面向茶商，茶商成功地分隔了生产和销售的空间，使自己成为唯一的运销渠道。两湖地区的生产情况表明，茶农只负责原料生产，技术工人只负责加工，以行屋为代表的从业者只负责为茶商提供生活服务和中介服务，以掌管、发票先生、把秤人为代表的监管人只在受雇期间负责质检、生产统筹。他们的一切活动和外销茶市场从不直接发生关系，处在茶叶贸易利润的下游，生产者与市场脱节，彼此信息沟通的唯一渠道就是茶商，利润的获取也全赖茶商，因此底层生产、经营者的利润刺激不够，不足以引起种植、加工技术的突破性革新。

山西茶商是茶叶运输、销售的主导，在利润的驱动下有主动创新意识和加强专业化操作的动力，但这种动力主要体现在运销环节的资金融通技术和市场的多元化拓展，对生产源头的技术创新不具有催动力。此外，茶商多是批发商，缺少对商品文化的主动营造，继而缺乏市场销售的引导性。茶叶是一种劳动密集型商品，提高其培植、加工技术，必然会提升产业附加值，促进利润周期不断缩短。但山西茶商的经营重点不在生产，大量外销茶的质量只在同行业内能够保持一个较好的程度，他的庞大利润主要依靠西、北路少数民族生活刚需和跨境贸易中中国茶在一定时期内的不可复制性与晋商对运销的垄断。

不可否认，山西茶商的产运销模式在与其他商帮的竞争中能够凭借其雄厚的资本和金融技术脱颖而出。但19世纪后期，俄商携不平等条约所带来的关税之利深入两湖地区直接采购茶叶，引进蒸汽压砖机等设备在汉口投资工厂直接加工就地出口，其生产效率远高于洞地分散的手工工场和季节性生产线。而同时期山西茶商手中的茶，无技术革新和产品独创性，长期处于原始工业化生产阶段,产品竞争优势丧失。在资金融通环节,茶商的流动资金大量滞压在采购、加工、运输中,周转困难,且自身还承担政府的税费重负,[①] 加速破产。在销售环节,英茶成本更为低廉,成功占领欧洲市场,俄茶在蒙、疆形成俄茶倒灌,中国茶的销售市场被不断侵蚀,而这种侵蚀并不完全是不平等条约造成的,中国茶口味改良和技术创新的滞后也要负重要责任。在运输环节,汉口外贸的兴盛、西伯利亚铁路的开通、苏伊士运河的运营以及敖德萨港的吞吐,使得晋商车载马驮的运输缺陷暴露无遗。另外,政府茶叶贸易中只承担一定的法律约束及税收管理职责,对茶贸的发展没有提供政策扶植,甚至有些时候扮演反面角色。山西茶商产运销优势的丧失无一不指向技术创新以及制度化因素的影响,同时暴露了晋商在应对外部机制调整时的滞后与无力。

The Procurement and Production of Export Brick Tea in the Hubei and Hunan Region from the Tea Regulations of Shanxi Merchants

Yang Fan Tang Ye

Abstract: As a kind of commercial application literature of Shanxi tea merchants, tea regulations are not only the encyclopedia of researching tea production and marketing, but also the important basis of controlling cost and quality. The important economic information described detailedly the organization production line of export tea, such as Shanxi merchants bought tea in Hubei and Hunan areas, the process, workers' wages, making standards, packing patterns and cost of making brick tea in tea regulations. According to tea regulations, tea production in Hubei and Hunan areas has mature production line, formed aggregation effect, siphon skilled workers and business groups, and showed Smith type growth characteristics of private specialized market. It directly promoted the formation of handicraft production groups and led to the commercial prosperity of the towns. It's a typical representative of China's handicraft production model. At the

---

① 刘建生、吴丽敏:《试析清代晋帮茶商经营方式、利润和绩效》,《中国经济史研究》2004年第4期,第19页。

same time, however, brick tea production in Hubei and Hunan areas showed the fatigue of technological innovation and high reliance on a single sales channel. Meanwhile, Shanxi merchants' monopoly on the tea trade increased the inertia of technological innovation, and eventually it became an important reason for the decline of the tea trade.

Keywords: Shanxi Merchants; Tea Regulations; Brick Tea; The Procurement and Production; Hubei and Hunan Areas

民国上海公所善堂集团运柩回籍事项的变化与传承*

——以上海四明公所、浙绍公所永锡堂为中心

邵钢锋**

摘 要：民国以后，沪上宁绍会馆公所的会董多为银钱业出身，经费来源广泛，专设司务管理日益制度化的捐款。由于上海独特的经济地理区位，公所成为连接宁绍同乡与故土往来的中转站，专为同乡运柩提供暂厝、转运、施葬服务。集团运柩从材会购置、筹募基金、运柩登记、让材赊材、着衣入殓、进厂出厂、厝停公葬等环节形成一套合理、庞大细密的规程。这一运柩网由多重地缘业缘交汇的旅沪浙商及广大旅沪同乡相互关联而成。这种依靠固有的文化信仰相互维系的组织机制，既强化了旅沪同乡的地域认同，增强了同乡的凝聚力，也从侧面更好地阐释了近代以来浙商义利并举、抱团取暖的群体特征。

关键词：公所善堂　上海四明公所　浙绍公所永锡堂　旅沪浙商

会馆公所与同乡会的关系，一直是商帮史研究中一个令人关注的课题。近年来，海内外学界针对浙商的相关讨论一度成为热点。夫马进、梁其姿在会馆、公所研究领域取得了丰硕的成果。[1] 虞和平较早关注宁波同

---

* 本文系 2017 年度国家社会科学基金重大项目《大运河与中国古代社会研究》（17ZDA184）、北京用友基金会"商的长城"重点课题"浙商群体研究及中国商人数据库建设"（批准号：2019 – Z06）的阶段性研究成果。
** 邵钢锋，浙江工商大学人文与传播学院历史学系讲师，商务部国际贸易经济合作研究院经济学博士后，主要研究方向为经济史、企业史。
[1] 日本学者夫马进先生的《中国善会善堂史研究》（伍跃、杨文信、张学锋译，商务印书馆，2005）对明代养济院、同善会至清代各地存在的育婴堂、保婴会、恤嫠会、清节堂、普济堂进行考察，对国家与社会、上海善堂与近代地方自治等问题进行探讨。台湾学者梁其姿认为，在江浙地区，我们可以看到从个别富人的捐粟赈灾、建桥、建（转下页注）

乡会及四明公所，并对两者的特点进行了分析，但限于主题，未能对运柩回籍等善后互助事项进行考察。①冯筱才的研究对民国初期全国主要城市宁波会馆运柩回籍事项有所涉及，也未能深入展开相关论述。②在陶水木看来，旅沪浙商不但参与本省灾害救济等慈善活动，还在上海积极劝募救济，运柩回籍事项在其开篇便加以凸显，可惜未做系统阐释。③毫无疑问，这些学者的先行研究均在相当程度上对本文具有启迪意义。

本文拟对民国时期上海与宁绍地域的集团运柩回籍事项加以历史性考察，解剖集团运柩回籍事项的社会结构、规程及协作机制，由此反观集团运柩回籍的基础条件、区域背景及背后的基本动因。

一　集团运柩回籍的组织结构

近代以来上海的商品经济最为发达，上海也是近代浙商群体颇有势力、最为活跃的地区。明清以来，受制于紧张的人地关系，宁绍地区一直是个高移民输出区，当地人赴沪经商风习也已非一日之功。纵然沪上千日好，但像经元善、朱葆三、田祈原、虞洽卿、宋汉章、刘鸿生等这样的风云人物者毕竟寥寥可数，不少旅外之士死后甚至无棺材可入葬。

有感于旅沪同乡的种种艰辛与无奈，不少有条件者纷纷出资捐建公所会馆。清嘉庆二年（1797），钱随、费元圭等旅沪浙商以钱 360 文为一愿，量力饮助，买沪上北郊土地 30 余亩为义冢。④此后，上海四明公所又陆续在法租界民国路八里桥兴工建筑，并在宁波江北泗州塘建有宁波四明公所

（接上页注①）路、办义学，发展至组织的会社、机构，其重要性渐渐盖过已存在数百年的政府济贫机构；善会善堂的功能也不仅是纯粹的救济，更多是维护社会文化上的价值，比如救济寡妇的清节堂等；她提出清代中后期的善会善堂充分反映"儒生化"的发展。杨正军《近 30 年来中国善会善堂组织研究述评》（《开放时代》2010 年第 2 期，第 149～158 页）一文对国内外学者有关中国善会善堂的研究进行了系统回顾，可资参考，此处不再赘述。

① 虞和平：《清末以后城市同乡组织形态的现代化——以宁波旅沪同乡组织为中心》，《中国经济史研究》1998 年第 3 期，第 71 页。
② 冯筱才：《乡亲、利润与网络：宁波商人与其同乡组，1911—1949》，《中国经济史研究》2003 年第 2 期，第 73 页。
③ 陶水木：《北洋政府时期旅沪浙商的慈善活动》，《浙江社会科学》2005 年第 6 期，第 177 页。
④ 上海博物馆图书资料室编《上海碑刻资料选辑》，上海人民出版社，1980，第 259 页。

和丙舍。① 到了 1918 年，因停柩扩容之需，四明公所又在上海南市日晖港建设南厂，当时拟建普通殡房 200 间，计可容柩 4000 具，预算须工料价银 36000 两；设置头等殡房 24 间，计可容柩 96 具，造价约 77200 两；同时设置二等殡房 40 间可容柩 240 具，造价约 10000 两；设置三等殡房 60 间，可容柩 480 具，造价约 13200 两；安排客厅 11 间，造价约 6000 两；此外，公所还安排羹饭厅、吉祥厅、管丁住宅共约 24 间，造价 8000 两以上。② 1920 年，旅沪浙商汪薇舟等发起联络同乡集资 5000 金，在上海浦东小吴家宅地方购置民田 10 余亩，创立四明公所东厂。③ 1921 年，旅沪浙商又在上海闸北横滨桥建立四明公所北厂，专供同乡寄柩。④ 至此，上海四明公所及其甬支公所及南、东、北各丙舍厂房陆续建立，各丙舍成为广大旅沪同乡停厝旅榇之区。由此可见，上海四明公所不仅较早建立了运柩旅厝的分支网络，而且旅厝殡房等级清晰可辨，相应设施一应俱全。

一般而言，公所往往由浙商担任会董，同时下设总董、常务董事、候补董事、监委等职。以浙绍公所永锡堂为例，该公所最初于清乾隆初年由同乡捐资在沪上 25 保 5 图创立；复于道光八年（1828）在 25 保 2 图建造公共厝柩所，加堂名曰永锡堂；同治九年（1870），公所迁至 25 保 13 图；1920 年又迁至沪南丽园路。⑤ 该公所由旅沪浙商王晓籁担任总董，常务董事由旅沪浙商胡熙生、田祈原、裴云卿、严成德、魏善甫、沈景梁担任，又设董事宋汉章等 14 人，共计 21 人，均为无固定薪水或酬劳的职务（见表 1）。该项职员秉承董事会分科承办运柩事业，具体包括助敛施棺、赊棺、停柩、掩埋公墓等。

表 1 浙绍公所永锡堂职员履历

姓名	年龄	籍贯	经历	住处或通信处	任职年月	职务或俸给
田祈原	63 岁	上虞	钱业公会委员	宁波路永丰庄	民国二年	总董 义务不支薪

---

① 长江：《宁波同乡慈善工作的中心：上海四明公所三厂停柩所具有悠久历史 战后受影响陆续迁柩回籍》，《上海宁波公报》二周年纪念特刊卷，1940，第 54 页。
② 《宁波同乡之慈善事业》，《申报》1918 年 3 月 25 日，第 10 版。
③ 《浦东甬人募建东厂》，《申报》1920 年 10 月 30 日，第 11 版。
④ 长江：《宁波同乡慈善工作的中心：上海四明公所三厂停柩所具有悠久历史 战后受影响陆续迁柩回籍》，《上海宁波公报》二周年纪念特刊卷，1940，第 54 页。
⑤ 《浙绍永锡堂关于安葬、旅亲添设公墓问题的函、会议记录、名单》，上海市档案馆藏，浙绍永锡堂档案，档号：Q115/17/9/89。

续表

姓名	年龄	籍贯	经历	住处或通信处	任职年月	职务或俸给
宋汉章	58岁	余姚	银行业公会委员	外滩中国银行	民国二年	副总董 同上
胡熙生	45岁	余姚	总商会商务委员	宁波路怡大庄	民国八年	副总董 同上
王鞠如	57岁	余姚	钱业公会委员	宁波路安裕庄	民国元年	总务科 同上
徐乾麟	67岁	余姚	中国济生会副会长	南京路大声唱机公司	民国八年	总务科 同上
谢韬甫	47岁	余姚	钱业公会委员	宁波路承裕庄	民国十四年	经济科 同上
严成德	47岁	余姚	绍兴同乡会理事	北京路中央信托公司	民国十八年	经济科 同上
张梦周	33岁	上虞	—	河南路五丰庄	民国十二年	经济科 同上
王晓籁	44岁	嵊县	闸北商会会长	北京路大来丝号	民国十二年	文牍科 同上
胡楚卿	48岁	余姚	联义善会会董	宁波路鼎盛庄	民国十五年	文牍科 同上
沈知方	47岁	绍县	书业商会董事	福州路世界书局	民国二年	文牍科 同上
蒋福昌	63岁	余姚	钱业公会委员	天津路元盛庄	民国十五年	材务科 同上
魏善甫	51岁	余姚	震巽木业公会董事	董家渡震升裕木行	民国十五年	材务科 同上
赵澈芗	64岁	上虞	联合善会会董	河南路宝丰庄	民国八年	材务科 同上
陶善梓	51岁	余姚	—	豆市街益康庄	民国十五年	厂务科 同上
陈元泉	48岁	余姚	—	天津路元生庄	民国元年	厂务科 同上
赵文焕	62岁	上虞	钱业公会委员	宁波路安康庄	民国十四年	盘运科 同上
裴云卿	49岁	上虞	纳税华人会执行员	河南路同春庄	民国二年	盘运科 同上
魏鸿文	53岁	余姚	煤炭公会董事	董家渡里街协盛和煤号	民国十二年	盘运科 同上
鲁正炳	52岁	绍县	钱业会馆董事	乾记里悦昌文绸庄	民国十五年	盘运科 同上
沈景梁	41岁	余姚	绍兴同乡会议董	河南路宝丰庄	民国十八年	营葬科 同上
谢荣卿	55岁	绍县	茶叶会馆董事	江西路三和里谦益茶栈	清光绪三十年	营葬科 同上
陈延年	36岁	上虞	—	河南路济阳里恒德号	民国十八年	营葬科 同上
魏清涛	64岁	余姚	绍兴同乡会议董	宁波路中旺弄魏清记	民国十二年	稽核科 同上
金少筠	54岁	余姚		宁波路振泰庄	民国十二年	稽核科 同上
邵燕山	61岁	上虞	—	天津路同余庄	民国十五年	调查科 同上
胡格生	43岁	余姚	绍兴同乡会理事	宁波路安康庄	民国十五年	调查科 同上
谢锡林	51岁	上虞	豆米业公所董事	豆市街骏源豆麦行	民国十五年	调查科 同上
冯仲卿	47岁	余姚	绍兴同乡会理事	外滩中国银行	民国十五年	交际科 同上
李济生	55岁	上虞	同上	宁波路永丰庄	民国十五年	庶务科 同上
李菊亭	59岁	上虞	同上	宁波路永余行	民国十五年	庶务科 同上
蒋泉茂	57岁	余姚	煤炭公所董事	浙江路宝康里协成煤号	民国十五年	庶务科 同上

续表

姓名	年龄	籍贯	经历	住处或通信处	任职年月	职务或俸给
罗企云	44岁	上虞	绍兴同乡会议董	同孚路3号	民国十五年	庶务科 同上
罗坤祥	49岁	上虞	山东河南丝绸公所董事	福州路中和里久成府绸庄	民国二年	庶务科 同上
陈泰升	51岁	上虞	—	北京路庆顺里晋大永金号	民国十五年	庶务科 同上
何谷声	45岁	余姚	金业公会理事	宁波路垦业银行	民国十五年	庶务科 同上

资料来源：《浙绍永锡堂关于安葬、旅亲添设公墓问题的函、会议记录、名单》，上海市档案馆藏，浙绍永锡堂档案，档号：Q115/17/9/98。

二 集团运柩回籍的规程与运作机制

作为一项传统习惯，运柩回籍包括了让材、赊材、寄材、进厂、出厂等多个环节。集团运柩前，公所还会登报通知家属登记领柩。集团运柩之后，当地公所还会有脚夫接引、丙舍厝柩以及公墓葬柩等环节。实际上，公所运柩的核心力量来自具有强大向心力的旅沪浙商，并由旅沪浙商组成的公所董事及常务董事作为集团运柩回籍事项的中枢，从而促进运柩日渐集团化、正规化。恰如杜赞奇所言，部分组织攀缘依附于各种象征价值（Symbolic Value），从而赋予网络一定的权威，使它能够成为地方社会中领导权具有合法性的表现场所。[1] 以1947年浙绍公所永锡堂元宵大会为例，是日该公所推举浙绍公所永锡堂董事27人。董事分别由旅沪浙商王延松、王晓籁、田我醒、沈锦洲、沈景梁、宋汉章、吴柏年、周家声、胡楚卿、徐乾麟、夏杏芳、陈光照、陈鸿卿、张梦周、黄雨斋、赵炽昌、赵叔馨、裴云卿、郑文同、潘久芳、刘志方、谢君艺、魏晋三、魏善甫、严成德、严水鑫担任；推举监察9人：旅沪浙商王鞠如、沈廷梁、李济生、金少筠、金汤侯、徐侠钧、陈延年、裴正庸、钱友兰；推举常务董事4人：王晓籁、沈景梁、裴云卿、严成德；公所名誉董事由陈元泉、陈泰升、冯仲卿、鲁正炳、罗企云荣任。[2] 概言之，公所的董事概由旅沪浙商组成，董事总揽

---

[1] 〔美〕杜赞奇：《文化、权力与国家——1900—1942年的华北农村》，王福明译，江苏人民出版社，1996，第5页。
[2] 《浙绍公所永锡堂章程（附董事一览表）》，上海市档案馆藏，浙绍永锡堂档案，档号：Q115/17/29/14。

公所一切重大事务，日常事务聘请专职人员如钟质民主任负责，并配有相应账务与杂役，具体落实跟进公所的财务、售材与赊材、进厂与出厂、殓葬等运柩事宜（见表2）。

表2 浙绍公所永锡堂集团运柩事务职员一览

姓名	钟质民	葛嘉祥	赵锦大	赵鸿生	俞文祥	陈敏福	张文灿	吕嗣棠	吕嗣馨
职务	主任	会计	管理本埠进出柩	管理材会事务	管理外埠及其杂物	书记	收捐寄杂物	管理北堂事务	管理北堂事务
籍贯	上虞	余姚	上虞	余姚	上虞	上虞	上虞	余姚	余姚
年龄	44岁	45岁	47岁	43岁	37岁	44岁	35岁	66岁	36岁
住处	上虞城中十字街	余姚	上虞	上虞	上虞	上虞	上虞	余姚	余姚
备注	—	保魏善甫乙丑元月	保赵炽昌二十三年五月	—	二十三年病故	二十八年病故	保坰津舫	三十三年病故	保胡楚卿丁卯二月

资料来源：《浙绍永锡堂堂务摘记（二）》，上海市档案馆藏，浙绍永锡堂档案，档号：Q115/17/17/12。

（一）集团运柩的财务委员会与赊材基金

集团运柩前期，公所根据会务扩展的需要，往往会先设立一个财务委员会。财务委员会通常设委员5人，从董事会中公推1人，公议联合会董事中公推1人，司月董事中公推2人，其中一个名额由本公所经理兼任。财务委员会任期1年，续推得连任，每年大会后，由第一次董事会推定之；每遇重要事件，得提请董事会会议，施行寻常事件，由财务委员会议决行之；每月定期开会1次，由公所具函邀集之，开会时互推1人为主席；财务委员会开会时，须有过半之数出席方得开议，议决之事件记载于议事录，由主席签阅保管；财务委员须在任期1年内，所办各务缮具报告书，于交替时报告董事会；财务处购办木料时，由经理探询市情，议定价值，报告财务委员核定之。①

为了激励有识之士募捐，公所都会设定赊材基金酬赠章程，将组织原则和活动规范化。以上海四明公所为例，每捐洋1元加赠奖券1张，多则类推；提出赠奖总数5000元，定位10等分赠。俟募捐事竣，定期当众摇出号码，分别对号领款，其简章载明券内。（1）设淑德祠，分列中、左、

---

① 《四明公所财务委员会章程》，《四明公所募集赊材捐特刊》1928年第10期，第1页。

右万年台三座,供奉长生禄位,以捐募之多寡定其级次。具体开展如下。甲级中座:懋著贤劳公议推重者,助捐洋1000元以上,募捐洋2000元以上者。乙级左座:助捐洋500元以上,募捐洋1000元以上者。丙级右座:助捐洋200元以上,募捐洋500元以上者。(2)水陆道场。延请宁郡各大丛林高僧,就公所设坛启建水陆道场。甲、义务职员及各队长从事勤劳者,得设本身延生禄位,并追荐三代祖先。乙、助捐200元以上、募捐500元以上者,得追荐三代。丙、助捐50元以上,募捐200元以上者,得追荐一代。(3)勒石题名。捐洋200元以上者,列德字碑。捐洋1元以上及未满200元者,列功字碑。捐角洋者题名木榜。(4)刊碑纪功。凡义务职员及各长队员懋著贤劳者,分别记录。(5)各队竞争。最后经募为数最多之首列10队,分别赠以金银饰物。(6)特组加赠。凡各会各业自组特别队经募者,除照(1)(3)(4)条办理、第(2)条供奉禄位、得推女代表列入外,最后竞募在10000元以上者,加赠银鼎一座,3000元以上者,加赠银盾一座以垂不朽。[①] 对于募捐及各应奉长生禄位者,而本员愿归于其先人,不论夫属母属均得申请照办;凡团体自组特别队或捐或募但符合定数者得推女代表列名供奉。[②] 浙绍公所永锡堂也有类似赊材基金酬赠激励办法。由此可见,各公所的赊材基金酬赠章程虽然内容有不同程度"旧道德"的影子,但其组织形式却颇具"新思想"。在这一酬赠激励的过程中,旅沪浙商表现出相当强的桑梓情怀和组织能力,而且旅沪浙商的女眷也乐于参与做功德的善事。这也在运柩回籍后续的发展过程中得到了印证。

(二)集团运柩的让材、赊材的领票及费用

集团运柩过程中的让材、售材赊材、进厂、出厂都有经年累月积累下来的各种习惯。比如,让材一般是以备同乡仓卒之需,但怕中间有人牟利。以浙绍公所永锡堂为例,公所通常会先请柩属至总理材会处(北市天津路宝丰钱庄)缴洋购票,然后持票向永锡堂材会账房凭票领材。让材扛送也有详细规程。公所通常会派遣扛夫,扛重每名大洋四角;如遇扛夫意

---

① 《募集赊材基金酬赠章程》,《四明公所募集赊材捐特刊》1928年第1期,第3页。
② 云起:《议设长生禄位章程》,《四明公所募集赊材捐特刊》1928年第2期,第2页。

外索请，经查属实，轻则扣罚，重则斥革不贷。①

此外，赊材亦是公所的一项重要善举，专为广大旅沪同乡而设。贫苦同乡只要凭捐款人来票即可领取。凡是捐款 100 元者，每年可以票取赊材 1 具，捐款多寡依法类推。至于售材，则分许多等级，最好的是楠木（独福和八仙），其次是松字、柏字、桐字、椿字、天字、地字、人字、福字、禄字、寿字、全字、吉字、祥字、喜字及小材等多种。一·二八事变以后，上海的售材数量较以往有所增加。以上海四明公所为例，据统计 1937 年共售材 4764 具，内有赊材 1147 具，占总数 24.08%；1938 年售材 5346 具，内有赊材 1337 具，占 25.01%；1939 年售材 4383 具，内有赊材 831 具，占 18.96%。②但因战争影响，上海至宁绍间的运输困难及沪上物价高涨，制材木料价格上涨二三倍，相应的，普通赊材每具在战前仅值 26 元，后来却需 50 元左右，不少贫病之士日渐无力承担。

对此，公所赊材一般专用喜字材扛送，针对的主要就是贫苦同乡。领喜字材者，须先由堂董（往往是由旅沪浙商组设的董事会成员）或同乡庄号行家（钱业为主）常年认出此项。捐者签书保单，并附成工洋 2 元一并送缴总理材会处，由丧家书面画押，具领赊材票持向永锡堂材会账房领取。如有贫苦或贫苦而亡人年未满 16 岁者一律追还原值，均惟原保人士问其现洋 2 元，即没充报告人赏格。保人往往又是旅沪同乡中具有一定身份的浙商，保人虽纯系义务性质，但必须负完全责任，倘若由于方便，一时心热不加详察造成失误，由保人受过。此外，针对旅沪同乡贫苦之家或殇孩，公所又特制各种小棺备购，如央有正式保人或同乡兹号行家签印作保者，准由其家属画押作欠，听其自选，但仍须依公所章程，清明、冬至即葬，不得久停殡厂（详见表 3）。

（三）集团运柩的进厂、出厂的规程及价目

事实上，公所厝放的进厂与出厂都有严格规定。一般旅柩进厂先由保家书条盖印，根据亡人籍贯、年纪及亡年月日送函司票处。以浙绍公所永锡堂为例，柩属需要到沪上北市天津路福绥里鼎盛钱庄或南市豆市街业盛

---

① 《浙绍永锡堂堂务摘记（二）》，上海市档案馆藏，浙绍永锡堂档案，档号：Q115/17/17/7。
② 长江：《宁波同乡慈善工作的中心：上海四明公所三厂停柩所具有悠久历史 战后受影响陆续迁柩回籍》，《上海宁波公报》二周年纪念特刊卷，1940，第 54 页。

民国上海公所善堂集团运柩回籍事项的变化与传承

表3 浙绍公所永锡堂运柩让材赊材价目及一切各费

材号	香楠婺源	天字	地字	宇字	宙字	福字	禄字	寿字	庆字	昔字	祥字	元字	和字	喜字	小天字	小地字	小福字	小油材	小赊材
价值	价木等	220元/240元	200元/220元	160元/140元	132元/140元	120元/130元	100元/110元	94元/110元	80元/88元	68元/74元	58元/64元	40元	26元/28元	即赊材价同上	40元/44元	28元/32元	18元/20元	5元/6元	同上
送空材	2元	1元6角	1元2角	1元2角	同上	同上	1元	1元	9角	同上	8角	同上	6角	3角	8角	6角	5角	4角	3角
扛重材	4元8角	同上	3元2角	3元2角	1元4角	1元2角	1元2角	1元2角	2元4角	同上	2元	5角	1元6角	8角	2元	1元6角	1元2角	8角	6角
着衣入殓	3元	2元4角	1元6角	1元6角	1元8角	1元6角	1元6角	1元2角	9角	7角	6角	6角	4角	2角	6角	5角	4角	—	—
封口做字	3元	2元4角	2元	2元	1元8角	1元6角	1元6角	1元6角	1元4角	同上	7角	无	4角	2角	1元	1元	8角	—	—
订圈	3角	2角8分	同上	同上	同上	同上	同上	同上	1角4分	同上	同上	同上	无	无	2角8分	2角8分	1角4分	—	—
代三牲	2角8分	2角8分	同上	同上	同上	同上	同上	同上	同上	同上	同上	同上	同上	未二项不计	2角8分	同上	同上	—	—
代羹饭	2角8分	2角8分	同上	同上	同上	同上	同上	同上	同上	同上	同上	同上	同上		2角8分	同上	同上	—	—

资料来源：《浙绍永锡堂堂务摘记（二）》，上海市档案馆藏，浙绍永锡堂档案，档号：Q115/17/17/8。

里义昌钱庄具领进厂票缴，然后由永锡堂扛材账房凭票进材。即将此小票上加盖保家图印，持向原家换取出厂票就堂领材。停厂以一足年为期，期满即须领去，各款暂留每年须出捐洋4元，然后迁入留材所，否则运柩回籍不得限期。运柩每年两次，上半年约于清明节举行，下半年约于冬至节举行。①

为了适应运柩回籍的变化，上海四明公所南北两厂运柩所除了普通厂以外，还有特别高敞的房屋分为厅、堂、舍三等，凡寄柩的家属需按等纳费。对于殇孩未成年棺柩，另外在北厂和南厂设立专厂，可以纳捐寄柩。关于各厂里寄柩的数目，因为年久的关系，数目已是不能统计。上海四明公所拟计划1937年秋进行调查，后因战事猝发，这项工作停顿下来。截至1940年还没有准确的统计，四明公所只有一个约数：南厂约9000具，北厂存柩4000余具，总数13000具。如以县域来分，最多的是鄞县，约占45%，次是镇海、慈溪、奉化、定海、象山等地。②

运柩厝放的进厂、出厂不仅规程自成一体，而且寄柩的各色报价细致合理。浙绍公所当时规定，寄材可分9种，欲入寄材所者必须缴纳进堂捐，每具每年8元至60元不等，须由保家书条盖印报明止人籍贯、年纪及亡年月日，领取捐票后，方可安放。③进厂可分如下情形：进入60元及50元房间者，每具洋1元2角；进28元及24元、20元、16元房间者，每具洋1元；进12元及10元房间者，每具洋8角；进8元房间者，每具洋6角；包间一律加倍；进公厝所者，每具洋8元。此外，公所还制定了进厂与出厂的附则："（1）右开各扛夫均有定额，惟欲用材罩每具须加4人，用独龙扛者，另定；（2）用柩马车之材，上车下车照8人额算，用柩汽车者以10人额算；（3）扛夫扛重每名虽规定洋4角，但所经地点自南厂派出者，或过苏州河、市浜桥、石灰港、浦东等处，每石名次须加洋1角1分，或过大连湾东、新龙华南、小沙渡西、新江湾北，每石名须加洋2角2分（浦东酌加摆渡费），自北厂派出者或过虹桥之东、车站之南、舢板厂、新桥之上西、新江湾之北，每名须加洋1角1分，有故意绕远道者，每石又须加洋1角1分；（4）单远送空材一律照肩算分籍，加倍先一日送空

---

① 《浙绍永锡堂堂务摘记（二）》，上海市档案馆藏，浙绍永锡堂档案，档号：Q115/17/17/7。
② 长江：《宁波同乡慈善工作的中心：上海四明公所三厂停柩所具有悠久历史　战后受影响陆续迁柩回籍》，《上海宁波公报》二周年纪念特刊卷，1940，第54页。
③ 《浙绍永锡堂堂务摘记（二）》，上海市档案馆藏，浙绍永锡堂档案，档号：Q115/17/17/9。

材,次一日扛重材自和字函庆字照例外加洋2角,自寿字函天字加四角;(5)丧家有欲扛光着青衣者,每名加洋5分,着白衣者每名加洋1角,须带凳上凳者天地等材加洋4角8分,宇字函寿字3角,庆字函祥字2角4分;(6)由论定厅进厂之材,每名洋2角;(7)扛夫函丧家有须伺候延时,考每名给茶资5分,有给与饭时轧住此每名给饭资洋2角;(8)漆司函丧家春口其出业时间奖扛夫同考茶饭钱等须必随时扛夫例给之。"[1] 由此可见,公所经过日积月累的积淀,运柩的进厂出厂早已形成一套细致严密的章法。

(四) 集团运柩的接引停厝与归葬公墓

运柩回籍的棺材,往往先由宁绍地区的分支公所接应,然后暂时停厝当地丙舍或材会。比如,浙江定海体仁局主要依靠同乡捐募,收敛尸骨,为广大客籍仕商停柩。[2] 清光绪年间,浙江上虞裴勉山(上海承裕钱庄执事人)、俞亮臣(沪北立大钱庄执事)、朱衣言三先生,可怜死亡暴露惨状,召集虞西旅沪、旅汉同乡募资施材。但后嗣以存款折收经费不敷开支,至宣统间停办。1918年,得旅沪同乡会提议续办,与在籍者通力合作,在沪设筹备会,在崧设董事会,双方筹募共策进行。[3] 从以上的叙述中可以看出,一方面作为非政府组织的公所深受经费断断续续的困扰,另一方面宁绍地区的公所丙舍在人事、财务等方面历来与旅沪浙商关系紧密。

此外,沪上公所还陆续在宁绍地区各县建有公共墓地,用以归葬运柩回籍的无主棺材。以浙绍公所永锡堂为例,该公所分别在上海浦东白莲泾、余姚徐岙岭和莫家岭、绍兴县偏门外裹木栅、上虞姜西岙、嵊县杉树潭、诸暨赵家埠、上虞北门外元贞桥都设有公墓(见表4),并由专司打理,这类专司往往都是支薪的。冬去春来,一年两次运柩回籍,公所渐次以上海为中心,沪甬水道为依托,在沪宁绍间形成一张庞大细密的运柩网络。不言而喻,整个集团运柩的不断专业化,其实也是旅沪浙商与宁绍地域不断互动的过程。这主要表现在两个方面:一方面,在旅沪浙商的周围,聚集着越来越多与浙商的活动发生关系的潜在合作伙伴,更多的同乡

---

[1] 《浙绍永锡堂堂务摘记(二)》,上海市档案馆藏,浙绍永锡堂档案,档号:Q115/17/17/10。
[2] 《浙定体仁局募捐引》,《申报》1875年4月21日,第5版。
[3] 《永锡材会碑》,1925年4月,石刻碑记,浙江省绍兴市上虞区崧厦镇永锡材会屋藏,第三次全国文物普查不可移动文物,编号:330682-0984。

表 4　浙绍公所永锡堂各公墓一览

名称	第一公墓	第二公墓	第三公墓	第四公墓	第五公墓	第六公墓	第七公墓	第八公墓
地址	浦东白莲泾	余姚徐岙岭甲处莫家岭乙处	绍兴偏门外蓑木栅	上虞姜西岙	嵊县杉树潭	余姚郑巷葛藤棚	诸暨赵家埠	上虞北门外元贞祈
管理人	焦和尚工役	田森泉、胡学海司事、田森泉、王莲洲司事	楼之凡、宋宰司事	田森泉、马杏春司事	—	—	—	钱俊人
说明	此处专埋小柩，凡现已停葬，凡有小柩改葬于思安会所有青浦七宝乡	此处葬柩最多，此处葬柩预备将来公墓向第六公墓丛展	原系朱鲁庭先生管理，鲁庭先生辞职后，托楼之凡管理	此处葬柩无多，唯第八公墓已告成立，此后可以苏其积雍	此处运费由本公所付给葬费，不负其责。1935年唯去补助费一千元，系董事会议决	此处尚在筹备中	此处托楼之凡先生管理	此处系危薪蟾君所创，置有葬山三十余亩，丙舍及葬所房屋三十八间，日常年事务所及运葬费是否归本公所负担，现尚未定

资料来源：《浙绍永锡堂堂务摘记（二）》，上海市档案馆藏，浙绍永锡堂档案，档号：Q115/17/17/11。

与之成为合作伙伴甚至其伙计；另一方面，旅沪浙商领导公所运柩回籍等善后活动，使整个公所向着"敦睦乡谊，图谋公益"的良性方向发展。

不仅如此，公所考虑到沪上丙舍难以满足厝柩需要，若不设法疏散将难以为继，加之上海卫生当局取缔甚严，公所不得已在上海指定区域内寻觅新殡舍基地。1936年，浙绍公所永锡堂嗣经旅沪浙商徐乾麟介绍，在上海县第二区曹行镇以每亩价325元（包括佣杂费）买地63亩。① 1943年6月，浙绍公所董事会议决：筹募捐款即就曹行镇安葬，倘柩属不愿应于最近期内自行领去，或持原柩寄向社神父路口菜市路430号公所事务所面洽期限。② 由此可见，为了适应社会发展需要，公所通过大规模扩建义冢，为部分旅沪同乡在上海觅得了一方公共墓地。

三 集团运柩的基础条件与区域背景

（一）集团运柩的经费基础：劝募基金

公所运柩的经费往往入不敷出，一方面是因为收入锐减，支出浩繁，另一方面是还要应付物价、时事等诸多不确定性。以上海四明公所赊材售材为例，"以每具用福建杉木双连3支，每支价元8两8钱，七二合约36元。合工2元5角，漆工2元2角，锯工1元，钉珠1元，铁环4角，锁子3角。每具成本洋43元4角"③。但实际上，当时售材全字材每具亏本7元9角，福字材每具亏本11元5角5分，喜字材每具亏本17元9角9分。④ 1936年，浙绍公所年赊出喜字材400余具，每具成本30余元，总计达12000元以上，但因赊材无基金，全赖每年征收赊材捐，即从前1厘愿捐为之辅助，而1936年该项捐赠仅收3000余元，赔垫甚巨。⑤ 再以上海四明公所为例，过往岁赊五百具，后来增至六七百具，如遇痢疫，数目激增，兼以时事多艰，百物昂贵，料价工资飞涨，经费消耗于此者，每年至二三万元之巨，年复一年，难乎为继。⑥

---

① 《浙绍永锡堂堂务摘记（一）》，上海市档案馆藏，浙绍永锡堂档案，档号：Q115/17/17/15。
② 《浙绍公所永锡堂通告柩属》，《申报》1943年6月16日，第5版。
③ 《赊材估计表》，《四明公所募集赊材捐特刊》1928年第10期，第1页。
④ 《售材亏本表》，《四明公所募集赊材捐特刊》1928年第1期，第2页。
⑤ 《浙绍公所永锡堂紧要启事》，《申报》1937年5月5日，第6版。
⑥ 《募集赊材基金启》，《四明公所募集赊材捐特刊》1928年第1期，第3页。

针对此类赊赔棺材的买卖，旅沪浙商决定组设募集赊材基金来应付不断飞涨的棺木成本。旅沪浙商通过宴会同乡的形式联络乡谊，从而借此筹募赊材基金的本金。1928年，虞洽卿就在上海中央西菜社设宴为四明公所筹募赊材基金，到者有楼其梁、盛省传、李云书及王儒堂等，计200余人。先由方椒伯报告赊材基金的必要及种种办法，之后现场承认募捐担任队长的，已达110余人之多，席间还有王东园、陈良玉、许廷佐等浙商慷慨陈词，听者咸为动容。① 募集赊材基金还吸引了不少旅沪浙商的太太小姐们担任劝募女界代表，如公推虞洽卿家的老太太为名誉队长，袁履登家的老太太为总队长，乐振葆太太为总参谋，各队长均请女界担任，并敦请热心同乡为募捐委员。②

赊材基金特捐而来的善款通过存储，专以利息充赊材之用，通常由银钱业的董事妥慎保管。同时，公所还会设募捐总事务所，并敦请热心同乡组织募捐委员会分担文书、会计、劝募、交际、宣传、庶务各科事宜。上海四明公所分为200个劝募小队，每队至少募集银元1000元，由总事务所敦请名誉队长1人，总队长1人，总参谋1人，每队队长1人，队员若干人，由各队酌定延聘，均以同乡女界专任之。募捐事竣，成绩优秀者，分别酬赠。③ 待募捐结束后，公所还会刊发征信录，并勒石公布劝募情形。

除了常规募捐之外，公所还有特捐、常捐以及售材、赊材等其他收入来源，甚至将名下不动产出租。例如，浙绍公所就曾将法租界菜市路440号出租给上海美术专科学校，每月租金760元。除了公所房产租金及股息等收入外，外界捐款亦十分踊跃，常年捐款和"一文捐"，1938年有33049.04元，1939年达34394.70元。支出方面，事业经费占18%，三厂开支占17%，事业经费占65%。④ 由定海会馆经费收支账略（见表5）可见，会馆公所的支出主要包括制作寿材的木料费用、制作寿材的杂役小工工资、修理会馆的支出、公所职员的薪水、善捐、杂支等日常开销。募捐是会馆公所的主要收入来源，但是它的活动开支却无法不受到客观条件的限制。

---

① 《虞洽卿宴客》，《四明公所募集赊材捐特刊》1928年第1期，第3页。
② 《四明公所宴会》，《四明公所募集赊材捐特刊》1928年第1期，第2页。
③ 《募集赊材基金特捐章程》，《四明公所募集赊材捐特刊》1928年第1期，第3页。
④ 长江：《宁波同乡慈善工作的中心：上海四明公所三厂停柩所具有悠久历史　战后受影响陆续迁柩回籍》，《上海宁波公报》二周年纪念特刊卷，1940，第54页；《美专控案和解》，《申报》1936年1月14日，第1版。

实际上，这种收支账略到20世纪50年代初，基本上没有多大变化。

表5 定海会馆经费收支账略

单位：元

收付事项	收项	付项
上期差额（伪币折合）	381282	—
募捐	4621500000	—
特捐	2659516600	—
常捐	1547072000	—
售出材款	8072300000	—
赊材	75000	—
利息	1409912874	—
房租	110652815	—
押租	920	—
制材木料	—	6242692000
制材工资	—	2889241000
修理会馆	—	391708000
薪水	—	182017100
善捐	—	125000
体仁局造新厂	—	1635300000
杂支	—	323134933
差额（结丈）	—	6756893458
合计	18421411491	18421111491

资料来源：《定海旅沪同乡会关于处理敌伪物资免征乡民捐税问题致敌伪产业处理局、浙江省主席和蒋介石的函、代电》，上海市档案馆藏，定海旅沪同乡会档案，档号：Q115/33/10/7。

（二）集团运柩的交通基础：运输方式

前面提及，厝柩最初临时安放在沪上各公所丙舍，通常会在每年清明与冬至搬运出厂。比如，上海四明公所暨定海会馆等以每年冬季为起运同乡灵柩赴乡安厝之期，故两会馆磋商将同乡灵柩均运至定海安厝及寄放。① 又如，"定海籍寄柩自经国华运柩部装运以来先后已达两次，现悉该项灵

---

① 《筹运柩回定》，《申报》1938年12月19日，第10版。

枢均已安抵定体仁局，随时由枢属前往领取"①。再如，绍兴旅沪同乡会在1946年为响应上海市肃清积枢及便利同乡减轻负担，主办代运寄枢回籍先后数次，成绩圆满，早已结束。后经各同乡要求继续办理，仍照前水陆并运。② 这里所说的运枢后来也包括宁绍运枢所以及甬镇运枢公司在内，主要通过帆船或轮船走水路运至宁绍地域各县的分支机构暂厝，并由相接引的小工、脚夫负责搬运至当地附近的丙舍安厝。

一般而言，公所运枢前期都会登报统一安排枢属到规定的各处登记运枢。以上海四明公所为例，凡宁波籍尸枢，不论寄存于任何殡舍、丙舍或会馆公所，均须于规定期限内申请登记以便分批装运回籍，如有经济困难可于申请时说明，转呈当局予以补救。四明公所公平寄枢所、世界殡仪馆、虹口国华殡仪馆均可登记。③ 又如定海区留沪灵枢由中华轮船公司优待承装，由新平轮起运，所有灵枢运籍概由体仁局暂收，听凭枢属随时领枢，之后定海区枢属登记手续仍照宁波规例办理，唯贫寒登记者，须向定海同乡会请求证明。登记处为静安寺路金门东首96弄2号本部、虹口区国华殡仪馆、福煦路安乐邨7号国华事务所、世界殡仪馆、四明公所、公平寄枢所、宁波分公司。④ 由此可见，集团运枢回籍的登记运枢不一定都在四明公所或浙绍公所，也包括各色寄枢所以及殡仪馆。

附带说明一点，如果枢属需要代运寄枢，其费用包括登记费、运枢费、水脚费、饭金等。以上海善长公所及四明公所南厂运至定海体仁局为例，当时集团运枢的规程包括：枢属应先将材票送会登记，并缴运费；运费包括寄放地点、出门至定海体仁局内置所需一切扛拔力、轮船水脚、码头上下力等，唯出堂费由枢属自理；缴费规定善长公所者90万元，四明公所南厂者100万元。⑤ 假使有6个月以上寄枢欲送回安葬者，须携带寄枢单或材票向本会登记志愿书先行登记；运枢费用每具酌收国币60元，登记时应先缴40元，于起运前一日缴清，卡车扛驳等费均一应在内；家属如自愿搬迁到船者，则每具减收国币30元，但岸上手续及所需费用应归自理；船上随枢家属每具限定1人，缴付饭金4元，如随从2人以上，每人应付

---

① 《定海籍寄枢继续装运》，《申报》1943年7月5日，第3版。
② 《绍兴旅沪同乡会运枢委员会启事》，《申报》1947年12月6日，第9版。
③ 《疏散浙东籍寄枢公告宁波枢属》，《申报》1942年7月15日，第3版。
④ 《灵枢定海起运日期》，《申报》1943年6月16日，第5版。
⑤ 《绍兴旅沪同乡会运枢委员会启事》，《申报》1946年10月18日，第5版。

船费饭金10元；家属接到旅沪同乡会通知起运日期转信后于2日内，寄柩所将获会馆自行清理手续及各项费用，随时材票送缴本会，如有逾期作为放弃论，登记时所缴20元费用概不退还；定海城区与东乡方面灵柩运至白泉浦起领，西乡方面运至三江埠起领，所有起领后一切扛抬等费由各家属自理。①

就上海附近的集团运柩而言，公所一般会采取运柩投标办法，由中标方使用汽车集团运柩。汽车将棺柩从沪南丽园路694号起运，经遇平寄桥、土山湾、漕河泾3号桥和4号桥及5号桥、小花园西首、王家桥东首、闽南拓路边、公所公墓墓地交卸。并规定每车每次5吨车装18具。第1天出厂由公所指定须用小工几名，由承运人雇公所指挥，将柩从厂房扛出总弄（其柩尚在2叠3叠之底层者，须先将上面之柩轻移，俟指挥之柩扛出后，上面之柩仍安置原处），待公所编列底册粘贴材头号码手续完竣后，方准上车起运。② 其中运柩费用包括了车运费、上下车资、小工出厂费、小工工资、饭食酒资、照会费、沿途杂费或遇天旷空费一应在内。一般而言，装满500具结账一次，由承运人具领后，出立正式收据。

（三）地缘与业缘：集团运柩背后的观念表达

前面也提及，公所往往由具有一定业缘地缘关联的浙商组成专门委员会。例如，上海四明公所主任由葛虞臣担任；劝募组由严子均、周湘云、方椒苓、方式如分头负责；交际组由虞洽卿、袁履登、谢蘅牕构成；宣传组由陈良玉负责；文书则由方椒伯与陈蓉馆起草；会计由秦润卿与楼恂如负责；剩下的庶务则由朱子奎、洪贤舫、石运乾、孙梅堂负责。③ 浙绍公所永锡堂亦是如此，上海钱业领袖田祈原担任公所会董，总务科由王鞠如负责，经济科由谢韬甫负责，文牍科由王晓籁负责，材务科由蒋福昌负责，盘运科由赵文焕负责，营葬科由沈景梁负责，调查科由邵燕山负责，交际科由冯仲卿负责，厂务科由陶善梓负责，庶务科由李济生负责，以上各科会董均不支薪。由此可见，会馆公所的总董绝大多数由具有一定身份地位

---

① 《定海旅沪同乡会、定海善长公所运柩简章暂行办法和关于运柩回籍问题与定海体仁局等单位往来文书》，上海市档案馆藏，定海旅沪同乡会档案，档号：Q117/33/29/3。
② 《浙绍永锡堂关于安葬、旅亲添设公墓问题的函、会议记录、名单》，上海市档案馆藏，浙绍永锡堂档案，档号：Q115/17/9/75。
③ 《总事务所各科董事台衔》，《四明公所募集赊材捐特刊》1928年第10期，第1页。

的旅沪浙商义务担任，他们不是为了追求纯粹的物质利益。

对于经济比较贫困的同乡，公所往往出面设立运柩助金加以扶持救助。例如，定海同乡会鉴于同乡家寒力薄，所有亲属寄柩无法运返原籍者，特设立运柩助金，同乡中如有上述情形，可向该会申请，以便残骸得以早归故土。① 上海四明公所的章程还规定，凡是有同乡寄柩，须凭有捐款的团体商号或董事担保，担任董事的又往往是旅沪浙商。普通的停柩以一年为期，期满不领便由公所运到宁波泗州塘四明公所甬厂停一年，假使到期仍不领取，即移至义山安葬。至于同乡寄柩，假使家属贫苦，无力领运回籍，需要具保到公所报名，方可代为运送。由此可见，公所切实安排运柩回籍事项，并不因同乡贫病而放弃运柩事业。

旅沪浙商积极参与公所的相关工作，自有其内在的诉求。从浙绍公所永锡堂职员履历表可以看出，除个别旅沪浙商从事木业、煤炭、茶业、豆米、丝绸、金业与书业等传统行业外，其余浙商均从事与银钱业相关的行业。实际上，旅沪浙商的社会关系网络有利于集团运柩回籍工作的持续推进。首先，浙绍公所永锡堂将旅沪浙商囊括于一定的同业圈层之中，较好地维系了非正式组织的社会网络关系。例如，担任浙绍公所永锡堂总董与副董的田祈原、宋汉章、胡熙生等均为上海银钱业领袖，同时也是上海总商会的元老。其次，浙绍公所永锡堂保留了所有商帮固有的地域商帮特征，从中可以窥见绍帮钱庄之势力。概言之，由于业缘、地缘等社会关系的相互重合，社会网络与经济利益的高度匹配，作为公所领袖的旅沪浙商进一步凝聚乡帮共识，行业性与地域性的集团利益更加固化，运柩回籍事项成为促进旅沪浙商在宁绍地域社会关系网络中成功整合的重要力量之一。

结　语

宁绍地域的人地关系自明清以来就十分紧张，当地人往往会选择背井离乡来到沪上投亲靠友以求发展，作为地缘纽带的公所为旅沪同乡提供各种方便，建丙舍、置义冢等，更重要的是公所还资助旅沪同乡让材、赊材、寄材、运柩回籍，让逝者最终能叶落归根。本文通过考察集团运柩回

---

① 《沪讯：定海同乡会订定本年度运柩办法》，《宁绍新报》1948年第22~23期，第1页。

籍过程的变化，从公所公墓的空间分布，到施材赊材、着衣入殓、进厂与出厂、劝募基金、运柩回籍、丙舍暂厝、公墓葬柩等环节，认为集团运柩自有一套行之已久的习惯。本文试图将运柩回籍纳入旅沪浙商社会关系的地方性语境，对其进行区域社会经济史上的诠释，通过把运柩回籍还原到地方性的语境，揭示了围绕中国传统社会的重要问题。

第一，运柩回籍是地域性商帮群体的一个重要面向。以往在论述这一领域时，论者倾向于从"传统/现代"的对立上做阐释，这不失为一种解读方法。但是，如果把宁绍地域旅沪浙商的运柩回籍放到宁绍这一地方性语境里来审视，我们发现对旅沪浙商的解释很难用一种单一的模式来概括。事实上，会馆公所在时人心目中不仅是一个同乡联谊组织，还是同籍移民的信仰组织。[①] 从集团运柩回籍各"连通性"的重要节点诸如筹募基金、让材赊材等过程中不难窥见，广大旅沪同乡积极维护对因果报应、积阴德等固有文化的坚定信仰，还由此衍生出了供奉长生禄位等劝募方式。

第二，集团运柩一旦置于地方性语境里，便不难发现区分传统与现代的边界开始模糊。例如，赊材基金酬赠的激励机制、运柩回籍的运输方式前后都发生了很大的变化。有的确实是传统观念的延续，有的则是现代工具的更新。由此可见，中国近现代社会的艰难转型，是在错综复杂的矛盾和多种社会力量的碰撞中进行的，传统与现代好比是硬币，虽然有两个截然相反的面向，但两者又融为一体，共同支配着中国社会的现代转型。

概言之，类似公所这样的社会组织就像生命有机体一样错综复杂。这些依靠固有价值观念维系地缘业缘的同乡组织机制，不仅在过去两千多年的传统社会中存在，而且支配着中国社会近现代变迁甚至今天的社会生活。集团运柩，一方面是出于旅沪浙商在广大旅沪同乡中间责无旁贷的人情世故，旅沪浙商在参与运柩回籍的过程中，也塑造了注重乡谊的儒商形象。另一方面，此举也让旅沪浙商将自己区域性的商业利益集团巩固在一定范围之内，从而更多的宁绍商人惯于背井离乡，耻于安守家业。集团运柩回籍，客观上强化了旅沪柩属对于故土的情感认同，同时加强了长三角地区城市间的人事往来，进一步强化了作为生者的柩属的地域性认同，也从侧面阐释了旅沪浙商义利并举、抱团取暖的群体特征。

---

① 王东杰：《"乡神"的建构与重构：方志所见清代四川地区移民会馆崇祀中的地域认同》，《历史研究》2008年第2期，第99页。

The Changes and Inheritance in the Matter of Transporting Coffins back to Their Homes by Shanghai Public Hall Grop in the Republic of China: Centering on Shanghai's Siming Clubhouse and the Yongxi Hall of Zheshao Public Offices

Shao Gangfeng

Abstract: After the Republic of China, most of the directors of the Ning Shao Association Hall in Shanghai were from the silver and money industry, with a wide range of funding sources and a dedicated secretary to manage the increasingly institutionalised donations. With Shanghai's unique economic and geographical location, the hall became a transit point linking the Ning Shao hometown with the homeland, providing temporary accommodation, transfer and burial services for hometown bier transport. The group's coffin transporting process is a rational, large and detailed set of procedures, from purchasing the coffin, raising funds, registering the coffin, letting the coffin receive credit, dressing the coffin, leaving the factory and stopping the coffin for public burial. This network of coffins was formed by the interconnectedness of the Shanghai and Zhejiang businessmen and the vast number of Shanghai compatriots who had multiple geographical and business connections. This organisational mechanism, which relies on inherent cultural beliefs, not only strengthens the regional identity of the Shanghai villagers and enhances their cohesion, but also better illustrates the group characteristics of the Zhejiang merchants in the modern era, which are based on righteousness and profitability, and the warmth of the group.

Keywords: Shanghai Simeon Hall; Shanghai Siming Hall; Zhejiang Shao Hall Yongxi Hall; Zhejiang Merchants in Shanghai

全球背景下国际辛迪加为何难以持久？

——基于1936~1939年国际冰蛋辛迪加的研究

张 跃 周建波[**]

摘 要：辛迪加作为企业垄断市场的重要组织形式之一，其能否存续长久，存续久暂的原因是什么，长期以来在产业组织经济学研究中，是一个颇具争议的话题。本文运用中外资企业于1936~1939年在英国市场上组织实施的冰蛋辛迪加的英文档案资料，对其难以持久的原因做了深入研究。研究表明，为了垄断冰蛋市场，进而追求行业与成员利润最大化的目标，冰蛋辛迪加在股权、审查、惩罚等方面做了一系列制度安排，企图最大限度地克服成员对市场份额划分争执和统一销售价格背离的难题。然而，由于成员所享权利与所尽义务不对等，成员对市场份额划分的争执不断。同时，当强有力的外部竞争出现时，统一销售价格失去了保护成员利益的功能，致使成员有背离统一销售价格的激励与行为。在上述因素的共同作用下，冰蛋辛迪加在运行两三年后最终解体。

关键词：国际辛迪加 冰蛋 垄断

一 引言

国际辛迪加（International Syndicate），是同一生产部门的寡头企业为

---

[*] 本文系国家社科基金一般项目"全球背景下中外资蛋品企业跨国竞争研究（1923—1949）"（20BZS096）的阶段性成果，同时得到了国家社科基金重大项目"东亚同文书院经济调查资料的整理与研究"（20&ZD066）的大力支持。

[**] 张跃，经济学博士，宁波大学人文与传媒学院讲师，主要从事近代中国企业史、贸易史研究；周建波，经济学博士，北京大学经济学院教授，博士生导师，主要从事中国经济思想史、管理思想史研究。

了获取垄断利润,签订联合销售和采购原料协议的合谋组织,它是寡头企业垄断国际市场的重要方式之一。作为辛迪加成员的企业不能与市场发生直接关系,其产品销售与原料采购均由辛迪加的执行机构——总办事处——统一办理。国际辛迪加产生于19世纪末20世纪初,兴盛于两次世界大战之间。时至今日,国际辛迪加在市场中依然存在。一般理论认为,企业一旦加入了辛迪加就很难随意退出,如果要退出,必须花费资本重新建立购销机构,重新安排与市场的联系,且会受到辛迪加的阻挠和排挤。因此,与大多数存续年限仅有两三年的卡特尔相比,辛迪加具有稳定性。[1]然而,有充分证据表明,一些辛迪加和大多数卡特尔一样短命。何以至此?我们要对一些辛迪加难以长久维持的深层次原因给予很好的理解,必须对其形成的背景、存在的条件和内外部利益冲突进行深入研究。

在中国近代,华资企业与外资企业不仅有激烈的竞争,也有以某种可能的形式进行的市场合谋。对近代中外资企业间的市场合谋,学术界做了有益的探讨。贺水金对轮船招商局、大中华火柴公司与外资企业合谋的特点、方式做了分析,认为它们的合谋是市场理性下的妥协行为。[2] 陶莉以火柴与水泥工业中心,对中外资企业以统一销售价格为主要内容的市场合谋及合谋联盟缺乏稳定性的原因做了研究。[3] 李娟、赵津对永利制碱公司与英国卜内门公司在中日市场上的合谋行为做了研究,认为两家公司通过划分市场份额的方式达到了双赢的目的。[4]

学术界对近代中外资企业的市场合谋做了有益的探讨。不过,还存在一些不足和很大的拓展空间。其一,现有研究对近代中外资企业市场合谋的考察,多集中于中国市场,对它们在海外市场上的合谋鲜有涉及。其二,现有研究具有严重的同质化倾向:多集中于中国市场,多集中水泥、卷烟、制碱、火柴等几个行业,多集中于统一价格、份额争夺和互相妥协等内容。对

---

[1] 根据有关文献的分析,1920~1937年有47个行业的72个国际卡特尔组织,卡特尔存在期限的中位数为稍长于5年,75%的卡特尔存在期限超过2年,20%在10年以上。〔美〕丹尼斯·卡尔顿、杰弗里·佩罗夫:《现代产业组织》,黄亚钧、谢联胜、林利军主译,上海三联书店、上海人民出版社,1998。

[2] 贺水金:《从竞争走向联合:近代中外资企业相互关系透视》,《上海社会科学院学术季刊》1999年第2期。

[3] 陶莉:《需求不足与近代中国水泥业的竞争与联营:1923—1935年》,《中国经济史研究》2008年第4期。

[4] 李娟、赵津:《近代中国碱业市场的博弈分析》,《社科纵横》2018年第7期。

此我们需要将对近代中外资企业合谋的研究拓展至国际市场、新的视野和新的行业。其三,关于近代中外资企业合谋的现有研究,学界较少运用合谋组织内部的协议与信息,这主要是因为对新史料的发掘与运用不足。

近年来,笔者在研究近代中外资蛋品公司跨国竞争的过程中,在上海市档案馆系统查阅了华资企业上海茂昌蛋品公司与怡和、和记等外资冰蛋企业于1936~1939年在英国市场上实施国际冰蛋辛迪加的英文档案资料。该档案资料详细记载了中外资冰蛋企业组建国际辛迪加的背景、市场条件、协议内容、内部会议记录、协议执行中存在的各种问题等内容。上述史料,对探讨辛迪加难以长久维持等相关问题,无疑有着重要的史料价值和学术意义。本文还有助于将近代中外资企业跨国合谋研究提升到一个新的高度,丰富中国蛋品工业史和贸易史的研究,为产业组织理论中的合谋理论研究提供一个真实案例。

二 国际冰蛋辛迪加的组建背景与制度安排

中外资冰蛋企业于1936年初组建国际冰蛋辛迪加,源自它们在20世纪30年代世界经济危机的冲击引致的惨烈竞争。冰蛋,为美国人于1906年发明,是用冷冻设备生产的一种蛋品,分为冰蛋白、冰蛋黄、冰全蛋三个种类。由于能够保持原有的色、香、味,且具有相对卫生、不易变质、保持长久、较少掺用防腐剂等优点,广受欧美市场的欢迎。中国冰蛋发轫于1911年英商和记洋行(International Export Co. Ltd.)在汉口设立的一家冰蛋厂。1912年,汉口和记洋行即将冰蛋出口至英国,当年出口约值33.7万海关两,获利颇丰。[1]

英商和记洋行在中国的成功,引起了其他外商的积极效仿。1914~1915年,美商班达洋行(Amos Bird Co.)先后在上海杨树浦路与腾越路开设了干蛋厂与冰蛋厂,从事蛋制品业务,产品运往欧美市场后,主要交由和记洋行母公司英国合众冷藏公司(Union Cold Storage Co.)的主要竞争对手的阿穆尔食品公司销售,同样获利丰厚。[2] 1915年,英商培林洋行

---

[1] 沈元泽:《中国之蛋业》,《中国经济评论》第3卷第5期,1941,第64页。
[2] 黄光域:《外国在华工商企业辞典》,四川人民出版社,1995,第562页。

(Behr & Mathew Ltd.）来华开业，经营冰蛋与鲜蛋的出口贸易。① 1918 年，美商海宁洋行（Henningsen Produce Co.）也在上海开设冰蛋厂，生产冰蛋、冰激凌。② 1920 年，老牌的怡和洋行也觉得从事冰蛋业有厚利可图，乃于上海设立怡和冷气堆栈（Ewo Cold Storage Co.），经营公共堆栈、制冰、冰蛋和其他蛋品加工。③ 由于进入市场较早，且挟资本、技术、冷藏运输与控制出口权的优势，外资企业垄断着中国冰蛋出口。

为挽回利权，1923 年以宁波蛋商为代表的民族蛋业资本成立了上海茂昌蛋品公司（China Egg Produce Co.，下文简称"茂昌公司"），主动走上了冰蛋生产与出口的道路。为了维护垄断冰蛋出口的利益与地位，以和记洋行为代表的外资冰蛋企业联合起来对茂昌公司实施全面挤压：在欧美市场上与茂昌公司削价竞销，在中国国内市场抬价争购鲜蛋。在总经理郑源兴的主持下，茂昌公司高薪聘请制冷专家美国人卡尔登（W. L. Carleton）很好地解决了生产技术问题，④ 以优厚待遇聘请了培林洋行职员英国人葛林夏（Humphrey Greenall）在英国建立了以自己子公司海昌公司（Overseas Egg and Produce Co.）为核心的庞大的销售网络。⑤ 同时，利用乡情、放权以及民族主义情绪等有利条件与优势织就了一个非常富有成效的鸡蛋收购网络，在国内与外资企业争购鲜蛋方面占尽优势。经过几年的竞争，茂昌公司在中国冰蛋业中站稳脚跟。至 1929 年，茂昌公司的冰蛋与鲜蛋出口分别达到 14550 吨和 63665 箱。对此，郑源兴不无自豪地说："公司对产品质量又屡有改善，在全国制蛋业中，出口的数量占了第一位。"⑥ 资本也扩充至 200 万元，一跃成为中外同业中最具实力的企业之一。⑦

1929 年，世界经济危机爆发，冰蛋生产严重过剩、价格大幅下降，外资冰蛋企业无力继续打压茂昌公司，不得不改变对茂昌公司的倾轧策略，

---

① 黄光域：《外国在华工商企业辞典》，四川人民出版社，1995，第 515～516 页。
② 佚名：《海宁洋行之简史》，《家庭（上海 1937）》第 3 卷第 1 期，1938，第 78 页。
③ 黄光域：《外国在华工商企业辞典》，四川人民出版社，1995，第 442 页。
④ 佚名：《首创冻蛋业卡尔登回国》，《申报》1927 年 10 月 24 日；《茂昌股份有限公司与美国芝加哥 SWIFT 公司之间业务往来电报信件》，1925～1927 年，上海市档案馆藏，档号：Q229 - 1 - 66。
⑤ 《茂昌股份有限公司关于聘请伦敦分店代理人的契约》，1927 年 1 月，上海市档案馆藏，档号：Q229 - 1 - 4 - 53。
⑥ 郑源兴：《茂昌股份有限公司创业经过、业务情况及目前危急待援之报告书》，1950 年，上海市档案馆藏，档号：Q229 - 1 - 213。
⑦ 佚名：《调查：蛋与蛋制品》，《工商半月刊》第 3 卷第 22 期，1931。

走上了拉拢结盟的道路。1930~1933年，茂昌公司与和记、怡和、培林、班达、海宁五家外资冰蛋企业组建了中国冰蛋业同业公会和国际冰蛋卡特尔，试图垄断欧洲市场上的冰蛋销售。国际冰蛋卡特尔从成立之时起，和其他众多卡特尔一样，就有走向解体的趋势。一方面，由于世界经济危机的冲击，市场需求严重萎缩，各成员无论是出于"推测背叛"还是"真实背叛"的考虑，都有暗自削价的冲动，加之查明秘密削价十分困难，导致价格卡特尔无法得到有效执行。同时，由于市场份额划分的"不公"，低产量份额成员有暗自扩大产量的动机，产量卡特尔同样无法有效实施。另一方面，较高的合谋成本与外部竞争者的竞争，也加快了卡特尔联盟的解体。中外资企业再次陷入惨烈的竞争之中。

为了将竞争对手挤出冰蛋市场，中外资冰蛋企业都在竭力倾销自己的产品，以致冰蛋价格下跌更为严重。1933年的冰蛋平均价格跌落到每吨36英镑（正常年份每吨需要五六十英镑），以致各冰蛋厂亏损严重。[①] 受此影响，加之中国民族主义风潮的影响，南京和记洋行甚至到了被迫停产的地步，"和记公司因商业萧条，工潮时作，决议将南京之厂完全停闭，仅留保管职员数人保管产业，闻天津、汉口之分厂亦拟缩小范围"[②]。培林、怡和、海宁、班达等外资企业也陷入经营困境，被迫减产和裁减员工。1933年，茂昌公司也不得不决定青岛分公司停产，改营花生米出口业务。1934年情形更为危急，国际市场由于供过于求，冰蛋价格下降严重。中国又受美国购买白银法案的影响，大量白银外流，市面白银不断减少，通货严重紧缩，银行、钱庄等金融机构只好紧缩信用，造成上海金融市场银根抽紧。茂昌公司由于大部分资金都押在厂房、机器设备等固定资产上，流动资金全赖银行、钱庄的放款，因此亏欠银行、钱庄借款很多，由此陷入财务危机。为了从资金危机之中走出来，茂昌公司委托中国银行、交通银行、上海商业储蓄银行为其发行60万元公司债方才走出困境。[③]

中外冰蛋企业经过两三年的激烈竞争之后，都逐渐认识到难以通过削价倾销的方式将任何一个竞争对手从冰蛋市场上轻易地挤压出去。如此下

[①] 《茂昌股份有限公司关于每百磅价格的文件》，1930~1939年，上海市档案馆藏，档号：Q229-1-35-1。

[②] 佚名：《南京和记公司停闭》，《申报》1932年5月27日。

[③] 《立信会计事务所关于茂昌股份有限公司账目审查、代办企业注册登记文件》，1935年，上海市档案馆藏，档号：Q90-1-949。

去，只有更为惨重的损失。为了改变过度竞争带来的被动局面，再次走向合作成为可能。早在1933年郑源兴就曾提议中外资冰蛋企业进行联合销售，并成立了联合销售机构韦尔信托公司（Weal Trust Company Limited），茂昌公司、和记洋行、怡和洋行、班达洋行、培林洋行、海宁洋行、茨维克公司购买了该公司的股份（515股，每股1英镑），成为该公司的成员。① 但由于那时外资企业热衷于竞争，故而没有得以成功推进。1936年1月郑源兴远赴欧洲市场进行考察，② 并在茂昌公司销售代理商葛林夏的大力帮助下，与和记、怡和、海宁、培林、班达五家外资企业的母行或主要代理商多次磋商联合销售的事宜。经过郑源兴的努力，外资冰蛋企业终于在实施联合销售的事情上下定了决心。1936年3月7日，中外资企业在伦敦正式签订了在英国市场进行联合销售的协议，这是比卡特尔更高形式的一种市场合谋——辛迪加。联合销售协议的主要精神旨在维护中国冰蛋在英国市场上的垄断地位。③

1936年4月14日，中外资冰蛋企业在伦敦对联合销售机构——韦尔信托公司进行增资，授权该公司全权负责英国市场上的冰蛋销售事宜。增股后的韦尔信托公司共有股份1020股，其成员则是由中外资冰蛋企业的母公司和主要代理商组成的。茂昌公司以伦敦子公司海昌公司的名义加入韦尔信托公司，取得了每年运销英国冰蛋总额三成的权利，仅次于和记洋行的三成二。在此次股权申购中，茂昌公司购买了269股，葛林夏以个人名义购买了40股，二者共计309股。所购股份在1936年5月20日茂昌公司董事会会议上得到了确认，"郑源兴为推广公司营业接洽事项于本年1月21日赴欧，至本月19日回国，在英国伦敦时代表公司投资于汇（韦）尔信托有限公司购买股份269股，计英金269镑，系由本公司名义。又购买股份40股，计英金40镑，系由伦敦葛林夏君代表办理该股份权利事宜"。④ 其余的份额则由海宁、培林、班达、怡和、茨维克等几家外资冰蛋企业及其代理商瓜分。抗日战争爆发以后，为了在日本统治之下维持蛋品

---

① 《茂昌股份有限公司有关韦尔公司股份出让、股东协议》，1933年，上海市档案馆藏，档号：Q229-1-144。
② 佚名：《本市蛋业公会主席郑源兴先生抵英》，《鸡与蛋》第1卷第3期，1936年，第45页。
③ 《茂昌股份有限公司有关韦尔公司会议记录及所发信件》，1938~1939年，上海市档案馆藏，档号：Q229-1-145。
④ 《茂昌股份有限公司董事会会议决议录》（第2册），1936年5月20日，上海市档案馆藏，档号：Q229-1-187。

出口，又有三井洋行加入。韦尔信托公司股权结构，详情如表1所示。

表1　韦尔信托公司股权结构分布

序号	股东名称	股数	占比	备注
1	和记洋行	290	32.35%	和记洋行享有布朗持有股权的份额
2	爱德华·布朗（Edward Brown）	40		
3	班达洋行	60	5.88%	
4	哈罗德·科文顿·邦德（Harold Covington Pond）	40	3.92%	
5	查尔斯·戈德雷（Charles Goldrei）	60	5.88%	戈德雷·高瑞公司与怡和洋行共同购买
6	戈德雷公司（Goldrei & Son. Co.）	40	3.92%	
7	培林洋行	100	9.80%	
8	莫里斯·扎乌斯默（Maurice Zausmer）	40	3.92%	
9	茂昌公司	269	30.29%	茂昌公司同时享有葛林夏持有股权的份额
10	葛林夏	40		
11	茨维克公司（S. Zwick & Sons Ltd.）	1	0.10%	
12	塞缪尔·茨维克（Samuel Zwick）	40	3.92%	
	总数	1020	100.00%	

资料来源：《茂昌股份有限公司有关韦尔公司会议记录》，1936年4月15日，上海市档案馆藏，档号：Q229-1-146。

韦尔信托公司对中外资冰蛋企业及其销售代理商的制度化管理协议共有28款。其中，关于中外资冰蛋企业的管理条款有9条，主要涉及货物的运送、交接、票据开立、相关费用与货款交付等内容。关于销售代理商、各级分销商和终端消费者的则有19条之多，主要包含货物储藏、售货协议的签订、销售代表与韦尔信托公司的账务结算等内容。根据联合销售协议规定，中外资冰蛋企业负责产品的供给，并通过在韦尔信托公司开立的统筹账户（Pool Account）支付联合销售的开支与货款结算，该账户详细记载并管理各家企业运销的产品数量、库存数量等。统筹账户在中外资冰蛋企业的联合销售中起着非常关键的作用，它不仅拥有管理各成员每年可以销售多少市场份额的权限，还严格规定着各成员缴纳联合销售费用应尽的义务。[①] 各成

[①] 《茂昌股份有限公司有关韦尔公司会议记录及所发信件》，1938年11月7日，上海市档案馆藏，档号：Q229-1-145。

员所享权利与应尽义务是随着市场变化而调整的,为争取有利于自身利益的实现,成员之间会有利益冲突,这为联合销售的解体埋下了隐患。

韦尔信托公司对中外资冰蛋企业销售代理商的管理,主要表现在身份认证上,即只有被认证许可的代理商才能从事冰蛋销售事宜,且每月要及时提供销售清单、库存数量等相关的信息,以此判断代理商是否执行了联合销售协议。同时,要随时接受韦尔信托公司的账目审查。如果成员被审查出有违反联合销售协议的行为,将会受到韦尔信托公司的惩罚(见表2)。[1] 借由上海的中国冰蛋业同业公会和伦敦的韦尔信托公司,中外资冰蛋企业开始联合垄断中国冰蛋的出口与销售。

表2 1936~1939年韦尔信托公司认定的中外资企业的销售代表

中国冰蛋业同业公会成员(上海)	关联	韦尔信托公司成员(伦敦)
和记洋行	→←	联合冷藏公司、约翰·莱顿公司、唐纳德·库克公司
茂昌公司	→←	海昌公司、洛士林公司、斯威夫特公司
培林洋行	→←	培林洋行
班达洋行	→←	阿尔默公司
怡和洋行	→←	戈德雷公司、怡和洋行
海宁洋行	→←	莱昂斯公司
汉中冷藏厂	→←	茨维克公司
英国蛋品包装冷藏公司	→←	萨金公司
扬子蛋品包装冷藏公司	→←	三井公司

资料来源:《茂昌股份有限公司有关韦尔公司会议记录》,1939年3月30日,上海市档案馆藏,档号:Q229-1-146。张宁:《跨国公司与中国民族资本企业的互动:以两次世界大战之间在华冷冻蛋品工业的发展为例》,《"中央研究院"历史语言研究所集刊》第37期,2002,第187~224页。

三 市场份额的划分与成员争执

辛迪加和卡特尔等其他垄断组织形式一样,企图垄断市场,以追求行业总利润和成员个体利润最大化为目标,"公平"分配成员的市场份额与执行统一购销价格是实现上述目标的两个关键变量。能否有效地控制产品

---

[1] 《茂昌股份有限公司有关韦尔公司会议记录及所发信件》,1938年11月7日,上海市档案馆藏,档号:Q229-1-145。

或服务的市场供应以及市场份额的"公平"分配，成为联合销售协议能否被有效执行的关键所在。

(一) 市场份额划分的规则

1936年，韦尔信托公司与英国食品部（Britain's Ministry of Food）达成合作协议。英国食品部核定每年英国进口冰蛋的数量与价格。借此协议，英国食品部可以控制外汇支出，有英国政府的中介，基本上排除了在英国再成立其他冰蛋进口企业的可能性，韦尔信托公司由此实际上获得了从国外进口冰蛋的垄断特权。[1] 在市场份额分配方面，韦尔信托公司最初是根据购买公司股份比例的大小将每个成员的进口份额固定下来。根据联合销售协议，第一年度（1936年4月1日至1937年3月31日）韦尔信托公司各成员的进口份额分配情况如表3所示。

表3 1936~1937年度韦尔信托公司成员进口份额

成员名称	进口份额	占比
和记洋行	11880 吨	32.30%
班达洋行	3600 吨	9.79%
怡和洋行	3600 吨	9.79%
培林洋行	5040 吨	13.70%
茂昌公司	11160 吨	30.34%
茨维克公司	1500 吨	4.08%
总和	36780 吨	100.00%

资料来源：《茂昌股份有限公司有关韦尔公司会议记录及所发信件》，1936年，上海市档案馆藏，档号：Q229-1-145。

在以后的年份，韦尔信托公司依据成员每年度的实际销售量和库存量的情况进行调整。根据联合销售协议的规定，韦尔信托公司在每年第四季度，会根据市场行情预估下一年度市场需求总量的大概情况，并根据每个成员的实际销售量和库存量的情况，决定下一年度每个成员的销售比例和数量。在1936~1937年度的（第一个执行年度）第四季度，韦尔信托公司根据市场行情和其他产蛋国的产量预估出1937~1938年度的市场需求量，并将预估需求量告知所有成员。1937~1938年度开始前，韦尔信托公

---

[1] 张宁：《跨国公司与中国民族资本企业的互动：以两次世界大战之间在华冷冻蛋品工业的发展为例》，《"中央研究院"近代史研究所集刊》第37期，2002。

司决定将每个成员的销售份额提高至 1936～1937 年度销售份额的 125%，并决定这一销售份额总量在 1937～1940 年保持基本不变。同时，根据各成员未售出的库存量情况，并按照以下分配原则，来决定未来三个年度中，每个成员每年度的最终进口量。

（1）假设某成员按照其持有韦尔信托公司的股份比例，1936～1937 年度分得的销售数量为 x 吨（1936～1937 年度它的最终进口量等于销售数量），如果它在 1936～1937 年度没有库存，那么该成员在未来的三个年度中，每年度的最终进口数量 S 为 $1.25x$，即 $S=1.25x$。（2）如果该成员在 1936～1937 年度有尚未售出的库存，但库存量 k 没有超过 1936～1937 年度所分的销售总量 x 的 25%，即（$k \leq 0.25x$），那么该成员在未来的三个年度中，每年度的最终进口量为 $1.25x-k$，即 $S=1.25x-k$。（3）如果该成员 1936～1937 年度未售出的库存为 k（$k>0.25x$，其中 $k=0.25x+z$，$z>0$），那么该成员在未来的三个年度中，每个年度的最终进口量 S 如下。①1937～1938 年度为该年度分得的销售数量 $1.25x$ 首先减去 $0.25x$，然后再减去库存 k 中 z 部分中的 $1/3$，即 $S=1.25x-0.25x-1/3(k-0.25x)=x-1/3(k-0.25x)$。②1938～1939 年度为该年度分得的销售数量 $1.25x$ 首先减去 $0.25x$，然后再减去库存 k 中 z 部分中的 $1/2$，即 $S=1.25x-0.25x-1/2(k-0.25x)=x-1/2(k-0.25x)$。③1939～1940 年度为该年度分得的销售数量 $1.25x$ 首先减去 $0.25x$，然后再减去库存 k 中 z 部分中的 $1/6$，即 $S=1.25x-0.25x-1/6(k-0.25x)=x-1/6(k-0.25x)$。①

由以上分配规则可见，韦尔信托公司对中外资冰蛋企业出口至英国的市场份额划分，不仅依据它们持有公司股权比例分配的公平性，还兼顾了市场销售的实际情况。这种市场份额的划分是个动态的过程，当各企业销售代理商的销售能力发生变化时，彼此之间在争夺市场份额比例方面的斗争就会尖锐化，很不利于辛迪加的稳定。

（二）成员对份额划分的争执

在实施统一销售价格的前提下，拥有更大的市场份额，就意味着可以获取更多的垄断利润。因此，如何合理分配成员的市场份额，是每一个垄

---

① 《茂昌股份有限公司有关韦尔公司会议记录及所发信件》，1936 年 4 月，上海市档案馆藏，档号：Q229-1-145。

断组织都必须面对和需要加以解决的问题。对此问题的理论探讨，可以追溯到美国经济学家唐·帕廷金的研究。帕廷金指出，就像旨在最大化利润的拥有多个工厂的垄断企业在其各个工厂之间分配产量一样，垄断组织在其成员之间分配市场份额（或产量）以最大化产业总利润。[1] 这就是垄断组织进行市场份额分配的帕廷金规则。依据该规则，垄断组织将在各成员之间分配市场份额使得各成员企业的边际成本相等。

然而，帕廷金的联合利润最大化的市场份额划分规则，并不能很好地解释普遍存在的垄断组织成员对市场份额划分争执不断的现象。如上文所述，韦尔信托公司对成员市场份额的划分规则，主要依据成员持有的公司股份以及每年实际销售量与库存量的多少。但这并不意味着所有成员对份额的划分都感到"公平"。部分成员对其分配到的市场份额感到不满，主要是因为它们认为在申购韦尔信托公司股份时，其在成员之间的博弈中处于不利地位，它们没有购买到与之实力相对应的股份，导致它们分配到的市场份额明显少于其未加入联合销售时的市场份额。1936年6月，培林洋行对其分得的市场份额表达不满（该公司认为凭借自己的实力，仅得到9.80%的公司股份明显是少的），而不愿意履行缴纳基金的义务。[2] 对市场份额划分最不满意的，当数茨维克公司。

在1939年1月13日韦尔信托公司的董事会会议上，秘书宣读了茨维克公司的来信，信中说："在加入公会之前，我们每年的销售量已在3000至4000吨之间。当我们加入公会时，我们的生产量在之前的三年，每年年均销售在3000吨以上。但是，我们最后同意接受6%的份额，即2400吨。一年后，公司只愿意分配给我们1500吨的份额，而不是先前的2400吨了。为了能够加入公会，我们接受以前的2400吨已经是很大的让步了，此次公司只愿意分配给我们1500吨，是万不能接受的。"为了使茨维克公司接受1500吨的份额，茂昌公司分给茨维克公司200吨，该公司才愿意接受1500吨的分配。[3]

---

[1] Patinkin, D. "Multiple-plant Firms, Cartels, and Imperfect Competition," *Quarterly Journal of Economics*, 1947 (61), pp. 173–205.
[2] 《茂昌股份有限公司有关韦尔公司会议记录》，1936年6月11日，上海市档案馆藏，档号：Q229-1-146。
[3] 《茂昌股份有限公司有关韦尔公司会议记录及所发信件》，1939年1月13日，上海市档案馆藏，档号：Q229-1-145。

1936～1937年度试行的联合销售，取得了不错的效果。茨维克公司再次提出增加其市场份额的请求，最终因抗日战争爆发而未果。"为了全体利益，我们做出了很多牺牲。这个请求在1937年2月14日我们写给公会的信函中有充分地体现。但是，这一请求我们并没有坚持，主要是鉴于中国的战争行动。我们答应将我们的请求暂时搁议。"① 在1939年1月13日的会议上，茨维克公司再次提出了增加其销售份额的请求。"回顾过去几年我们的销售数据，我们销售的数量只有我们本应该销售数量的70%，二者相差几千吨。这对我们很不公平：一方面我们每年要失去销售900吨货物的资格；另一方面我们还必须替受惠于此的其他成员缴纳会费，而我们又不能销售与会费对等的吨位。很显然，我们无法再继续忍受这种不公平，因为我们做了比我们享有份额而应尽义务要多得多的'贡献'。现在我们要求公会答应我们原来6%的份额的请求，而这本是公司过去同意的。"②

围绕茨维克公司增加份额的要求，韦尔信托公司的成员提出了各种方案。在1939年3月27日的会议上，葛林夏宣读了郑源兴的来信，在信中郑源兴提议各成员的配额比例：和记洋行31.25%、茂昌公司29.25%、培林洋行15.5%、班达洋行9.5%、怡和洋行与戈德雷公司共9.5%、茨维克公司5%。③ 对于郑源兴的提议，其他成员的代表不赞同，并分别提出了各自的分配方案。具体分配如表4所示。

表4　1939年各方代表提议方案

名称	原有配额	贝尔先生	维斯蒂先生	扎斯默先生
和记洋行	31.75%	31.4325%	31.50%	31.50%
茂昌公司	29.25%	28.9575%	29.00%	29.125%
戈德雷公司	9.75%	9.6525%	9.60%	9.625%
茨维克公司	4.00%	4.96%	4.90%	4.75%
培林洋行	15.50%	15.345%	15.35%	15.375%

---

① 《茂昌股份有限公司有关韦尔公司会议记录及所发信件》，1939年1月13日，上海市档案馆藏，档号：Q229-1-145。

② 《茂昌股份有限公司有关韦尔公司会议记录及所发信件》，1939年1月13日，上海市档案馆藏，档号：Q229-1-145。

③ 《茂昌股份有限公司有关韦尔公司会议记录及所发信件》，1939年3月27日，上海市档案馆藏，档号：Q229-1-145。

续表

名称	原有配额	贝尔先生	维斯蒂先生	扎斯默先生
班达洋行	9.75%	9.6525%	9.65%	9.625%
总计	100.00%	100.00%	100.00%	100.00%

资料来源：《茂昌股份有限公司有关韦尔公司会议记录》，1939年3月27日，上海市档案馆藏，档号：Q229-1-146。

由表4可见，成员代表的争议主要集中于争取有利于自己的配额，这是不难理解的。尽管后来各成员代表又提出了各种方案，但是由于各方均不愿妥协，以致茨维克公司不得不以退出联合销售相威胁。"如果我们的请求得不到满足，我们将会完全脱离公会，我们原先所尽的责任就由其他成员承担吧。"①

在一些年份，那些持有大份额的成员也希望增加它们的市场份额。在1939年6月26日的会议上，一些成员指出培林洋行与和记洋行上年的一些做法表明他们增加市场份额的企图。"这两家公司希望增加他们的交货量，因为他们的库存状况比其他成员更为有利。在中国的战争可能导致人们难以获得产品的充分供给。"培林与和记两家洋行的做法，受到了其他成员的强烈反对。②总而言之，围绕市场份额划分的争执，在成员之间时有发生，而且总是无法较好地得到解决。

（三）成员争执的原因分析

联合销售成员之所以对市场份额划分争执不断，一方面源自销售能力不断增强的成员总想获取更大市场份额的内在诉求，另一方面源自成员对其权利与义务不对等的不满。从逻辑上讲，成员愿意加入联合销售，说明它们期望从参加联合销售中获得的利润至少要与不参加联合销售时一样。梳理成员对市场份额分配比例争执的相关史料，可以发现，一些成员对市场份额分配比例的争执，应该来源于这样一种事实：它们认为其所得的市场份额是"不公"的，造成它们不能像得到高份额分配的成员那样获得更多利润。

---

① 《茂昌股份有限公司有关韦尔公司会议记录及所发信件》，1939年1月13日，上海市档案馆藏，档号：Q229-1-145。

② 《茂昌股份有限公司有关韦尔公司会议记录》，1939年6月26日，上海市档案馆藏，档号：Q229-1-146。

按照帕廷金原则，联合利润分配最大化规则使一些成员分配到的市场份额比自由竞争时可占有的市场份额要小。在执行统一销售价格的背景下，拥有较高市场份额的成员比拥有较低市场份额的成员赚取了更多的利润，而低市场份额成员从联合销售中得到的额外"好处"非常有限，在极端情况下，甚至还没有不加入联合销售时所获的利润高。在此情况下，当拥有较高市场份额的成员又不对低市场份额成员进行单边支付（side payment），低市场份额成员即使加入了联合销售，也会成为联合销售不稳定的根源——它们或为了更大市场份额而争吵不断，或暗自增加市场销售量。茨维克公司对其所得的市场份额与其所负义务的不满，充分说明了这一点。

总而言之，成员对市场份额划分的争夺，使联合销售成员原先达成的市场份额协议无法有效执行。换句话说，任何不能"公平"解决成员间产量份额分配问题的垄断组织，都必然走向解体或者名存实亡。当市场份额划分无法确定时，每个成员都会努力争取更大份额，这将导致市场供应量比协议供给量要大，那么协议价格将不会被维持，成员将会暗自削价竞销。联合销售成员对市场份额划分的争执，充分体现了这一观点的合理性。

四 统一销售价格与外部竞争

产业组织理论认为，要实现垄断利润最大化的目标，合谋企业必须就价格结构达成协议。中外资冰蛋企业在成立韦尔信托公司与签订联合销售协议之时，就在统一销售价格方面达成了协议，并且很快付诸实施。尽管韦尔信托公司设计了精巧的统一销售价格结构，最大限度地保护低市场份额成员利益的实现，但是当外部出现强有力的竞争者时，成员仍有背离统一销售价格的内在激励与行为。由于无法应对外部竞争者的低价竞争，中外资冰蛋企业的统一销售价格结构最终破裂，并使联合销售辛迪加最终解体。

（一）统一销售价格结构

追求最大化垄断利益是中外资冰蛋企业实施联合销售的终极目的，而实行统一销售价格是实现这一目的的主要手段。中外资冰蛋企业的统一销售价格并不是不同等级的产品均按同一价格出售，而是执行歧视性价格。

执行歧视性价格的前提，是合谋企业必须就价格结构达成协议，而价格结构应当与企业准备认可的交易类型相适应。

韦尔信托公司采取的是委托交易与批发交易相结合的交易类型，即每个中外资冰蛋企业授权自己的销售代理商全权负责销售业务，而代理商则依据购买量的不同，将买家划分为主要经销商、经销商、次级经销售和消费者四个等级，不同等级的买家享有不同的价格，即购买量等级越高者，价格越低廉。反之，购买量等级低者，购买价格则相对高一些。对于同一等级的买家，他们购买的价格则是相同的，以便相同交易条件达成同一数量等级的交易。换句话说，每一等级的价格，不是以蛋品质量而是以销售量为定价的依据。① 表5是各级分销商的购货等级与价格结构信息。

表5 1939~1940年度分销商的购货等级与价格结构

等级（吨）	港口仓库价格	省外价格	每罐≤15磅	分销商家数（家）
5≤x≤20	冰全蛋7便士/磅 冰蛋白7便士/磅 冰蛋黄9便士/磅	港口仓库价+ 0.125便士/磅 （不送货）	省外价+ 0.125便士/磅 （不送货）	48
20<x≤100	冰全蛋6.875便士/磅 冰蛋白6.875便士/磅 冰蛋黄8.875便士/磅	港口仓库价+ 0.125便士/磅 （不送货）	省外价+ 0.125便士/磅 （不送货）	40
100<x≤200	冰全蛋6.75便士/磅 冰蛋白6.75便士/磅 冰蛋黄8.75便士/磅	港口仓库价+ 0.125便士/磅 （不送货）	省外价+ 0.125便士/磅 （不送货）	18
x>200	由成员选择	由成员选择	由成员选择	25

资料来源：《茂昌股份有限公司有关韦尔公司会议记录》，1939年3月30日，上海市档案馆藏，档号：Q229-1-146。

由表5可见，根据购买量的不同，韦尔信托公司将分销商划分为从5吨至20吨、大于20吨至不高于100吨、大于100吨至不高于200吨和大于200吨四个不同等级，执行不同的价格，即购买量越多，交易价格越便宜。这是典型的第二类价格歧视，也是所谓的非线性定价（分段定价）。在第二类价格歧视中，企业提供不同的"价格—购买量"组合，对企业而言，这种定价的好处是，可以争取更多的消费者，得到更多的利润。同

---

① 《茂昌股份有限公司有关韦尔公司会议记录及所发信件》，1938~1939年，上海市档案馆藏，档号：Q229-1-145。

时，在各级分销商不送货的前提下，韦尔信托公司还在港口仓库价格基础上对销往省外的货物加价 0.125 便士/磅，并在省外价格基础上对不高于 15 磅的罐装产品加价 0.125 便士/磅。这是一种旨在将运费包含其中的定价机制。含运费价格，是企业或垄断组织根据买家提货地点或卖家供货地点的不同而制定的含有运输费用的价格结构。"买家对被运送的商品支付的价格可能随生产地点和交货地点之间的距离而连续变化，也可能是离散地变化，或者根本不随距离而变化（区域价格）。"[1]

（二）统一销售价格机制分析

作为联合销售的垄断组织，韦尔信托公司设计的价格结构，毫无疑问，旨在最大化产业利润。为了预防成员对联合销售价格的背离，韦尔信托公司在设计联合销售价格时，就特别重视价格机制的设计，以使成员在遵守协议价格方面富有激励。

如前文所论，按照购买量的多少执行不一样的价格，这种价格结构属于二级价格歧视，即垄断厂商能够依据消费者的需求曲线，把需求曲线划分不同的等级，根据不同购买量，确定不同价格，以获得一部分而非全部买家的消费剩余。相对于统一定价而言，二级歧视性价格，有个显著优点，即价格根据购买量从高到低调整，不仅使销售产品的边际成本递减，而且可以得到更多的买家和消费者，同时得到更多的利润。在总销售量确定和每个成员可销售量确定的前提下，二级价格歧视政策的执行有效降低了成员削价竞销的意愿。因为控制总销售量才能支撑起比竞销价格更高的价格。换句话说，卖家与买家的交易条件是依据总供给量确定的，一旦某一年度的总供给量被确定下来，就不会有大的调整，这是不难理解的，供应量增加，毫无疑问会使市场价格下跌。因此保证每年度供给总量没有较大变化，是执行歧视性价格的重要前提。

需要强调的是，韦尔信托公司在执行歧视性价格时有一个显著特点，即历史记录决定未来的交易价格——去年的购买量是今年购买价格的基础。在 1936 年 3 月 31 日韦尔信托公司的董事会上，秘书报告说，有位顾客去年购买了 27 吨冰蛋，今年他确定会购买 30 吨冰蛋，公司是否可以按

---

[1] 〔美〕乔治·J. 施蒂格勒:《产业组织》，王永钦、薛锋译，上海三联书店、上海人民出版社，2006，第 194 页。

照今年30吨的购买量给他一定的折价或回扣。公司会员一致认为这是不可能的,因为"这与过去公司会议的决议——去年的购买量是今年购买价格的基础——相违背"。经过进一步讨论,全体会员重新确认了价格问题,"对所有顾客都是一样的,即今年的价格必须以去年的购买量为基础,即使在今年年底,他的购买数量超过了去年的购买量,也不能享有回扣和其他类似的好处"①。在韦尔信托公司的会议记录中,有关此类问题的讨论还有一些,每次讨论的结果,都是会员一如既往地坚持同样的观点。可以想见,这一价格机制的设计的确有利于成员利润的最大实现,故而得到他们的支持。

(三) 外部竞争与价格结构的解体

无论是现实经济生活还是理论研究都表明,当价格由于某个合谋组织的掠夺性政策而畸高时,产业中通常会出现新的竞争。如果合谋组织中的联合公司不知道应该行动得保守一些的话,新的工厂就会很快,并且有时几乎是轻率地出现来与合谋组织竞争。任何生产者的联合如果提价超过了一定限度,这些生产者就会遇到这样的难题。毫无疑问,中外资冰蛋企业的联合销售也面临着同样的问题。由于设置了较为严厉的审查制度和惩罚措施,在没有外部竞争者存在的情况下,联合销售的协议价格能够起到保护成员特别是市场份额小的成员的利益。但是,当外部竞争出现时,原有的协议价格就会很快被打破。

1938年,受抗日战争的影响,中国冰蛋供给欧洲市场的数量有较大减少,匈牙利、土耳其等产蛋国开始生产冰蛋,努力争夺中国冰蛋的市场份额,进而对中国冰蛋形成较大冲击。"大陆报云,欧洲各国刻正竭全力以夺取伦敦与巴黎之冻蛋市场,中国冻蛋供给之缺少,已使英法两京之冻蛋价格高涨,其结果欧洲之数产蛋国家,遂能经营冻蛋贸易,而在往时该数国因成本高昂,咸未能经营是业。其中之主要者,即匈牙利与土耳其,两国政府对是项实业酌予资助,俾加速其发展,已属可能。匈牙利则早以冻蛋供给伦敦而获利矣,并闻苏联政府亦密切注意是项贸易。至于巴黎则已觅得法属北非之阿尔奇士港为蛋类之来源,囊时曾以大量硬壳蛋输入英国

---

① 《茂昌股份有限公司有关韦尔公司会议记录》,1936年3月31日,上海市档案馆藏,档号:Q229-1-146。

之波兰与丹麦，亦正考虑经营冻蛋贸易。"①

1939 年 3 月初，韦尔信托公司发现，有来自罗马尼亚的大约 1000 吨的冰蛋流入英国市场。郑源兴也发现了此事，并写信告知韦尔信托公司，"我们了解到 M. B. K. 公司装运 350 吨冷冻蛋品至菲洛特，在条件不变的情况下，他们今年春天可以生产 2000 吨"②。面对外部竞争，成员均有暗自降价销售的动机。对此，茂昌公司的销售代理商葛林夏有清醒的认识，他说："当不存在外部竞争时，实践证明成员均会遵守原有协议。但是，当分销商从外部可以获得货物时，这将导致成员会互相竞争，除非价格非常低，以致他们无利可获。"③

尽管韦尔信托公司采取了诸如中性包装竞争④、缩短交易合同期限、授权成员秘密削价竞争等措施挤压外部竞争对手，但是作用不仅非常有限，而且引起了内部成员的暗自削价竞争。在 1939 年 6 月 9 日的公司会议上，会议秘书报告说："他与不同成员做了交流，可以看出大部分成员对消除外部竞争缺乏信心。许多被投诉的竞争被认为是来自成员。迄今为止，还没有收到成员关于进口与交付货物的任何报告。"班达洋行销售代理商刘易斯（L. H. M. Lewis）报告说："他们公司与一些买家达成了交易意向，但是其他成员后来又向这些买家报了更低的价格。"⑤

在 1939 年 6 月 13 日的会议上，会议主席 E. 布朗建议推行最低价格政策以应对外部竞争。怡和洋行代理商戈德雷认为："推行最低价格政策将是无用的，这主要是成员之间的降价争售所致。降价销售已经使成员损失了很多钱，因为他们向以前不曾供货的厂商也报了盘。"戈德雷接着说："一个外部竞争者在英国市场上取得的进展十分令人失望，我已经了解到

---

① 佚名：《中国冻蛋将失去海外市场，都是受战事影响》，《申报》1938 年 12 月 3 日。
② 《茂昌股份有限公司有关韦尔公司会议记录》，1939 年 3 月 29 日，上海市档案馆藏，档号：Q229-1-146。
③ 《茂昌股份有限公司有关韦尔公司会议记录》，1939 年 3 月 28 日，上海市档案馆藏，档号：Q229-1-146。
④ 中性包装（Neutral Packing）是指商品和内外包装均不标明生产国别、地名和厂商的名称，也不标明商标或牌号。由于中性包装具有隐瞒信息的特点，合谋组织可以利用中性包装的方式，向外部竞争者的潜在客户报更低的价格，进而挤压外部竞争者。同时，还可以使他们的垄断行为不被反垄断组织轻易地发现。实行中性包装竞争，是韦尔信托公司应对外部竞争者的重要手段之一。
⑤ 《茂昌股份有限公司有关韦尔公司会议记录》，1939 年 6 月 9 日，上海市档案馆藏，档号：Q229-1-146。

A. G. 公司正在经营一个外部竞争者的牌子,该公司正在以低于协议价格的价格(每磅6便士)向外报价。"戈德雷同时宣称:"我了解到一些成员正在以每磅6便士的价格做生意,并且当前价格并不支持外部竞争者以如此低的价格开展竞争。"[1]

由于始终无法阻止一些成员暗自背离统一销售价格的行为,其他成员逐渐丧失了联合销售的激励。在1939年6月份的几次会议上,围绕是否签订新的联合销售协议,各成员之间展开了激烈的争论。争论焦点主要体现在以下两个方面:一、是否继续推行统一销售价格;二、是否继续开立统筹账户。从各成员的表态可见,在存在外部竞争者的情况下,市场份额小的成员多主张不再执行统筹账户制度和统一销售价格的政策,这是因为原有的协议价格结构因为成员之间以及外部竞争者的竞价销售而出现了破裂,而统一销售价格结构的破裂失去了保护低市场份额成员利益的功能。

对于取消统筹账户和统一销售价格,戈德雷表示赞同,他说:"就他本人而言,本年度不应该开立统筹账户,因为这种制度是为大配额成员利益而设计的,小配额成员之所以认同它,是因为协议价格结构为他们利益的实现提供了保护。"在阐述上述理由之后,戈德雷接着说:"他目前只反对统筹账户制度,因为当前成员之间的竞价销售以及由此带来的经济损失,使原先的协议价格结构失去了保护他们利益的功能,不过他还是支持执行旨在维护配额分配的协议。"[2]

1939~1940年度,虽然市场份额分配制度得以继续执行,但是统一销售价格与统筹账户的制度安排不再被执行,这也意味着中外资冰蛋企业的联合销售辛迪加这个垄断组织已经出现了严重的破裂。随着太平洋战争的爆发,中外资冰蛋企业几乎全部停产,联合销售辛迪加最终解体。

总　　结

本文以中外资冰蛋企业于1936~1939年在英国市场上组织实施的冰蛋辛迪加为例,对辛迪加难以持久的原因进行了深入研究。研究表明,相比

---

[1] 《茂昌股份有限公司有关韦尔公司会议记录》,1939年6月13日,上海市档案馆藏,档号:Q229-1-146。
[2] 《茂昌股份有限公司有关韦尔公司会议记录》,1939年6月26日,上海市档案馆藏,档号:Q229-1-146。

依据成员在垄断前的市场份额而划分垄断后的市场份额的卡特尔,作为更高级形式垄断组织的辛迪加,在分配成员市场份额方面,尽管依据联合销售机构股权与实际销售量努力做到"公平"分配,但是由于成员所享权利与所负义务的不对等,加之成员实力的不断变化,和卡特尔一样,也难以克服成员对市场份额划分争执的难题。另外,尽管辛迪加可以设计精巧的统一销售价格结构,最大限度地保护低市场份额成员利益的实现,但是当外部出现强有力的竞争者时,成员仍有背离统一销售价格的内在激励与行为。由于无法应对外部竞争者的低价竞争,中外资冰蛋企业的统一销售价格结构最终破裂,并导致冰蛋辛迪加最终解体。

本文不仅使我们理解了国际辛迪加难以持久维持的原因,还给我们留下以下结论与启示。第一,尽管冰蛋辛迪加只维持了两三年的时间,但是在没有出现外部竞争者的时期,凭借对市场的垄断,它使中国冰蛋的价格维持在较高水平,增加了企业剩余和中国蛋业的福利。第二,近代华资企业与外国企业并非泾渭分明,二者之间不仅有激烈的竞争,也有很深层次的合作。在海外市场推行辛迪加的市场合谋,充分体现了中外资企业合作的深度与广度。第三,类似于卡特尔、辛迪加的垄断组织始终无法克服内部成员的利益冲突与难以应对外部竞争者的挑战充分说明,如果存在自由准入,市场就有充分的竞争,垄断组织就难以长久维持,只要有充分的市场竞争,企业家对利润的追求就不会允许任何一个企业具有所谓的垄断力量并持续享有垄断利润。

Why is International Syndicate Difficult to Last in the Global Context?: Research Based on the International Frozen Egg Syndicate from 1936 to 1939

Zhang Yue   Zhou Jianbo

Abstract: Syndicate as one of the important organizational forms for enterprises to monopolize the market, What are the reasons for its long-term or short-term existence, and why it lasts for a long time has been a controversial topic in the research of industrial organization economics for a long time. This paper makes an in-depth study on the reasons why it is difficult to last by using the English archives of the frozen egg syndicate organized and implemented by Chinese and foreign enterprises in the British market from 1936 to 1939. The research shows that in order to monopolize the frozen egg market and pursue the goal of maximizing the profits of the industry and members, frozen egg syndicate has made a series of institutional arrangements in terms of equity, review and punishment, in an attempt to overcome the problems of members' dispute over market share division and deviation from unified sales price to the greatest extent. However, due to the unequal rights and obligations of members, members have constant disputes over the division of market share. At the same time, when strong external competition appears, the unified sales price loses the function of protecting the interests of members, resulting in members' incentive and behavior deviating from the unified sales price. Under the combined action of the above factors, the frozen egg syndicate finally disintegrated after two or three years of operation. This paper not only provides a strong evidence for the reason why syndicates are difficult to last, but also makes up for the lack of research on the collusion of Chinese and foreign enterprises in overseas markets in modern times. At the same time, it also enriched the research on the foreign trade of eggs in modern China.

Keywords: International Syndicate; Frozen Eggs; Instability

抗战胜利后湖南省粮食库券发还问题研究

张　熙　岳谦厚[*]

摘　要：全面抗战时期，国民政府发行粮食库券以补军粮供应之不足。抗战胜利后，湖南省粮食库券发还成为亟须解决的问题，湖南省参议会自然颇受期许。随着湖南省参议会第一届第二次大会中"省县各半，集中使用"决议的通过，省参会采取违规操作截留发还的粮食库券，又行越俎代庖之举而组织股权代表会及农建公司，逐渐背离民意。省参议员又因在经营及清算农建公司过程中未著成效与营私舞弊，加剧了省县参议会之间的纠纷及舆论界与省参会之间的冲突，致使湘省粮民最终未能索回本属自己的粮券价款，加深了湘省民众对民意机关的失望与不满。

关键词：湖南省参议会　粮食库券　舆论界　农建公司

全面抗战时期，国民政府为补给军粮急需，实施田赋征实制度。然征实仍不能满足军民需求，故采征购征借举措。征购时，一般是三成法币，七成粮食库券。1943年，为进一步减轻财政压力，改征购为征借，全部支付粮食库券。按照规定，粮食库券本息应抵缴各该省当年平均田赋应征实物。然抗战结束后国民政府并未按粮食库券条例规定方式办理，使得粮食库券发还过程异常复杂。目前学界对之研究相对薄弱，在个案研究方面，多聚焦于应偿还粮券本息最多的四川省。[①] 事实上，湖南省粮食库券发还

---

[*] 张熙，北京师范大学历史学院博士研究生；岳谦厚，南京大学中华民国史研究中心暨历史学院教授、博士生导师。

[①] 参见郝银侠的《抗战时期国民政府粮政研究——粮食库券返还实况分析》(《中国经济史研究》2012年第2期)、《抗战时期国民政府粮食库券制度之研究》(《抗日战争研究》2012年第2期)，以及高蓉芳和刘志英的《粮民索债问题研究：四川省1944年到期粮食库券本息偿还的考察》(《中国经济史研究》2021年第3期) 等。

中遇到与四川省相类似的问题,却有不同主因。笔者认为,湘省粮民最终未能领回粮券价款,当归咎于湖南省参议会(以下简称"省参会");其中吊诡之处即本为代表民意的省参会在此问题上与民众发生剧烈矛盾,最终以省参会实践的失败宣告其民意破产。其背后折射的问题已不限于粮食库券这一具体事件,而波及民众对民意机关信任流失的意识层面。故本文拟在先前研究基础上,利用湖南省档案馆、长沙县档案馆相关档案及当时报刊与后人回忆等史料,除对湖南省粮食库券来龙去脉进行梳理外,探讨湖南省参议会在其过程中所发挥的主导作用、舆论界对省参会的态度及其反应,以及省县参议会之间互动等多个层面的问题。

一　云霓之望:战后省参会对粮食库券的催还及缓议

粮食库券发行源于国统区军民粮食急缺且田赋征实制度难以缓解粮食短缺压力,其以征购征借方式作为田赋征实的子制度产生。粮食库券发行之拟议肇端于1941年全国粮食会议中"发行粮食公债及粮食证券以筹粮食公营资金"一案,嗣后经各有关机关慎重审议制定,1941年粮食库券条例公布施行。① 国民政府曾于1941年、1942年、1943年三度颁布粮食库券条例,发行粮食库券,向人民借粮。依照条例,政府借此所收买粮食均须分五年还本付息,每年返还五分之一,且以田赋征收实物为担保,到期可以粮食库券面额抵缴当年粮户应缴田赋。至于利率规定一律为年息五厘。关于发还年度,1941年所发粮食库券应于1943年起分五年摊还;1942年所发者于1943年起分五年摊还,1943年所发者于1948年起分五年摊还。② 1944年后不再发行粮食库券。然湖南省在实际发还过程中并未照条例办理,据省田粮管理处报告称:全省1944年度应还1942年度粮食库券本息为1484086石,因战事关系,征粮收入锐减,军食难以维持,奉粮食部电令暂缓一年偿还。1945年又因免赋,奉令迟延一年办理。到1946年仍未还本付息。③ 直到抗战胜利后,行政院才明令自1946年起开始偿还粮食

---

① 关吉玉:《粮食库券与购粮问题》,载秦孝仪主编《革命文献》第117辑,台北"中央文物供应社",1989,第282页。
② 土人:《湖南人看粮食库券》,《再生》1947年6月28日第170期,第18页。
③ 湖南田赋粮食管理处编《湖南田赋粮食管理处工作报告》(1946年12月),湖南省档案馆藏,档号:00039-001-00105-4。

库券本息。

　　1946年5月，作为湖南省最高民意机关的省参议会即将成立，参议员经选举产生。在省参会正式成立前需进行议长选举，其中最有力的竞选者是赵恒惕与张炯。有趣的是，湖南《中央日报》记者在两人竞选前夕曾以"假如我做了议长"一题询问之，两人均将粮食库券使用作为重要议题阐述，且看法具有一致性。其中赵恒惕的看法是"发还历年粮食库券，作为经济建设之费，尤为湘人一致之要求，盼政府能逐一具体实现。如本人能忝为议长，当本此义敦促政府早日施行"。张炯则具体地称"本省前奉令所发之粮食库券，应作为开发全省经济之基础，成立建设银行，贷款于一切开发之事业"。① 综观二人规划，都欲将未来发还的粮食库券作为湘省经济建设的基础，且隐含了一种为民请命的意思，似乎以发还粮食库券建设湘省经济是不证自明之理。问题在于，作为民意机关的省参议会，对本不属于自己资产的粮食库券，用之进行湘省经济建设，是否真能得到粮食库券所有者粮民同意呢？果不其然，对粮食库券使用问题成为该次大会分歧最大、讨论最热烈的议案，并引发社会各界关切。

　　5月15~29日，省参会第一届第一次大会召开，与粮食库券相关的议题有二：一为催中央速还粮食库券；二为讨论如何使用归还粮食库券问题。

　　催促中央速还粮食库券涉及发还粮食库券本息处理办法有所改变的问题。依前述粮食库券条例，到期库券可以其面额抵缴当年粮户应缴田赋。但在实际运行中，湖南省并未按相关规定办理。郝银侠曾统计出6种粮食库券还本付息处理办法，② 其中湖南省则采用在征借项下扣还、移充献粮及由国民政府按折价标准以法币拨付3种方法。前两项因操作较易，尚未引起过多争议，唯最后一种涉及巨款运用问题，舆论界颇为关注。关于法币折价结果，国民政府以每石折价1万元发还。据查可知湘省1941年、1942年、1943年度粮食库券本息共计9147500石；其中1943年、1944年两年度应还1941年、1942年两年度库券本息共1749066.443石，1945年、1946年两年度应还1941年、1942年两年度库券本息共2390430.79石，两项共计4139497.233石，除1946年度湘省征借100万石扣抵及1945年度应还

---

① 《正副议长午后揭晓》，湖南《中央日报》1946年5月15日，第3版。
② 参见郝银侠《抗战时期国民政府粮政研究——粮食库券返还实况分析》，《中国经济史研究》2012年第2期。

1190430.79 石因户奉令退延一年办理，应续付到期本息 1949066.443 石。内中 90 万石由前任湘省主席薛岳移抵献粮配额，① 则亟待偿还之数为 1049066.443 石。② 这笔款项在省参会一届一次大会中尚未发还，故在休会期间驻委会第十次会议议决"中央应发还本省之粮食库券，除已在本省本年度征借项下抵还 50 万石外，其余应即电请按期发还，以苏民困"，并电呈行政院。③ 应指出的是，省参会对历次粮食库券发还皆尽力催之，且不敢有所耽搁。如对 1941 年、1942 年两年度在 1946 年、1947 年到期粮食库券本息因省府未及时汇至银行提出严厉质询，致使省府不得不阐明："查中央发还本省三十及三十一两年度粮食库券，三十五、六年到期本息七成价款 3011 亿余元一案，查明本府前秘书处第三科于本年 6 月 17 日签呈收到国库湖南分库拨款通知单，请示如何处理，当经往前主席于 6 月 22 日准财政部函知发还数目……惟经机关辗转签移，核算分配稍费时日，要非故意稽延相应，电复即希查照为荷！"④ 省参会催还粮食库券的积极行为确与其民意机关的职责相符，亦给外界以乐观之期待。

关于粮食库券使用问题既有省府交议讨论案，亦有参议员提案。其中省府交议案为"兹拟定本省历年粮食库券本息处理方案草案请审议由"。表面上，省府对粮食库券处理方案未有明确态度，交由省参会进行审议，实则其对省参会有明显暗示之意。其时，湘省处于战后百废待兴阶段，由善后到复兴建设等一系列事项皆需基金投入。湖南省财政正处捉襟见肘、入不敷出阶段，这笔粮食库券无疑是一笔巨额资金。当行政院明令发还这笔价款后，它就为湖南各方势力所觊觎。如："早在 1946 年 4 月间，湖南 CC 集团就以发展本省出口贸易为名，由萧训……等十人出面，组织'湖南物产贸易协会'，主张以发还粮食库券本息价款 50 亿元作为该会基金。"⑤

---

① 此未经当时民意机关湖南省临时参议会通过，说明彼时临参会未受重视，与此后正式的省参会恰成对照。
② 赵恒惕：《签呈行政院长为请求发还湘省粮食库券由》，《湖南省参议会会刊》1946 年 12 月 11 日第 4 期，第 8 页。
③ 《电行政院请迅予发还本省粮食库券》，《湖南省参议会会刊》1946 年 10 月 16 日创刊号，第 10 页。
④ 《关于湖南省参议会发还湖南省 1941 年及 1942 年两年粮食库券 1946 年至 1947 年到期本息七成价款的代电》，湖南省档案馆藏，档号：00023 - 001 - 00048 - 4。
⑤ 席楚霖、郭方瑞：《湖南省参议会侵夺粮食库券本息始末》，载中国人民政治协商会议湖南省委员会文史资料研究委员会编《湖南文史资料》第九辑，湖南省新华印刷厂，1965，第 147 页。

5月，王东原接任湖南省政府主席，自不会轻易放过这笔巨款，在首次大会前夕就以省政府名义向省参会提出粮食库券本息处理草案，建议将全部本息价款拨作全省建设基金，由省政府统一掌握。① 这种做法在时人看来就是"省政府暗示于前，省参会应声于后"②。与此同时，参议员中亦有黄德安、蒋固、喻焕生及赵恒惕所提粮食库券如何运用议案。③ 其中部分提案因性质相同，故与其他提案并案处理。从各参议员提案可以看出，其虽对发还粮食库券用途意见不一，却均未考虑直接发还粮民而是另作他用。或正因此，故有参议员李保铨在第七次会议中提出"粮食库券仍应归还民众"，以不使百姓失望且维威信。④ 最后省参会的议决案亦名为"请求中央发还本省历年粮食库券本息以便兴办地方建设事业案"。议决结果则为：

  一、请省府转请中央迅速发还粮券价款。二、由本会分函各县市参议会征求对于处理发还粮券价款意见提交本会第二次大会审议。三、在未经本会决议以前如此款发还到省不得挪作他用。⑤

省参会决议虽然相对持中，但因该案分歧较大，亦未敢轻下结论，而欲征求各方意见以待第二次大会再做裁断。其动机亦颇为明显，彼时粮食库券尚未发还，一切议决皆无法即时作效。若在未听取各方意见的前提下强行通过某种决议，势必造成各方的不满。不若趁粮食库券尚未发还之际，先听取各方声音，待舆论汇集，再行下一步决议。这样至少在形式上维持了其民意机关的程序，亦表示对政府提交议案的慎重对待。对此，舆

---

① 席楚霖、郭方瑞：《湖南省参议会侵夺粮食库券本息始末》，载中国人民政治协商会议湖南省委员会文史资料研究委员会编《湖南文史资料》第九辑，湖南省新华印刷厂，1965，第147页。
② 陈襟湘：《粮券价款集中使用的总清算》，《湖南日报》1947年10月18日，第3版。
③ 其中黄德安所提"请行政院于三十年三十一年两年湘省粮食库券应发还本息内尽先拨还20亿元为本省卫生建设用途案"，蒋固所提"拟以粮食库券为资金组设湖南建设银行从事生产案"，喻焕生所提"请求中央分别发还民国三十年以后本省各县历年购粮价款以作兴办各县地方建设事业经费案"，以及赵恒惕所提"蒋默掀君拟请移用中央发还湖南粮券价款以充湖南经济建设拟定计划纲要是否可行请公决案"。参见湖南省参议会秘书处编《湖南省参议会第一届第一次大会辑览》，湘鄂印刷工厂，1946，第50、52、56、61页。
④ 湖南省参议会秘书处编《湖南省参议会第一届第一次大会辑览》，第127页。
⑤ 湖南省参议会秘书处编《湖南省参议会第一届第一次大会辑览》，第174页。

论界则称赞:"此种尊重各方意见及人民利益的态度,确实值得我们赞佩!"① 意外的是,舆论界对省参会的期待在省参会一届二次大会中瞬间破灭,态度亦发生巨变。

二 一意孤行:"省县各半,集中使用"决议的通过

1946年12月,省参会一届二次大会召开。时值中央已发还湘省1945年度到期粮食库券本息20亿元,并汇于长沙市中央银行国库,且在电文中注明交省府迅速转发各县持有到期库券的人民。事实上,省府与各参议员对这笔款项皆有不同心思。省府仍执意于将发还的粮食库券用于推进本省经济及文化建设;各参议员则或提议由各县参议会决定发还粮券用途,或充实学校经费,或作为教育复员经费,或合理运用归于全民,仅参议员喻焕生提议按照各县市原来征借数额比例发还。② 这些议案因主题一致,故合并讨论。省参会第二审查委员会审查意见为:"查发还之粮食库券本息,行政院曾有不得移作他用之命令,本会亦无权代为划拨,拟请省府全部发还人民。"③ 按审查意见确较合中央旨意与普遍民意,若能按此意见议决通过,则此后波浪断不至于漫及省参会。然对于该审查意见,12月30日省参会举行的第18次会议中各参议员进行了激烈争辩。据报,一方"根据28县参议会致各该县省参议员之函电,咸主张维护政府威信,尊重人民权利,全数直接发还人民,一方主张集中使用省县各分半数,以充建设地方之用途"。④ 双方争辩激烈,终以53票对14票多数通过议决办法:

  一、半数归县,以作各该县银行基金或其他建设之用。应由党政参团及社会贤达规定严密监督办法。二、半数集中省用,由本会及省府持有粮券各县份人士组织机构,经营生产事业。……五、由本会将本案决议经过情形详告各县参议会查照。⑤

---

① 《省参议会闭幕》(社论),湖南《中央日报》1946年5月30日,第2版。
② 《准湖南省政府交议中央发还本省历年粮食库券本息究应如何处理请讨论案》,载湖南省参议会秘书处编《湖南省参议会第一届第二次大会辑览》,湘鄂印刷工厂,1947,决议案第27~28页。
③ 湖南省参议会秘书处编《湖南省参议会第一届第二次大会辑览》,交议审查报告第3页。
④ 《省参会讨论结束粮券用途一场激辩》,《湖南日报》1946年12月31日,第3版。
⑤ 湖南省参议会秘书处编《湖南省参议会第一届第二次大会辑览》,会议纪录第87~88页。

虽名目繁多，但综其大旨可概述为"集中使用，省县各半"八字。应当说省参会做此决议确有一定依据，并非全然私心自用。其依据可概括为消极与积极两方面，且以参议员张炯与方鼎英为代表。张炯从消极方面提出直接发还粮民具有事实上之困难，即"战祸经年，人事变动甚大，发还在事实上最多困难"。方鼎英则从建设的积极方面提出"劫后湖南，破坏已达极点，建设最关重要，此项巨额库券最好用之于建设事业，集中使用，为整个打算，大局着眼"。① 但恰恰是"集中使用，省县各半"这八字使内外各界质疑声响不断。

首先是省参会内部就有"沅江、汉寿、南县省参议员郭方瑞、彭维基、喻焕生三人，当对通过此案声明保留表决权"②。沅江、汉寿、南县三县皆为滨湖地区各县，该地区因土壤肥沃、产谷最丰，成为抗战时期所负义务最重地区。换言之，滨湖粮民实为粮食库券价款权益最大群体。南县喻焕生在为其老师张炯写行状时便追溯"南县因何键主湘时，首予测丈，将旧亩改为市亩，按市亩起征新赋，较旧加20倍以上，而各县除常德、汉寿、沅江外，尚按旧亩征借，殊欠平允。于是三十一年南县所输征借总额，遂甲于全省……余代表南县民意，因之反对集中使用尤烈"③。此大抵能解释何以沅江、汉寿、南县三县参议员反对尤甚。概因三县改旧亩为市亩，致使其所征新赋较其他按旧亩征借县市负担更重，对发还粮食库券要求尤切。例外的是同按市亩征赋的常德县却未声明反对，其因在于该县省参议员恰为张炯，而张本人在竞选省参会议长时就表示将发还粮食库券作为全省经济建设的基础，态度鲜明，以致身为学生的喻焕生在为老师写行状时不得不曲笔隐讳师生争端。事实上，在为老师写言行时夹杂大量自身言论本就颇不正常，若非此事自己本存极大意见，大可隐而不彰。而喻焕生偏偏在概述自己态度时有意回护老师对省县各半使用的初衷在于"谋全省农业之发展"，两者之间的矛盾凸显了二人对此事意见的冲突到了不得不表达的地步。在此后清算粮食库券集中使用弊端时，张炯实承担着不可推卸的责任，而身为学生的喻焕生又不得不曲意回护之以求平衡。

---

① 《处理粮食库券：张方两参议员特提供妥善意见》，《湖南省参议会会刊》1946年12月31日第二次大会特刊17，第3页。
② 《处理粮食库券问题一般激烈争辩》，《中兴日报》1946年12月31日，第3版。
③ 秦孝仪主编《革命人物志》第16辑，台北中国国民党中央委员会党史委员会，1977，第146页。

至于外界压力，源于官方与民间两方面。其中官方既有来自上级的行政院，亦有平行机构省政府、省党部乃至各县参议会。因粮食库券使用办法本由省参会向各县市参议会征询意见所得，故本持反对集中使用的县市参议会在知悉省参会决议后皆愤然不平。率先发难的是长沙县参议会，其在省参会一届二次大会期间提请省参会留意粮食库券用途，并请本县省参议员黄德安代表全县民众表示同样意见。在省参会通过决议案第二日（12月31日），长沙县参议会第一届第三次大会便对"省县各半，集中使用"一项讨论良久后决议："一、由本会通电各县参议会一致坚决否认省参议会对本案之决议，同时并提出联谊会。二、由本会电请行政院转省政府遵照原电发还人民以维政府威信。三、电达省参议会坚决否认对本案之决议。四、分电四联总处及省政府申述本会主张。五、以上各电以本次大会名义发出。"① 二者态度的差异十分明显。同时，湖南省党部提出警告，电告省参会云："略以中央发还到期粮食库券本息，乃中央履行债务，应依照粮食库券条例之规定，分别发还粮户，不得另定用途。该省拟将此项本息款半数归县，以作各该县银行基金，或其他建设事业之用，半数归省经营生产事业，与规定不合，有损中央债信，所拟未便照准。应遵照规定，仍将此款直接发还粮户，以昭大信。"② 值得揣摩的则是省政府的态度。前文述及，王东原本就有暗示省参会将粮食库券集中使用之意，但因有行政院院令，省政府采阳奉阴违之法，一面与省党部同步，称"行政院顷又电令省府暨电复参议会，仍以发还人民为原则。省府日期曾录原电报告出巡湘西途中之王主席，昨奉复电，嘱转函参议会遵令办理"③，一面则派省府委员杨锐灵前往京沪活动，为集中使用之法进行疏通，使得反对的力量更难集中。需说明的是，省政府方面虽给予省参会一定奥援，但更多只是默许，在形式上甚至仍以院令为由令其发还人民。

民间舆论的反应亦非常迅速。如金融界强调维护政府威信的重要性，认为"粮食库券，取自人民，原有归还之诺言，今既奉发到省自应转还于民，以维持国家政府的威信，即保障人民合法的权益。说者记摊还于民难

---

① 《湖南省长沙县参议会第一届第三次大会决议案》（1946年12月），长沙县档案馆藏，档号：12-1-00011-2。
② 《粮食本息价款一律发还粮户》，湖南《中央日报》1947年5月29日，第4版。
③ 《粮券本息发还人民省政府将遵令办理》，湖南《中央日报》1947年5月14日，第4版。

免纠纷，孰若裁作公用，谋民福利，窃以为不可"①。尤可注意者，论者更以管仲治齐典故昭示过去政府失信于民方才致使今日政令难期推行之局面。换言之，省参会借口技术上的原因难以发还粮民，且必滋生贪腐问题的根源本在于政府早已失信于民。以发还粮民粮食库券未必能到粮民手中为由，自是本末倒置。政府不思己之失信，不能使粮民获得应得价款，反借难以发还而裁作公用，谋民福利，岂非倒果为因？报刊界反应更激烈，可以说当时湘省各主要报纸对省参会决议皆持批判态度。其中长沙《大公报》批评最具针对性。该报三论粮食库券处理，不仅声明粮食库券当直接发还粮民的正当理由，还在第三论中针对省参会决议的两大理由，即事实上的发还困难与集中力量进行建设二途做了针锋相对的回应。针对前者，该报直言："如果以发还困难为借口，则目前全省粮政机关，仍在按照粮册，征收田赋，何以不能按照粮册，发还粮券本息？"针对后者，该报认为虽可获得社会同情，但指出："目前本省之生产建设固属重要，而农村凋敝的救济亦刻不容缓……本省的生产建设和经济复兴的责任，应放在三千万全体人民肩上，不能责由二千四百万农民单独负担……本省生产建设资金，应另辟途径……"② 在该报看来，战时粮民在田赋征实中所做贡献不逊于其他各业，农民的牺牲不亚于其他各业。在此境况下，将粮食库券直接发还粮民以救济凋敝农村自是急不可待之事。代表粮民利益的农会态度则更为强硬，电呈行政院称"揆之法令情理，绝不容他人剥夺粮户私有权益，采用截留方式，类似分赃式之分配。若此事一成，无异助长官僚资本之发展"③。此言直接将省参会决议定性为"截留""分赃"，非但表示对政府的不信任，甚将其视为剥夺者。这也说明了粮民们自不能坐视不管，任由省参会无视农村凋敝，反助政府变相摊派、苛税之功令。

因多方施压，省参会不得不应对。正如王东原在省参会第一届第三次大会闭幕致辞所言："（省参会）一面要对中央负责，一面要替地方人民减轻负担，而此两方面所要求者，常不一致。"④ 在二者不一致情况下，省参会作为民意机关理应替地方人民争取权益，然这次情形颇不一样，其面临

---

① 《论湖南粮食库券》，《金融汇报》1947 年 1 月 2 日第 40 期，第 1 页。
② 《三论粮食库券的处理》（社论），长沙《大公报》1947 年 1 月 11 日，第 2 版。
③ 《省农会电请政院粮食库券发还人民》，长沙《大公报》1947 年 1 月 12 日，第 3 版。
④ 《闭幕典礼省府王主席致词》，载湖南省参议会秘书处编《湖南省参议会第一届第三次大会辑览》，湘鄂印刷工厂，1947，第 8 页。

既违背中央又得罪人民的风险。在上下之间，省参会先对新闻界进行公关。针对新闻界质疑，赵恒惕亲自出面报告处理粮食库券经过并颇诚恳地表示："希望新闻界明瞭经过情形，并支持本会主张，同时更望各位发表珍贵意见，俾对库券办法臻于完善。"① 在省参会公关下，新闻界态度发生微妙变化。如湖南《中央日报》第二天便为其背书，宣称："本报过去并未根本反对粮食库券本息的集中使用办法；就是大多数的老百姓们，也并没有坚决要求非将粮食库券发还不可……"② 这样一种近乎此地无银的申说正表明该报乃至一般舆论往日对粮食库券本息集中使用办法至少是持有异议的。湖南《中央日报》态度转变过程非常蹊跷，其中原因不得而知。但这一变化却代表其已默许省参会将发还的粮食库券集中用于经济建设的方案，即关注的重心转向了如何集中使用的问题。

对省党部及各县市参议会，省参会采用了两手方式。明面上，省参会分电回应了各方要求。如以长沙县参议会为代表的各县参议会的抗议，因长沙县参议会有电呈中央将粮食库券发还粮民请求，省参会再次电达各县参议会申明决议理由，要求保持一致主张，在态度上甚至还保持了强势。背地里则欲利用粮食库券的利益相笼诱。值得一提的是，在对待要求发还粮食库券的各县参议会中，省参会唯支持了南县参议会的要求，这或与前文喻焕生之言"三十一年南县所输征借总额，遂甲于全省"相关。考虑到南县在抗战时期征借尤多、负担甚重，省参会最终建议省府田粮处"将有南县浮收赋谷36483石1斗7升合在三十五年发还之粮食库券内如数发还。再将其余粮食库券按照本会决议方案分配"，省府亦照其建议执行，经计算"三十一年南县超购稻谷36483.173石，合应发粮食库券七成计25538.221石，……合计应发还实物24541.337石，合并报经府会备查暨分电行政院备案财粮两部，并经电复贵会查照南县县政府南县参议会知照"③。

三 越俎代庖：湖南农建公司的成立与风波

前文述及，省参会一意孤行地通过"省县各半，集中使用"的决议，

---

① 《省参会昨招待新闻界报告处理粮券经过》，湖南《中央日报》1947年5月8日，第4版。
② 《粮券主权与集中使用》（社论），湖南《中央日报》1947年5月8日，第2版。
③ 湖南省政府秘书处编《湖南省政府执行省参议会第一届第二次大会议决案经过一览》（1947年6月），湖南省档案馆藏，档号：00023-001-00051-2，第20~22页。

那么，如何集中使用则成为进一步需要解决的问题。该问题因尚未在省参会大会中获得最终解决，故交由省参会驻委会继续商议。驻会委员主张各异，为求一最大公约数，最后"决定组织'湖南省粮食库券价款投资生产事业股权代表会'（以下简称"股权代表会"），推定黄甲、蒋固、欧阳景、杨盛嘉四参议员草拟办法，以便执行"①。1947 年 7 月 4 日，股权代表会筹备委员会集会，讨论了选举股权代表等案。该筹备委员会主席正是副议长唐伯球，而代表则多系省参议员。这里有必要稍微介绍一下唐伯球的身份背景，在其竞选省参会副议长时《申报》就报道："副议长则落到唐伯球先生身上，唐是湖南纺织业巨子，现任湘南第一纺织厂长，是这次参议员里面最使人瞩目的一位。"② 唐氏政治声望不高却是著名实业家，故赵恒惕竞选团看中其在实业界的地位并与之结盟，当选正副议长。这次省参会议决组织股权代表会并推唐为主席，看中的仍是其在实业界的影响，希望以此打消外界疑虑。

8 月 18 日，股权代表会在省参会大礼堂开幕，经两天会议，主要讨论了粮食库券价款应经营何种生产事业的问题。最终决议"粮券价款应以发展农业生产改进农民生计为原则"，并"修正筹备委员会所拟之湖南农业股份有限公司章程草案，随即成立"湖南农业建设公司"（以下简称"农建公司"）。据报载，"报到代表达六十余人，各县多系省参议员为代表"③。这使本不应兼任公职的省参议员无形中既当裁判又当运动员还当上了规则制定者。此外，该次大会还选举了农建公司董事及监察委员，并选张炯为董事长、席楚霖和胡达为副董事长。就形式而言，农建公司董事长、副董事长均由省参议员担任且办公地点在省参会，这无论如何都会让外界遐想联翩。作为民意机关却公然经营生产公司，无疑属越俎代庖之举。《申报》直言："湘省参会自将粮券截留半数，集中权力，组织农建公司，颇遭外界非议。"故唐伯球不得不发表谈话道："省参议员之加入股权代表大会者，乃各县参议会所推，股权会之组设，亦由省府主持，与省参会无关，二者不能混为一谈。"④ 这番撇清省参会与股权代表会及农建公司关系的辩解，非但无法取信于人，反令舆论界更加怀疑。有意思的是，张

---

① 《省参驻委会组粮券生产股权会》，《湖南日报》1947 年 4 月 11 日，第 3 版。
② 《省参议会费用超过十万万元》，《申报》1946 年 6 月 7 日，第 7 版。
③ 《粮券股权代表大会定今晨在省垣揭幕》，《湖南日报》1947 年 8 月 18 日，第 3 版。
④ 《湘组织农建公司唐伯球发表声明》，《申报》1947 年 10 月 24 日，第 2 版。

炯本为湖南省党部主任委员，推选其为董事长，或有以利相诱以平息省党部对省参会警告之意。省党部主委亲自担任农建公司董事长，即意味着省党部对用粮食库券进行生产建设事业的默许。更有意思的是，这批省参议员代表中当初有不少极力反对"省县各半，集中使用"方针者，如今却转而代表本县参与股权代表大会，言下之意即默许甚至认同将粮食库券价款集中使用的方案，其中的诡谲之处很快便被舆论界注意，成为外界攻击其人格的焦点所在。

在外界一片质疑声中，农建公司董事长张炯、副董事长胡达和席楚霖致电地政局称："鉴本公司为发展湖南农业，增益民生经济，提高农工生活水准，特于本（八）月十八日召集股权代表大会依法成立董事会，负责推进各项业务。兹已于本月二十一日起假省参议会正式办公。除呈报备案，并分电各机关外，相应电请查照协助为荷。"[①] 从过程中看出，农建公司是在十分仓促中组建起来的，颇有一种亟图合法性的意味在其中。但农建公司的迅速成立与其经营效率却成反比。农建公司经营的首要难题是经理的寻觅。由前述可知，农建公司董事长、副董事长皆由省参议员担任，其人本为政治人物，并非专业经理人才，让他们划定框架、设立目标、扩大影响或可展其才，但真落实到具体经营建设公司事务上绝非所长。为使农建公司名正言顺，经理人才的寻觅需率先解决。耐人寻味的是，农建公司成立月余始终未聘请经理一职。省参会一方的解释为所聘之经理均因故未能担任。由此，公司资金（即粮券价款）就交由省参议员郭方瑞、王凤山等人负责。实际上，省参议员并不谙熟经营建设事项，农建公司名为农业建设，经济举措却相对滞后。公司所有之粮食库券价款仅被省参议员拿去购谷购金进行存储，使建设公司变相成一存储公司，在交易保管过程中的营私舞弊行为更不待言。

对于省参议员一系列近乎匪夷所思的行径，舆论界深感不满，其中抨击最猛烈者当属《湖南日报》记者陈襟湘。陈襟湘连续三日（1947年10月18~20日）在《湖南日报》上刊载《粮券价款集中使用的总清算》一文，除陈述粮券价款"集中使用"经过外，重要者有两点。其一是清算省参议员在其间的非法行径及舆论态度。其开宗便明义道："'集中使用'之

---

① 《关于湖南农业建设公司已依法组织成立电请查照协助的代电》（1947年8月21日），湖南省档案馆藏，档号：00025-003-00003-11。

说，省政府暗示于前，省参会应声于后。到头来建议的是省参议员，通过议案的是省参议员，保管款项的是省参议员，营私舞弊的还是省参议员。"① 这其中的人事关系亦说明得颇为清晰，即从主张集中使用到参加股权代表大会，再到主持农建公司乃至实际操控粮券价款者，皆为省参议员。换言之，湖南人民应得债款已无形中被省参议员截留。吊诡的是，当初反对集中使用的各县参议会亦有派代表参加了股权代表会及农建公司，吸引眼球者，正是身份为省参议员的代表，陈襟湘还列出了相关名单。② 如前述反对最烈的南县喻焕生就成为股权代表会委员，另一位沅江的郭方瑞亦成为股权代表会总干事担负实责，此外还有华容的王凤山直接出任农建公司总干事。除去巧合的可能性外，以"分赃"的意义来做解释或许最合理。概省参会既以此种职位笼络先前持反对意见的省参议员，这些省参议员一改之前的反对态度，对股权代表会的成立不仅未加多言反而跻身其中，且担任各种职务，其中的内幕容或本人知晓。其二是揭露农建公司经营过程中的不法内幕。需指出的是，农建公司成立后，舆论颇持一定的观望态度，与之前指斥其非法的激烈程度适成对比。即农建公司既已事实成立，则当期之能做出成绩而不再横生枝节。如李碧泉言："退一步说，即算集中使用，用之于生产，对湖南建设前途，不无裨益。"③ 遗憾的是，农建公司的成效不彰激起了民众不满。这又确与当时通货膨胀加剧的市场行情息息相关。最初，中央规定以 1 万元折合稻谷 1 石，而在 1946 年 12 月 11 日汇款回湖南时，谷价仅 1.21 万元 1 石。折价虽低于市价，但尚与市价相差不远。所汇 104 亿余元，可值稻谷近百万石。但当省府以积欠赋谷抵借 20 亿元时，市价已到 3 万元 1 石，待粮食库券价款经营生产事业筹备委员会以此款向长市购谷时，市价涨到了 4.5 万元 1 石。法币在此过程中已贬值不少。面对法币贬值，各方态度不一。早在 1947 年 1 月，省参会刚通过"省县各半，集中使用"决议时，各县参议会中就有浏阳县等参议会急电称当如数迅予发还，以免法币贬值。④ 但省参会驻委会却决议在省内囤积粮食、黄金、存款。104 亿余元价款经发还各县及省政府强制挪用后，由筹备委员会接手的仅剩 32 亿余元。囤积粮食方面已如前述，黄金方面则

---

① 陈襟湘：《粮券价款集中使用的总清算》，《湖南日报》1947 年 10 月 18 日，第 3 版。
② 陈襟湘：《粮券价款集中使用的总清算》，《湖南日报》1947 年 10 月 19 日，第 3 版。
③ 李碧泉：《洗涤省参会的污点》，《湖南日报》1947 年 10 月 21 日，第 4 版。
④ 陈襟湘：《粮券价款集中使用的总清算》，《湖南日报》1947 年 10 月 18 日，第 3 版。

先后向建设厅、余太华和李文玉金号购买黄金597两余（每两法币170万元），寄存交通银行。但省参会这一大量抢购黄金行为，致使长沙各金店不愿再出售黄金，剩余法币12.7亿元则存入银行。但存钱方面更为诡谲。股权代表会将粮食库券价款除存长沙市公私立银行外，另存于省参议员陈云章、王力航、胡达、王凤山等人之手。① 这无疑给予省参议员套取现金的机会。

由此可稍稍分析一番省参议员群体的身份背景，唯此一群体背景极为复杂，在此不能详述。大体而言，省参议员经间接选举而来，基本都是地方经济、政治、教育等领域的精英代表，在舆论中常以地主阶级身份出现，这也是因为极少有贫下中农出身者能当选为省参议员。因此，这一精英群体虽自居民意代表，却常与农民脱节，更多考虑自己代表的地主阶级利益。故其对经手公款之事亦颇为熟悉，断不会坐视钱存入银行，而是积极挪用款项开展自己的业务，再在通货膨胀，法币贬值，物价飞涨之际，将贬值后的法币偿还银行。这样账面上并无异动，自己亦可在转手间获得暴利。此一过程虽无确凿证据，但省参议员经手存款一事，无疑使其百口莫辩，难以自证清白。

面对《湖南日报》连篇累牍的批判，省参会不得不出面回应，站台者正是议长赵恒惕。赵声称省参会征询各县参议会意见时，"各县参议会先复函复意见者67县，其主张直接发还人民者仅长沙等25县，而京沪湘人及本省国大代表则主张集中生产，发展本省经济事业"②，事实上，真正支持省参会决议的各县参议会基本处于失语状态，反是反对者此起彼伏。而湘籍国大代表的函电并无法理可依，被舆论视为干预之举。如此一来，省参会自然陷入孤立无援之境。值得注意的是，赵恒惕与唐伯球相类，皆有意将省参议员与其股权代表及农建公司董监事身份区隔开来，认为"其中筹备员股权代表及公司董监，虽有省参议员，然其参加系为地方股权代表之另一身份，实无干于省参议会"。这样的辩解难以令人信服，反而说明舆论界对此事的指责已是一项事实。此外，赵在某种程度上有暗合《湖南日报》之举，指出"问题焦点，不在集中之当不当，而在运用之安不安，

---

① 陈襟湘：《粮券价款集中使用的总清算》，《湖南日报》1947年10月19日，第3版。
② 赵恒惕：《为粮食库券案致湖南日报函》，《湖南省参议会会刊》1947年12月10日第14期。本段所引皆出于此。

倘运用得法，确可造福本省"。换言之，集中之法纵有不当之处，倘若运用得法，确有成绩，自可挽回民意，甚可证明省参会当初决议具有前瞻性。然而，农建公司的成效彻底断绝了赵的期许。

针对省参会拒还粮食库券的态度，各地亦有反制措施。如湘乡县白龙乡乡民代表会议决要求政府以粮食库券抵消本年田赋，从而抗缴田赋。其理由甚为合理，谓："政府发还粮券，原为取信于民，奈代表民意之省参议会，凭借小数人之意见，任意截留，致失人民信仰，乃有今日抗缴田赋之事。"① 这种抗缴田赋之事并非孤立事件，致使各地政府收粮困难，能完纳者甚少。这样，压力重新回到省参会，农建公司和粮券价款问题又被推到风口浪尖，二者的善后处理已箭在弦上。

四　了犹未了：农建公司的清算与粮券价款的发还

1947年12月6日，湖南省参会一届四次大会开幕。大会召开前，据闻"此次大会之重要课题，为讨论并刷新'农建公司'"，似已为大会基调奠定了基础。② 同时，外界亦有动作与之照应。在一届四次大会进行期间，舆论界直言："假如徒有'公司'，既不农，又不'建'，不如采纳民意，全部发还各县。"③ 各县代表更举行联合会议要求"省参议会提出复议，立即撤销农建公司，并将粮券价款，按物价指数发还粮民"④。在这种氛围中，农建公司存废及粮食库券价款发还粮民问题自然被提上会议日程。其中相关提案就有黄颖川等人的"请撤销农建公司仍将粮食价款按照股权发还人民或充作各该县动员戡乱经费案"，彭维基的"湖南农建公司组织经过营业情形及收支概况社会上多方推测舆论哗然拟请派员澈（彻）查以定是否继续经营案"，王洪波的"请发还全部粮食库券以维功令，而顺舆情案"，以及第三届驻委会的相关议案，四案在18日一届四次大会第十次会议中合并讨论。⑤ 这些提案重心明确，讨论当围绕提案内容，但参议员戴

---

① 《粮食库券未蒙发还湘乡人民表示愤慨》，衡阳《力报》1947年11月6日，第3版。
② 《省参下届大会课题将为刷新农建公司》，《湖南日报》1947年11月27日，第3版。
③ 平野：《粮食库券与农建公司》，《社会评论（长沙）》1947年12月16日第56期，第6页。
④ 《力争粮券发还　各县代表联席会议》，《湖南日报》1947年12月13日，第3版。
⑤ 湖南省参议会秘书处编《湖南省参议会第一届第四次大会辑览》，湘鄂印刷工厂，1947，会议记录第44～45页。

昭明将问题症结转向了程序上的是否可以复议。根据省参会议事规则，推翻原案须经过三分之一的参议员签署才能提出复议。戴抓住此点，坚持省参会第二、三次大会既已决定"省县各半，集中使用"方针，则在议事程序上未经三分之一参议员签署不得复议。进而言之，戴认为省参会既已将粮券价款使用权交予股权代表会，则其是否发还应由股权代表会决定。戴的"高见"获得陈云章、胡达等少数参议员附和，但激起其他参议员的强烈反弹。

仔细分析戴昭明提议难免有一种尴尬之感。首先，就程序言之，当初违反行政院院令、擅自截留粮食库券而不依程序发还粮民的本就是省参会，又越俎代庖成立股权代表会及农建公司，屡次违背议事程序的行径历历在目，现在反过来提出遵守议事程序令人颇觉讽刺。其次，推卸给股权代表会之法更令人啼笑皆非。股权代表即省参议员，且经营农建公司者亦多省参议员。在外界看来，股权代表会和农建公司本就是省参会的代表，现在省参会又要推给股权代表会去决议，岂非多此一举？

果不其然，戴昭明的提议引起陈士芬、彭维基、彭绍香等人激烈反对。反对者的主要理由有二：其一，其本县从决议时就否认股权代表会的合法性，如今有理由要求发还粮食库券；其二，其农建公司经营以来未有成绩且舆论哗然。双方辩驳渐趋白热化，主席唐伯球一时手足无措，最后只得举手表决是否同意复议。① 该日出席人数56人，32人同意复议，通过了"函请农建公司董事会召集股权代表大会决定限期发还粮民并清查以前账目公布"修正案。该决议部分体现了省参会对一届二次大会中"集中使用，省县各半"方案的复议，其必要性在所提案由中至为明显："惟（农建公司）成立以来，鲜著成效。"② 可见逼迫省参会复议的压力来自农建公司的"鲜著成效"，而非之前舆论所抨击的"越俎代庖"。事实上，省参会最终并未承认自己在组织股权代表会及农建公司过程中的非法性与非正当性，仅承认集中使用过程中未获效益而不得不采取清算方案。

在省参会议决交由股权代表会决定农建公司存废后，农建公司董事会发出通知，请各县参议会推派代表于1948年1月20日假省参会举行股权大会进行商讨。据报载，临时股权大会在1月22日的第三次会议中讨论热

---

① 陈襟湘：《粮食库券发还人省参会之一场激辩》，《湖南日报》1947年12月19日，第3版。
② 湖南省参议会秘书处编《湖南省参议会第一届第四次大会辑览》，决议案第13页。

烈且一度逆转。该日上午讨论期间，虽有折中方案提出，但表决结果"主张废的有 71 权，主张还本留息的有 10 权，主张自由组织的 10 权，主张照旧存在的仅只 1 权"。但在下午讨论中，剧情迅速翻转。张炯出面言之："大家既然意志不合，不能勉强成功，我同意公司解散，将价款发还粮民，但董监事只负责把存的价款实物和账目交出来，不负分配发还的责任。如果股权大会不推人出来负责清理发还，那董监事就只能将现存的价款和实物封存待命。"这种作态之姿无疑暗示并非农建公司不发还粮券价款，唯自己不负发还任务。那发还任务归谁？自然又只能推到省参会，部分代表亦主张由省参会负责发还。然此次大会主席唐伯球却以省参会副议长身份说明"省参会负责的事实上的困难，表示不接受"①。这一波相互推诿的操作令人目瞪口呆，到最后亦未得出结论。更令人目眩的是次日会议情形的反转，有报载："反对派乃乘机抬头，振振有词认为如一时本息全部发还，困难殊多，改存废问题，实应再三考虑，提会复议……"这一复议直接动摇了前日坚持废除农建公司者的信心，致使甚少有人坚持本息全部发还之原议。经最后商谈，乃改变为"股本于两星期内发还，息金继续经营"②。这一退本留息的做法被外界称为农建公司"死尸还魂"，遗留下了诸多问题。首要问题是清算农建公司账目，因发还之本需待账目清算妥当后方可认领，"然何时可以清算完毕，尚成一大疑团，因而大部股权代表对此颇伤脑筋，盖渠等返县后，持券人必定怨声载道"。③ 这亦直接导致粮民终未领回本属自己的粮食库券价款，直至长沙和平解放。

　　清算农建公司的主要难题在于账目不清。会计师唐基仁花费三周时间调查分析，称："中国抗战建国，时经十一年，社会显著进步惟有贪污技术，如此案有许多数字使人怀疑，然无法找出证据，结果弄到心有余而力不及。"④ 账目的混乱致使民众深感粮食库券发还遥遥无期，一股悲观论悄然而生。账背后的问题本质还是人事关系复杂，审查团自 1948 年 1 月拖至 6 月仍未公布审查报告。7 月，省参会一届五次大会召开，"在议事日程内，农建公司原列为 27 日报告工作，但不知该公司系'于法无据'，亦系参公'别有用心'，中途忽给勾去，以致原印好的一百多份报告书，都

---

① 《粮券股权代会昨通过农建公司决废置》，湖南《国民日报》1948 年 1 月 23 日，第 4 版。
② 《农建公司居然还魂劫持粮券不尽不止》，《中兴日报》1948 年 1 月 24 日，第 3 版。
③ 《"农建公司"还魂后所谓还本遥遥无期》，《湖南日报》1948 年 1 月 25 日，第 3 版。
④ 《农建公司账目玄妙会计师也难觅破绽》，《湖南日报》1948 年 4 月 14 日，第 3 版。

'原封未动，禁止使用'了"①。其背后暴露出省参会私心自用的面相。是年底，杳无消息的审查报告已令群众失去耐心，故有"一般人认为该公司董事长张炯及审查团主任萧训，实难辞'串通舞弊，故意延不公布'之咎"②论。至此，在省参会与省府相互照应下，农建公司相关人员皆未负相关责任，对其清算与追诉亦无果而终。对此，舆论界不无遗憾地感叹道："农建公司的负责人，利用他们的组织，要上几手花样之后，各县几度酝酿的清算运动，反又趋于消沉，甚至完全淹没了！"③需指出的是，湖南农建公司在其成立之初，本为发展湖南农业，增益民生经济，提高农工生活水准，所运用的资金本就为行政院发还粮民之粮食库券价款，故农建公司在外界看来本应和粮食库券相挂钩。换言之，对农建公司粮食库券进行清算之际，即宣告其破产之时。但省参会退本留息这一创造性决议无疑使农建公司之后的命运与粮食库券脱钩。换言之，在其退本留息之前，农建公司命运和粮食库券运用相伴随；在实现了退本留息后，农建公司走上了独立经营之路，也不受外界舆论影响。这虽使农建公司得以解缚，却再难挽回持券人的信心。

关于粮券价款的最终归宿，不同人对此记忆相差较大。据时任湖南省政府秘书长的刘公武忆称，农建公司最终撤销，发还各县股本，方始收场。但后来王东原见有机可乘，利用"动员戡乱委员会"名义，以各县自卫经费筹措困难，提请省参会决议将发还各县股金一律作为地方自卫经费。④陈崇鉴传记则载："陈拒绝执行农建公司董事长张炯将公司资金财产转移的电令，将公司财产资金保护下来，长沙解放后全部交军管会接管。"⑤而当时经手粮食库券价款的省参议员席楚霖与郭方瑞亦回忆说，临时股权代表大会决定还本留息后，公司资金经过各县参议会一再瓜分（到1948年11月间长沙等33县全部退股），亏蚀颇大。王凤山移交的全部公司资产除最早购储的近600两黄金外，只有银行存款8.6亿余元、票据12.5亿余元、稻谷2500余石、棉花4700余石、各县赋谷3.4万余石。

---

① 《大会拾零》，《湖南日报》1948年7月23日，第3版。
② 《湖南农建公司一伙舞弊》，《舆论导报》1948年12月4日第39期，第8页。
③ 熊养池：《农建公司万夫所指》，《中兴日报》1948年6月23日，第3版。
④ 华容县政协文史资料委员会《净友》编辑委员会编《净友——刘公武生平》，中国文史出版社，1991，第59页。
⑤ 中共湖南省委统战部编《湖南民主人士》，中国文史出版社，1991，第413~414页。

"当1949年8月湖南解放后,农业建设公司所有黄金、实物等基本上保存了下来,由长沙市军管会接收。"① 不管该笔粮食库券价款用于地方自卫抑或由军管会接收,粮民终未领回应得的粮食库券本息,亦未获任何实利。

余　论

论者曾对省参会有不同评价,或认为其仅是装点而徒有虚名,或基本肯定其在省政兴革方面的建设性作用,而其主观性面向却长期被忽视。事实上,省参会所发挥的效用除本身拥有的权力地位外,很大程度上取决于省参议员的主观动机。换言之,这不仅仅涉及能力问题,更关乎意愿问题。与全面抗战时期省临时参议会相比,战后成立的正式参议会无疑拥有更高的地位、更大的权力。正如此,省参议员产生了一种"觉醒"意识,即意识到自己作为民意代表所被赋予的权力。但这种"觉醒"似乎又是不完全的,省参议员可以尽职为所属各县争取权益,亦可私心自用,由此导致省参议员成分复杂化和诉求多元化。遗憾的是,国民政府下的省参议会制度未能平衡不同群体的利益争端。在这一制度下,省参议员亦难充分代表各职业群体利益。如在其选择与农民利益对立时,农民并无足够的力量与之拮抗。相反,省参议员却常可利用自己的身份行越轨行为。在这次发还湘省粮食库券问题上,身为民意代表的省参议员便一意孤行,拂逆民意,终致民意完全丧失。省参议员与民意渐行渐远主要表现在两方面,一是省县参议会之间的纠纷,二是省参会与舆论界之间的冲突,亦正如时论所谓"形成为官与民,省与县的永久纠纷,这是非常遗憾的"②。

在省县参议会之间的纠纷中,省参会处于强势一方,即便各县联合反对亦难推倒其决议。这从侧面反证出省参会地位的稳固性,即使各县施下强大的压力,亦可将其分化瓦解于无形。一方面,各县缺少坚强组织与具体办法,即使破釜沉舟,不过"各县将运用最后武器——抗议"而已。③另一方面,省参议员善用关系。省参议员既经"觉醒",便有意识地运用权力以维护自身地位与利益,他们既可利用人脉和关系笼络政府要员为其

---

① 席楚霖、郭方瑞:《湖南省参议会侵夺粮食库券本息始末》,载中国人民政治协商会议湖南省委员会文史资料研究委员会编《湖南文史资料》第九辑,1965,第160~161页。
② 《粮券问题该结束了》(社论),《中兴日报》1948年6月22日,第2版。
③ 熊养池:《农建公司万夫所指》,《中兴日报》1948年6月23日,第3版。

背书，压制县参议会的抗议声音；又善利用利益分化瓦解各县代表，故常见报载云其"为使减弱此一运动力量起见，除向尚未参加各县活动外，并拟分化来省各代表们"①。这种分化策略十分见效，常使声势浩大的各县联合清算运动烟消云散。

省参会与舆论界关系在此次粮食库券案中亦走向了冰点。省参议员为民意代表，为民请命、替民发声本为天经地义之事，然其对舆论界的批评却置若罔闻。与对各县参议会的强势态度相比，省参会对舆论界虽不致以强权压制，却常以"误会""苦衷"等敷衍字眼应之。值得欣慰的是，舆论界有不少新闻记者锲而不舍地追踪粮食库券辗转过程中的来龙去脉，并尽责监督省参议员。事实上，省参议员的交易内幕绝非新闻记者所能捕捉的，其正利用此点对许多指摘强行辩解以证清白。然民众往往只看结果如何，而不多加关注过程的跌宕起伏。换言之，省参议员一日未将粮食库券发还粮民、一日未取得建设性成就，再多的修饰溢美或倾诉衷肠也难以换取民众的同情。相反，省参会的一意孤行反使政府的公信力跌至冰点，农民对政府的离心力亦因此而增加。这也间接影响了日后湖南人民对湖南和平解放的选择。讽刺的是，省参会在湖南和平解放过程中虽有意领导人民团体促进和平解放，最初却反不被人民团体信任，②这未尝不是因为粮食库券问题挫伤了人民对其的信任。

总之，在处理粮食库券案中，省参会表现出强势一面，尽管这种强势是拂逆民意的。因其强势，省参会始终处于风口浪尖，饱受非议。面对外界批评，省参会因循如故，未行亡羊补牢之法，而作自欺欺人之辩，推卸责任。至于清算农建公司决议更无从进行，该公司安然经营到湖南和平解放。省参会在此过程中避重就轻，凡有各县索款者皆以"议决转农建公司"七字了结。看似置身事外，却忘记了未有其截留半数之决议就没有后日的农建公司。可以假设，如省参会当初直接议决粮食库券发还粮民，并制定严格的监督之法，虽不免在发还中遇到诸多障碍，亦难免有经手者从中攫利，但总归能维系部分粮民对政府的信任及对省参会的信心。省参会亦可站在粮民一边为之争取最大权益。一句话，以省参会敢于对抗各方的

---

① 《清算农建公司账目各县代表纷纷抵长》，《中兴日报》1948年6月21日，第3版。
② 参见张熙《湖南省参议会对湖南和平解放态度的转变》，《湖南工业大学学报》（社会科学版）2022年第2期。

勇气及化解危机的能力帮助粮民索要粮食库券价款不是绝无可能，说到底并非其能力不足而是其心不足也。

On the Grain Bonds Repayment in Hunan Province after the War

Zhang Xi　Yue Qianhou

Abstract：During the War of Resistance against Japanese Aggression, the National Government issued grain bonds to handle the inadequate supplies of military rations. After the victory of the war, it was a task of priority that the government of Hunan Province made a payment of peasants' debt. Initially, people had high expectations of the Hunan provincial council to address the problem. However, the provincial council adopted a resolution in the second session of the first conference, allowing the provincial council to retain half of the food bonds—all the food bonds were supposed to be rapid to peasants—after the conference, the food bonds became the provincial collective property. This irregularity of the provincial council, together with the non-authorized implementation of establishing organizations of shareholders' representatives and agricultural construction companies, result in the loss the popularity. Furthermore, some of the provincial senators ran the agricultural construction companies invalidly and even engaged in fraudulent and unlawful practices, which not only exacerbated disputes between provincial and county senates, but also deepened conflicts between the press circles and the provincial council. Consequently, peasants in Hunan Province failed to demand for their property back and became more unsatisfied with the public opinion organs.

Keywords：Hunan Province Council; Grain Bonds; Press Circles; The Agricultural Construction Company

火中争利：1895~1945年中日火柴业博弈研究[*]

王广义 朱云峰[**]

摘 要：1895~1945年中日火柴业出现了阶段性博弈状况，分四阶段：1895~1914年，日本对华火柴贸易出现高峰，并开始进行初级的资本输入，在中国建立火柴工厂，此阶段中国火柴业尚不发达，处于弱势；1915~1927年，由于一战，欧美火柴业无暇参与对华贸易竞争，日本火柴业又遭受到1915年、1919年两次抵制日货冲击，中国民族火柴业迎来"短暂的春天"，成为世界重要火柴生产国；1928~1931年，瑞典火柴托拉斯通过资本控制了日本国内火柴业，并对中国火柴业发起了廉价倾销，在华日本火柴业者此阶段表现出矛盾性，既想联合中国火柴业者驱逐瑞典火柴，又惧怕引起新的排外浪潮；1931~1945年，十四年抗战使中国火柴业遭受沉重打击，中日相继出台火柴专卖法令，对火柴生产、征税等环节进行管制。

关键词：火柴业 民族资本主义 瑞典火柴托拉斯 廉价倾销 抗战

中日两国火柴业发展同时起步，自萌芽开始就进行相互竞争与博弈，这种博弈随着两国国力的消长及世界资本主义市场的不断变化，出现了阶段性的特征。按照时间维度划分，有四个特殊时间点值得关注，分别是1895年、1915年、1928年、1931年，四个特殊时间点相伴随着世界局势

---

[*] 本文系国家社科基金重点项目"日本馆藏中共东北地方党史档案的收集、整理与研究（1921—1949）"（21AZD100）阶段性成果。

[**] 王广义，黑龙江泰来人，吉林大学马克思主义学院教授，博士生导师，研究方向为中国近现代史；朱云峰，黑龙江兰西人，吉林大学马克思主义学院博士研究生，研究方向为中国近现代史。

的重要变化，这些变化影响刺激着中日火柴业的大变革。按照空间维度分析，中日火柴业博弈由中国最先开埠的港口城市逐步向内地蔓延，东北地区、华东地区、华南地区、西南地区都留下日本火柴倾销或者开设工厂的印记，中国民族火柴业者也在各地与日本从业者"火中争利"，维护民族资本利益，地方执政者也出于地方经济发展、税收等因素考虑，出台行政命令干预地方火柴业发展，同时，火柴制造业、伐木业、运输业、化工等相关产业发展，孕育了较早的中国工人阶级群体。

火柴虽不及茶叶、棉纱、煤油、面粉等大宗商品贸易量巨大，但作为工业制成品、民生日用品的火柴最能体现出当时世界经济贸易的角逐本质，从手工火柴业、火柴业机器化大生产，到火柴垄断托拉斯的出现，火柴业发展博弈的映像都投射到了半殖民地半封建社会的中国，其中，中日火柴业的市场利益争夺博弈最为激烈。

一 1895~1914年中日火柴贸易高峰与日本对华资本输出

19世纪70年代中日火柴业几乎同时起步，但由于受到国情及社会经济等条件制约，发展道路及水平各不相同，两国火柴业发展及贸易的博弈，从产业萌发阶段就已经开始了，日本国内没有广大的市场及资源，而中国恰恰都具备，但中国新生的民族资本主义也需要新的市场及发展空间，所以两国火柴业的博弈某种程度上代表了近现代中日经贸的阶段性形态。

1895~1914年近20年时间，日本经历了甲午战争、日俄战争，获取了巨大的战争利益，火柴业处于腾飞阶段，日本火柴远销亚洲多国，甚至销售到俄罗斯西伯利亚地区，日本此阶段以廉价火柴销售贸易为主，并且有了初步的资本输出趋势。

（一）1895年前中日火柴业萌芽发展

火柴在中国贸易的历史可以追溯到1865年，记录在天津海关报告中，其后输入的数字散见于各海关报告。1867年开始形成全国输入总额的报告，每年都有汇报。初期进口的火柴没有标明原产地，但可推断几乎都是从欧洲输入的。

表1 1872~1881年中国火柴进口货值

年份	货值（关平银千两）
1872年	197
1873年	218
1874年	177
1875年	186
1876年	261
1877年	289
1878年	403
1879年	414
1880年	583
1881年	747

资料来源：刘辉主编《五十年各埠海关报告1882~1931》（十），中国海关出版社，2009，第197页。

由表1海关记录可见，1872~1881年中国进口火柴的金额已经达到了很可观的规模，"最初五年的输入每年不过是两三千箱，1871年以后，市场扩大，有一日千里之势。1881年输入已达三万四千余箱，1891年达十万箱"[1]。1865年有记录最早输入中国的火柴生产商来自欧洲国家，此时日本也尚未出现火柴业，1876年日本火柴业才刚起步，所以中国习惯将舶来品称为"洋火"，而较少称其日语名称"燐寸"，1881年驻汉英领事商务报告称："近来市场之上，仿造火柴，甚为充斥，而中国人民，亦非火石时代可比，对于火柴，咸乐购用，惟余品质优劣，漫不注意，一律采购，故为保护火柴工业计，实有敦促施行商标法之必要焉。"由此观之，人民习尚渐有变更。[2] 火柴作为舶来品，凭借其便利且廉价的优点，逐渐被中国民众接受，进而打开市场。中国及日本的火柴业几乎在同一时期开始了萌发，1876年日本东京创设首家火柴工厂新燧社，1877年中国的第一家火柴厂上海制造自来火局也应运而生，但此时的中日火柴业尚属于新生业态，欧洲火柴产品才是火柴贸易中的主流。

---

[1] 中支建設資料整備委員會：《編訳彙報》第24編（燐寸工業報告書），南京成賢街五四号中支建設資料整備事務所編訳部，1940，第1页。

[2] 刘辉主编《五十年各埠海关报告1882~1931》（十），中国海关出版社，2009，第196~197页。

图 1　1875～1945 年日本火柴国内生产量与出口量

资料来源：水野敦洋：《戦前期日本雑貨工業の海外進出をめぐる路線分岐——マッチ工業を事例に》，《経営史学》2019 年 54 卷 1 号，第 4 页。

但是，中日火柴业发展迅速，仅用十余年就迎来了第一波火柴贸易高峰，日本甚至出现火柴业的资本输出，由图 1 可知，1875～1887 年，日本火柴业发展相当缓慢，1890 年后才出现第一次小高峰，随后逐渐有贸易波动，但总体呈现上升趋势。日本作为后起工业国，初期只有火柴等少数轻工业产品可进行贸易。

（二）1895～1914 年中日火柴博弈中方陷于劣势分析

日本火柴出口最早从何时开始还不能明确，根据中国海关报告，1894 年海关开始分记日本火柴，以表示其地位的重要性，当年日本火柴的输入中国达到 13 万余箱，占输入总量的 87%。甲午战争后，日本商人乘着战胜的余威，利用地利，大肆地扩大贩卖。这时候欧洲火柴的踪迹几乎从中国市场上消失了。从 1895 年到 1902 年，中国的日本火柴每年输入额占总额的 90% 以上，1901 年及 1902 年超过 99%。[1] 当时的中国火柴业还不发达，而火柴被大众普遍接受，中国人已经形成使用火柴的习惯，火柴需求极度增加。日本人趁机扩大销路，独占市场进行大量的倾销。

中国早期的火柴企业大部分建立在沿海各省市，究其原因在于被迫的"对外政策"，相较于日本 1876 年火柴业刚刚起步，中日两国的火柴业发

---

[1] 中支建設資料整備委員会：《編訳彙報》第 24 編（燐寸工業報告書），南京成賢街五四号中支建設資料整備事務所編訳部，1940，第 2 页。

展起步时间只相差一年时间，为何两者差距如此之大？这仅是中国甲午战败引发的经济现象吗？

虽然不能排除战争因素对日本经济的提振，但显然中日两国资本主义经济及市场发育程度存在着巨大差距，中国由一个完全封建化的经济状态逐步被列强蚕食为半殖民地半封建社会经济状态，并且由于国家的分裂，经济主权也被列强分区块蚕食，所以中国的火柴业发展自诞生起就是畸形的。而日本自从明治维新后，通过殖产兴业等政策，不断摆脱列强束缚，发展本国工业及经济，具有明确的政策统一性及经济指向性。

"当光绪十五年（1889），四川重庆已有小规模的民族火柴工业之创设。四年后（1893年），在九龙亦组织了隆起公司，在重庆亦新建了森昌正等工厂，及至光绪三十一年（1905），全国已有十四家火柴工厂。"① 这些工厂一向都是循着缓慢的步调渐次发达起来的。不过握有操纵市场之权力的依然是外国火柴，其中日本火柴驱逐了欧洲火柴而实现了垄断市场。

表2　1877~1900年中国开设的火柴工厂统计

厂名	创建时间	所在地	创办人	附注
上海制造自来火局	1877年	上海		
巧明火柴厂	1879年	佛山	卫省轩	1908年神户华侨利兴成办庄投资
天津自来火局	1887年	天津	吴懋鼎	开业不久歇业
厦门自来火局	1887年	厦门		1889年歇业
森昌泰火柴厂	1889年	重庆	卢干臣	1990年歇业
慈溪火柴厂	1889年	慈溪	宁波商人	开业不久歇业
文明阁火柴局	1889年	广州		
燮昌火柴公司	1890年	上海	叶澄衷	1927年歇业
太原火柴局	1892年	太原	胡聘之	1894年改为晋升火柴厂
森昌正火柴厂	1893年	重庆	卢干臣	1910年歇业
隆起火柴公司	1893年	九龙		
义和火柴公司	1893年	广州		
聚昌火柴公司	1894年	重庆		
咸阳火柴公司	1896年	南京		未开工即停业

---

① 新中国建设学会编辑委员会：《中国火柴工业前途之危机》，新中国建设学会出版科，1935，第195页。

续表

厂名	创建时间	所在地	创办人	附注
和丰火柴公司	1897年	长沙	陈宝箴、张祖同	开办不久歇业
燮昌火柴公司	1897年	汉口	宋炜臣	1930年由大中华火柴公司收买
荣昌火柴公司	1899年	九江	涂子良	开业不久后歇业
立德燧火柴公司	1900年	重庆	周坤培	挂英商牌子，1901年歇业

资料来源：中国日用化工协会火柴分会编《中国火柴工业史》，中国轻工业出版社，2001，第14~15页。

由表2附注可见，1877~1900年中国开设的18家火柴工厂中有10家处于歇业、停业等困境，能健康发展壮大的火柴企业微乎其微。中国经历过与列强的多次战争和太平天国战争，国力财政受到巨大影响，民力凋敝，洋务运动虽然对近代工业化进程有一定促进作用，但除了官办的大型军工、矿业等工业投资巨大外，民用工业还处于低水平的起步阶段，无论在技术及资本积累上都相当薄弱，在1912年清朝灭亡前，中国火柴业基本处于此种状态。反观日本，无论是火柴厂商的数量、就业人数，还是出口方面都呈现欣欣向荣的局面。

日本火柴业蓬勃发展的同时，也面临诸多问题，随着火柴制造工艺不断革新，火柴工场工作环境及原料急需改善升级，小作坊式生产及简单技术面临淘汰。日本面临火柴业的整合，逐渐从分散小工场阶段，向垄断资本阶段转变。

表3 1908年日本出口10万函以上的工场（函为大包装箱）

单位：万函

日本火柴株式会社	97.650
井上贞治郎（公益社）	50.459
龙川辨三	44.523
良燧合资会社	43.789
秦银兵卫	16.848
日本纸轴制造合资会社	12.475
鹫尾长三	12.310
增本藤次郎	10.164

资料来源：河津暹：《本邦燐寸論·本邦砂糖論》，《最近経済問題》第8卷，隆文館，1910，第20页。

表3中为1908年日本产量较大的火柴公司的产品出口情况,1908年输出火柴10万函以上的工场仅8家,输出总量就接近300万函,已经超过出口总量的三分之二,可见日本火柴业已经具备了集约式发展的基础。

日本火柴业另一个成熟的标志是理论政策的完善,例如,日本经济学家河津暹基于日本火柴业发展基础及存在的问题,提出了"火柴专卖论",他主张火柴业集约式发展,将火柴业归入政府管控,并像烟草及盐一样实行专卖。

此阶段的中国除了火柴市场刚处于萌发状态外,晚清政府对火柴业的管制措施及经济发展意识也较为初级,没有统一的经济发展政策与规划,只有粗浅的认识。从1896年湖广总督张之洞对《批上海燮昌洋火柴厂商董叶志国禀拟出资在汉口建厂制造洋火出售》[①]的公文批复,可窥见一斑。

公文中张之洞已经认识到了兴办火柴业的重要性,出于维持政权稳定的考量,对原料及股份组成的审查是恰当的,"日本火柴在前输入中国几有独占市场之势,今则中国利权回收之热达于极点,工业次第勃兴,处处设立各种工厂,以防遏外货之输入,其中入南中国火柴事业,使日本火柴大见摧折。张之洞在汉口锐意经营之火柴工厂。日有成效,亦其一例也。盖张氏政策欲将其所管内一切输入之日本火柴尽行杜绝。对于火柴会社与以保护,今禁止输出之硫磺亦许自由入其省内,对于我国输入之轴木,则免除关税"。洋务派在此阶段也做出了一些努力,使得新生的中国火柴业迟滞了日本火柴凌厉的贸易攻势,"故在前年,仅汉口一地。日本输入火柴,一年亦出十三万元以上,今则次第减少,据我近日归朝领事之言,则已绝望矣。以其品质较之,彼制固不如我制远甚,然彼有特殊便利且以排斥外货保护内国利权为政策,安得不压倒我国商品乎,且此患又不仅汉口也"[②]。清末有识之士已经认识到,即使中国火柴制品在品质上胜过日本,也只是略占上风,而日本排斥外国商品,鼓励本国商品出口的国策,相较于清国的封建保守经济形态,清国未必能经受住现代商业体系的考验,清朝官员的一点理性认识,还没有提升到经济理论的高度。

---

① 赵德馨:《张之洞全集》第7册,武汉出版社,2008,第171页。
② 李士锐:《远东闻见录》第一期,日本陆军部留学生监督处,1907,第42~43页。

(三) 1901～1914年日本火柴业对华资本输出情况

海外市场给日本提供了更大利润空间，日本国内火柴业竞争进一步加剧，此时大量出口是解决产能过剩的关键，另有日本部分企业家开始考虑减少用人成本及原料运输成本，变中国的代理商贸易为火柴直销，减少营销环节，直接进入低价竞争阶段，在中国直接设厂。

1901年日本在重庆设立了中日合办的火柴工厂。其后更依次设立了吉林、大连、奉天、东亚等火柴公司。而青岛则是日本在华火柴业之大本营，如明石、华祥、青岛、山东益丰公司等便是，至于上海燧生厂（即现在之美光厂）与镇江燧生厂则为日本在扬子江流域之火柴业的基础。[1] 日本资本将主要注意力集中在中国的港口、码头及通商口岸，并随着俄国人的战争失利，将注意力转移到东北内陆地区。

1905年日俄战争期间，日本人佐藤精一参战时在开原东北方向的山地发现制作火柴用的轴木原料很丰富。战后，佐藤精一感觉制作火柴有利可图，恰巧与横滨绢织物工会的长津久居平右卫门相遇，长津久居平右卫门受到农商务省的嘱托担任制源调查员，两人意见一致，1906年11月由长津久居平右卫门支持，在长春城内设立广仁津火柴公司。[2] 1907年10月，以日本广岛的高坂兵卫、高部翁助两人为首投入资本金30万元，占股四分之一的日清火柴株式会社成立了，广仁津火柴公司被收购，日清火柴株式会社相比较广仁津火柴公司资本充裕，取得了很好的业绩。日清的业绩突出，企业家们越来越看好火柴业在中国东北的发展。1913年8月在营口，关东、三明两家中国火柴公司成立，1913年3月佐藤精一、吉林的土尾节、长春的内垣实卫及四户友太郎、大阪的池田清次郎等投入资本金在吉林市成立吉林火柴株式会社。

日本对华火柴业的资本输入是渐进式的渗透，通过最早与中国人达成形式上的"合股"，到单独经营发展，都具备完整的实施计划，为了消弭中国人的戒备心理，日本开设某些工厂名义上是中日合办的，实际上华商只不过是小额出资，营业权始终掌握在日商手里。"广仁津火柴公司以长

---

[1] 新中国建设学会编辑委员会：《中国火柴工业前途之危机》，新中国建设学会出版科，1935，第200页。
[2] 満洲青年聯盟長春支部：《重大化せる満洲燐寸界の実情》，長春中央通十三番地満洲青年聯盟長春支部，1930，第16～17页。

津久居平右卫门为首,加入了五位中国人资本金三万元的公司,佐藤精一负责经营。……当时的经营有很多障碍,经营起来非常耗费心力,特别是在俄国势力支配下的山地地区,日本人基本上不能够购买到制作轴木的原木,不得不自己背着小银货到山地出差,买树进行采伐搬运,并且对火柴从业职工进行培养,日本从业员由于不懂中国话,沟通十分困难,1907年4月才突破这些困难逐步打开市场,中国东北的火柴业逐渐引起了世人的关注。"[1] 1895~1914年中日火柴博弈中,中国方面在国家经济政策、民间资本运营能力、海外贸易水平等方面完全居于劣势,其原因多元,但归根结底是半殖民地半封建的国家政府无法支撑起新兴的资本化产业运营发展。

二 1915~1931年中国火柴业的崛起与瑞典火柴托拉斯的对抗

1915~1931年,中国火柴业迎来了短期的发展高峰,中国民族火柴工商业开始崛起。随着中国民族意识的觉醒,抵制日货运动多次爆发,日本在华火柴经营受到重创,随着一战的结束,瑞典火柴托拉斯又开始了在东亚的扩张,中国的日本火柴业受到巨大冲击,由于瑞典将日本火柴资本捆绑在市场倾销的战车之上,所以在某些地区实际上是中国与日、瑞火柴资本的博弈。

(一) 1915~1927年,中国火柴业"短暂的春天"

1915年第一次世界大战已经开始,欧洲列强暂时无暇东顾,中国经过辛亥革命,推翻了清王朝的统治,封建势力的最大代表已被肃清,同时,中国火柴业经过二十多年的发展,已经逐渐开始由火柴主要进口国转变为火柴生产国。

表4 1917~1922年火柴输入中国数量及货值

年份	数量(箱)	货值(海关两)
1917年	16301479	578887

---

[1] 满洲青年联盟长春支部:《重大化せる满洲燐寸界の实情》,长春中央通十三番地满洲青年联盟长春支部,1930,第16~17页。

续表

年份	数量（箱）	货值（海关两）
1918 年	13521202	4686509
1919 年	552036	654734
1921 年	944725	937075
1922 年	334990	1255221

资料来源：辽宁省档案馆编《满铁调查报告》第 3 辑（16）《满洲火柴工业　满铁调查资料第十七编　满铁庶务部调查课　一九二三年七月》，广西师范大学出版社，2008，第 48~49 页。

表5　1917~1921 年中国火柴制造原料输入额

年份	金额（海关两）
1917 年	1399917
1918 年	1650828
1919 年	1729941
1920 年	1899737
1921 年	2283281

资料来源：辽宁省档案馆编《满铁调查报告》第 3 辑（16）《满洲火柴工业　满铁调查资料第十七编　满铁庶务部调查课　一九二三年七月》，广西师范大学出版社，2008，第 49 页。

从表4、表5可见，1917年起，中国火柴进口数量呈减少趋势，而火柴制造原料进口金额逐年增加，中国火柴工业迎来了迅速发展。"日本的主要输出品之一的火柴，以向中国输入数量考察，1913年输入为一千八百余万，1921年则仅为四百余万，中国粗工业既这样发达，直接受影响的当然是日本了。"[①] 1915年日本当局向袁世凯北洋政府提出灭亡中国的"二十一条"，全国上下群情激奋，掀起了一场抵制日货、购买国货的运动，这次运动给日本火柴业也造成了沉重打击。1919年巴黎和会决定将德国在山东的权益转让给日本，中国爆发了"五四运动"，中国再一次掀起了抵制日货的高潮，日本火柴业再一次受到重击。日本势力日渐衰弱，欧洲火柴业因为战争暂时不能侵入。这时华商经营的工厂，如雨后春笋般出现。

"当时火柴的使用已经向大众普及了，进口很少，但是需求日益增长。这时开设工厂可以获得数倍的利益。例如北洋的工厂创立资本仅仅不过两万

---

① 尉代一：《日本经济之危机及其续命汤》，载东省铁路经济调查局编《东省经济月刊》第五卷第三号（3月15日），东省铁路经济调查局，1929，第 96~97 页。

元，1917年及1918年两年，纯收益每年十余万元，真可谓是暴利。1923年工厂数量已经达到99所，中国火柴供给已经很充足了。以前的华商企业家只注重眼前利益，政府采取放任主义，如果有利益可图，就互相效仿竞争，1928年全国的火柴工厂已经达到180所。仅仅五年间，工厂数几乎翻倍。"① 根据《中国火柴工业史》记载的数据，1914~1927年，民族火柴工厂发展到了113家。"欧战给民族火柴工业以一抬头的机会，因而在量的方面民族火柴工厂顿形增大了。民国九年仅一年间便凭空的新添了二十三家，因而在市场上，民族火柴便渐占有强大的势力。"② 此阶段中国民族火柴业发展真正迎来了高峰期。

（二）1928~1931年，瑞典火柴托拉斯对中日火柴业的"饱和攻击"

"瑞典火柴托拉斯在1923年收买了外国火柴企业的大部分（42家公司），在世界火柴市场上获得支配权力。在日本内地的瑞典火柴入侵实际上当时就开始了，当时日本的两大火柴制造会社之一的日本火柴株式会社，已经在这时被收购了大量股份。1927年3月，由于银行界的恐慌，铃木商店破产，已经完全臣服于瑞典火柴托拉斯的支配，日本火柴株式会社被合并于新的大同火柴株式会社。"③ 瑞典火柴托拉斯迅速崛起后，1927年鲸吞了日本火柴业，先是控制日本火柴商的原料进口，买断制造火柴必备的原料或者抬高原料价格，让生产商无利可图，随后通过资本控股的方式控制日本火柴业，这种运作方法也被移植到了中国。

"有资本一亿元之国际火柴会社，吞并日本大火柴公司之三分之二，其锋锐更向满洲，并吞其大半。"④ 根据日本外务省通商局第二课搜集的资料，"瑞典国际火柴会社在1925年5月，乘着吉林火柴株式会社（日本人经营）出现破绽的机会，购买超过半数股份，掌握经营权。1928年6月，从吉林火柴株式分离出的轴木工厂，瑞典系资本成立吉林制轴会社，除此

---

① 中支建設資料整備委員会：《編訳彙報》第24編（燐寸工業報告書），南京成賢街五四号中支建設資料整備事務所編訳部，1940，第5~8页。
② 新中国建设学会编辑委员会：《中国火柴工业前途之危机》，新中国建设学会出版科，1935，第195页。
③ 東亜経済調査局編《支那政治経済年史 1930年至1931年》，先進社，1932，第593~601页。
④ 南满铁路调查课编《东省丛刊·吉林省之林业》，商务印书馆，1930，第59页。

外还占有了大连火柴会社的大部分股份,企图独占中国东北火柴工业,从1929年开始实施倾销,特别是6月以后,在长春的吉长公司的贩卖机关对原价六圆一箱(二百打装)约半价投卖。为此瑞典系称在1929年度三个公司亏损十万圆以上,中国方面也加入对抗设立共同贩卖所,7月,一箱火柴也叫价三圆,结果中国方面工厂大部分出现休业或者关闭,毫无办法,现在维持生产的也不过几家工厂,日本人设的工厂也遭受到了相当大的打击,当时新设立的长春洋火也开始延期"①。瑞典火柴托拉斯几乎同一时期对东北的日系火柴业进行了"饱和式"攻击,企图全面控制中国东北的火柴业。

表6　1931年东北的火柴业三个系统(大连火柴会社除外)

国别/项目	中国	瑞典	日本
工厂数(家)	12	4	2
投资资本(圆)	2920000	1550000	231000
生产能力(箱)	515502	150000	105000
生产额(箱)	206854	124536	30543
制造比率(箱)	700000	160000	140000

资料来源:郑学稼:《东北的工业》,东方书店,1946,第148页。

由表6可见,虽然瑞典进入东北火柴市场晚于日本,但其通过资本运作等方式已经极大挤占了日本火柴生产商的盈利空间,以及对东北市场的控制权,其短期的投资额也已经超过中国所有投资商的一半,生产额更是猛增到东北市场份额的三分之一以上,可见控制原料及进行倾销的瑞典火柴,垄断东北火柴市场只是时间问题。

在相继击溃日本火柴业及东北火柴业的同时,瑞典火柴托拉斯又开始了对长江流域、华中、华南的廉价倾销,收买中国火柴工厂,此时的中国火柴业者明显束手无策,无论在经验还是财力等方面,都难以应对危机。中国火柴业从业者无法抵御来自国际垄断集团的冲击,只能寄希望于国民政府,松散的中国火柴业从业者也被迫走向联合,规范市场竞争,抵御外

① 「11、満洲ニ於ケル瑞典燐寸会社ノ不当廉売ニ関スル件」JACAR(アジア歴史資料センター)Ref. B13081553500,第59回帝国議会説明参考資料(議TS-23),1930年12月,外務省外交史料館藏,档号:議69-0074—議69-0083。

部冲击。全国各省代表在上海成立了中华民国火柴同业联合会,选举刘鸿生为主席,"窃以火柴业受外商经济侵略,已有不能维持之势,各厂停工倒闭,前后相望,处兹阽危,亟应联合全国,一致进行,共谋挽救"[1]。希望通过火柴业的联合,建立统一的规章,抵御瑞典火柴托拉斯的冲击。

(三) 中国对瑞典及日本火柴业进行反击

面对来势汹汹的瑞典火柴业的入侵,为了保护民生,掌握税源,东北政务委员会率先着手解决此问题。由于瑞典火柴业在东北与日本进行股份合作经营,所以相关政策也对日本火柴业产生了冲击。1930年8月13日,东北政务委员会颁布《东北火柴专卖条例》,随后又颁布了《暂行试办章程》,辽宁省颁布《辽宁省火柴特税章程》,吉林省也加入了实行,以上章程基本从行政层面堵死了日本、瑞典等外国火柴商垄断东北火柴业的可能,并逐步将日本火柴及瑞典火柴排斥出市场。此时,中国长三角地区的火柴业从业者也举行了大规模的请愿活动,1930年6月12日,杭州市光华火柴工会向国民政府请愿递交《杭州市光华火柴工会等关于阻止瑞商在沪设厂事致国民政府呈》。[2] 杭州市的火柴从业代表上呈国民政府的文书中,要求政府阻止瑞典商人在上海建设火柴工厂,并指出上海是中国经济的中心,瑞典商人如果通过上海向全国倾销火柴,会危及全国百万火柴工人的就业,请求政府以行政手段干涉,当时的火柴危机已经达到了影响国计民生的程度。

《东北火柴专卖条例》共计三十八条,第一条即规定:"东北政务委员会在辽、吉、黑、热四省内拥有火柴专卖权。"这意味着火柴已经变成了政府专卖物资,区别于一般商品,而政府实施专卖的形式则是建立火柴专卖局,专卖局对火柴的控制是通过第三条实现的。第十一条加大了对本土生产者的保护,排斥外国火柴。为了断绝外商操纵火柴市场的可能,第二十一条、第二十五条、第三十四条[3]分别从工厂设立手续、兼并工厂手续、

---

[1] 中国第二历史档案馆:《中华民国史档案资料汇编:财政经济》卷6,江苏古籍出版社,1994,第327页。

[2] 中国第二历史档案馆:《中华民国史档案资料汇编:财政经济》卷6,江苏古籍出版社,1994,第327~328页。

[3] 南满洲铁道株式会社:《满铁调查资料》第155编,南满洲铁道出版,1931,第258~262页。

外国火柴的管制等方面进行了严格限制。

此阶段日本火柴业在中国处于十分尴尬的境地，一方面希望中国将瑞典火柴排斥出中国尤其是东北市场，另一方面担心中国再次出现排斥外资的热潮，日本其他产业会受到影响，并且日本的火柴业虽然已经被瑞典控制，但形式上还是股份制合作，日本投资经营者还有利益存在。

区别于日本官方的想法，日本在中国的火柴业从业者则更加矛盾，他们既与中国火柴业者合作对抗瑞典火柴的入侵，又担心受到波及，"敲响的警钟促使了中国同业者的觉醒，我邦同业者也越来越加强与中国同业者的相互提携，对抗瑞典火柴铺就了共同战线……另外，在满洲的瑞典火柴日清、吉林、大连火柴的邦人的公司，中国方面的排斥瑞典的运动变成了表面上的排日运动，一方面是错误的及对瑞典方面的宣传，导致了毫无顾忌的排日运动，一下子成为影响中日外交与我国邦人在满洲的火柴工业未来的重大问题"①。为对抗瑞典火柴托拉斯的倾销，在东北的中日同业者组织了"东三省火柴联合会"。《东北火柴专卖条例》的起草者就是日本人长春宝山火柴工厂主前田伊织。

日本外务省通商局第二课搜集的情报显示，1929~1930年中国推行的一系列排斥瑞典火柴的措施，对中国的瑞典火柴产生了巨大影响。"1930年3月1日，在辽宁省实施《火柴特税章程》，对省内制品及输入商品征收贴付印花税每箱现洋一元五角，而以上特税章程，含有对瑞典国制品与中国制品的区别对待，并且其实施细则不明确，中国工厂的返还税收政策，使中国制品减轻到上述税额的两成，只纳税三角。并且1929年1月瑞商在奉天开设工厂，由于从业者反对意见，官方没有许可。以上的瑞典系的日清火柴借用长春城内官银号的民用地，当初定立期限是80年，后官银号出于好意将其全部借用，最近官银号通过中国官方向长春总领事申请收回借用土地。"②中国官方特别是东北地区对日本及瑞典火柴系的狙击，是造成其在中国失败的重要原因。

美国学者谢尔曼·高家龙研究发现，20世纪30年代初，瑞典火柴公

---

① 満洲青年聯盟長春支部：《重大化せる満洲燐寸界の実情》，長春中央通十三番地満洲青年聯盟長春支部，1930，第16頁。
② 「11、満洲ニ於ケル瑞典燐寸会社ノ不当廉売ニ関スル件」JACAR（アジア歴史資料センター）Ref. B13081553500，第59回帝国議会説明参考資料（議TS-23），1930年12月，外務省外交史料館，档号：議69-0074—議69-0083。

司完全支配了世界上几乎所有国家的火柴市场，控制了世界上不少于62%的火柴生产。而按照同样的市场份额定义，瑞典火柴公司在20世纪30年代最多只控制了中国市场的7%。1930年，中国的火柴产量是世界上最大的，达900000箱，而第二美国的数字是889000箱，第三苏联的数字是760000箱。① 总部设在斯托克霍姆的瑞典火柴公司全球业务总经理弗雷德·伦伯格感叹道："很难想象在东方冒险中花费数百万美元，公司在中国的利润和销售额已经远远低于瑞典火柴公司全球商业帝国其他地方的标准。"

三　1931～1945年战争状态下的火柴业发展

1931年"九一八事变"爆发，抗日战争开始，1937年"七七事变"爆发，中国由局部抗战转为全面抗战，十四年时间火柴业遭受沉重打击，无论是在占领区，还是非占领区，火柴几乎都变身为管制物品，在日本侵略者占领的朝鲜、台湾、旅顺大连等地，日本将火柴同盐、大米、布匹、烟草、酒精一同纳入专卖或管制，尤其日本发动对中国侵略战争后，其对关键物资的管制更加严密。1936年日本控制下的伪满洲国颁布伪敕令第一九二号《火柴专卖法》，1940年日本颁布伪敕令第六百一号《关东州火柴专卖令》，1941年颁布伪敕令第五百八十九号《台湾火柴专卖令》。

国民政府迁都重庆后，由于财源紧张、物资匮乏，1941年后也相继颁布了《战时火柴专卖暂行条例》《战时火柴专卖暂行条例细则》《火柴制造厂商申请许可规则》《管理火柴产制运输暂行简则》《专卖实施前火柴存货处理办法》《管理火柴产制运销暂行办法》《火柴制造厂申请许可规则》《火柴承销商申请许可规则》《火柴零售商申请许可规则》《火柴专卖凭证发给贴用办法》等。

在日军占领区，火柴类法令不光规定火柴生产条件，还规定了火柴由政府统一收购、统一专卖，未经政府许可不得进口出口，火柴厂生产的火柴由政府统一定价收购，有质量低劣的火柴，由政府规定期限进行处理，政府制定火柴种类、数量、规格及包装等。日本火柴统治法令的颁布排除了民间小资本火柴厂的进入，并能自由决定火柴价格，还可以将分散的税

---

① Sherman Cochran. *Business and Economic History Vol. 16*. Cambridge University , 1987, pp. 83 - 91.

源聚拢，火柴官营可以极大缩小成本，获取高于生产厂商的利润，控制火柴进出口。

而在日本占领区的日资火柴工厂则占据了垄断地位，攫取了巨额财富。以日方在东北控制的吉林火柴株式会社为例，从考课表中可见其盈利变化。由于数据表格过多，涉及中日文财务术语及不同算法，我们按照日文资料及数据表格财务计算方法，选取相关重点数据制成表7。

表7 1926~1933年吉林火柴株式会社考课情况（选取数据）

单位：日元

	1926年12月	1927年12月	1928年12月	1929年12月	1930年12月	1931年12月	1932年12月	1933年12月
资产	631901	537560	525748	465106	510220	487392	430851	382326
固定资产账面金额	750000	750000	750000	750000	750000	750000	750000	250000
期末实收资本	322500	322500	322500	322500	322500	322500	322500	107500
净利润金额	47445	100792	47892	31756	114572	80499	11507	191087
资本收益率	14.71%	31.25%	14.85%	9.85%	35.53%	24.96%	3.57%	177.76%

资料来源：南满洲鉄道株式会社経済調査会编《満洲会社考課表集成·工業編》，南满洲鉄道，1936，第56~57页。

由表7可见，吉林火柴株式会社1926~1933年的资产是呈减少趋势的，但1933年资本收益率达到惊人的177.76%，而其资产额是八年中最低的382326日元，其中原因是"九一八事变"后到1933年日本基本控制了东北全境。而1932年的低资本收益率是因为还处于战争阶段，1926~1931年的盈利状态不佳是因为瑞典国际火柴会社在1925年5月购买吉林火柴会社超过半数的股份，掌握经营权，日本被捆绑在了瑞典系倾销的"战车"之上。

伴随战争的推进，日军及伪政权不断对新占领区施行火柴管制，日本侵略战争的推进使得沦陷区人民的生活陷入困境，所有物资优先供应军事，连火柴类日用品也出现短缺。日本控制占领区火柴供应的另一目的是断绝百姓对抗日军队的物资供给，"日本人知道，冬天里，游击队最需要的东西就是火柴。因为游击队躲在山林里，没有住所，没有家，经常要迁移,需要烤火取暖。他们要在野火旁睡觉,要生火煮饭,但是要生火,就需要火柴。而游击队所用的火柴,也和他们所吃的粮食一样,都是农民们供给他们的,但每一农户每一个月只得到一盒火柴。日本人下命令说,每一个农民,要想购买一盒新的火柴,必须把五十根用过的火柴头交上来,不让一根火柴落到游击队手里"①。日本人对为抗日武装提供火柴的居民进行了残酷的镇压与报复。

结　语

中日火柴业经贸的博弈,体现出阶段性复杂的竞争关系,它不是单纯的商业贸易"战争",而是体现了日本由资本主义向帝国主义及军国主义过渡时期,对半殖民地半封建中国的商业扩张历程,在外国资本强大攻势的夹缝中,中国诞生了民族资本主义,新兴的民族资本主义成为抗衡外国资本入侵的重要力量。

资本主义步入帝国主义的一大特征是垄断的出现,瑞典火柴托拉斯对中日火柴业的"暴击",充分体现了资本制度弱肉强食的残酷性,此时甚至出现了中日两国火柴从业者的临时性联盟,这其中凸显出了博弈中合作的一面。日本火柴业被瑞典资本掌控,而中国火柴业却能在瑞典火柴托拉斯的"阻击"下"幸存",原因之一是近代中国四分五裂的政治局面,造成了部分地区政治派系的地方保护主义政策,东北四省率先对火柴业实施专卖制度,就可见一斑。而在日本及其他外国资本压迫威逼下高昂的民族情绪终于释放,也是日本火柴业在中国阶段性受挫的重要原因之一。

在1931年后的战争阶段,日本军国主义对中国火柴业的掠夺及管制是极具破坏性的,但此时的博弈尚在,只不过转变为国统区与沦陷区的税收及物资管制争夺战。火柴贸易及工业发展几乎停滞,兵燹之危使得日用品火柴都变成了限量管制物资,日本侵华对中国经济的破坏是非常巨大的。

中日火柴业五十年的博弈交锋,是世界近现代经济史发展的重要一环。经历了近代沦为半殖民地半封建化市场的阵痛,又受到了甲午战争及两次世界大战的影响,中国火柴业经历了从无到有,从弱小到强大,从强盛到衰败的阶段性变化,直到1949年中华人民共和国成立后,中国火柴工

---

① 阿·基托维奇柏·布尔索夫:《北鲜游记》,伊真译,东北新华书店,1949,第28~29页。

业才迎来了真正健康发展，为民生提供基本服务的崭新状态。

Striving for Profit in Fire: A Study of the Match Industry Game between China and Japan, 1895 – 1945

Wang Guangyi Zhu Yunfeng

Abstract: After the signing of the Treaty of Shimonoseki between China and Japan in 1895, Japan began to trade and import capital into the Chinese match market. Due to the vastness of the Chinese territory, the huge market and the resistance of the emerging national capitalism, the match industry between China and Japan in the fifty years from 1895 to 1945 emerged in four stages: from 1895 to 1914, Japan's match trade with China was at its peak and began to During this period, the Chinese match industry was still underdeveloped and in a disadvantageous position; from 1915 to 1927, due to World War I, the match industry in Europe and the United States had no time to participate in the competition of trade with China, and the Japanese match industry suffered from the "Article 21" in 1915 and the "May Fourth Movement" in 1919; "from 1928 to 1931, the Swedish match trusts swept the world, controlling the Japanese match industry through capital; from 1928 to 1931, the Swedish match trusts swept the world and took control of the domestic match industry in Japan through capital, and launched monopolistic attacks on the Chinese match industry, such as cheap dumping, and the Japanese match industry in China showed ambivalence at this stage, wanting to join hands with the Chinese match industry to expel Swedish matches, but fearing to cause a new wave of xenophobia. The Chinese and Japanese introduced match monopoly decrees to control the production, taxation and other aspects of the industry.

Keywords: Match Industry; National Capitalism; Swedish Match Trusts; Cheap Dumping; War of Resistance

县政建设、文化传统与派系之争
——1942~1949年安远县公产清理研究

李平亮　阙伟康[**]

摘　要：公产清理是清末以后现代国家建设的重要手段，是透析传统国家现代转型的重要尺度。抗战时期，教育救国成为社会重要共识，筹集教育经费成为县政建设首要任务之一。在"新赣南运动"的要求下，安远县政府以设立教育文化基金的名义开展公产清理。在此过程中，公款公产清查团、公有款产管理委员会等各类清产机构与传统文化网络相互纠缠，导致公产既成为县政府财政要源，又深受地方权力格局的影响，公产提拨演变成政治派系争权夺利的工具。安远县公产清理的变异，既是特定时期县政建设与地方权力结构相互作用的结果，又折射出清末以后传统文化网络与现代国家建设的内在联系。

关键词：公产　地方财政　文化传统　派系斗争　现代国家建设

明中叶以后，随着王朝国家的转型，乡族势力日益发展，产生了族田、学田、义田、社仓、义渡等乡族共有制经济，拥有了为数众多的"公产"。[①]清末以来，随着现代国家建设的展开，政府通过各类改革，将很多过去由民间承担的社会责任，逐渐转化为政府职能，由各种公共会社构成的公领域在国家的步步进逼之下被迫淡出，改变了公产的运作机制，反映

---

[*]　本文为江西省委宣传部项目"晚清至民国时期江西会馆、新式社团与社会治理研究"阶段性成果，并得到江西省宣传思想文化领域高层次人才服务项目（编号22ZXRC09）支持。

[**]　李平亮，江西师范大学历史文化与旅游学院教授，博士生导师；阙伟康，江西师范大学中国史专业博士研究生，江西科技师范大学讲师。

① 傅衣凌：《中国传统社会：多元的结构》，《中国社会经济史研究》1988年第3期。

了"国进民退"的趋向。①围绕公产的清理，学界已经在公产的国家化、财政体系建设、公产转型带来的社会纠纷及机制等视角取得了诸多的成果。梁勇通过对重庆乡村公产的考察，指出在传统向近代转型的过程中，公产不断被国家"以公济公"的形式提拨，反映了乡村公产的国家化进程。②蒋宝麟认为清末民初国家在新式学堂的推广过程中，将公款公产作为新式学校的办学经费来源，促进了教育财政体系的建立。③吴滔、钟祥宇认为公款公产是20世纪初县级财政构成的重要部分，1908～1914年县级财政系统视角下的公款公产处置，表面上看来是经费问题，实际上在很大程度上涉及近代国家如何在一套新的机制下，建立一种与以往不同的官民关系，为中国现代化的分级财政体制改革提供了鲜活的标本。④张佩国指出，在清末至民国时期的庙产兴学运动中，村学公产性质和控产主体没有发生根本性变化，虽然到中华人民共和国成立后建立了与旧制度全然不同的一套产权制度及相应的权威体系，但社会福利传统的延续性仍顽强地存在着。⑤

以上研究从不同侧面深化了我们对公产、财政与国家之间关系的认识，揭示了近代以来地方公产演变与国家转型之间复杂而多样的关系。但是，当我们回到地方的视角，不难发现由于公产的特殊性，尤其是县级和乡村公产与民间会社、寺观系统、家族组织，乃至地方派系有着千丝万缕的联系，与乡村社会文化传统形成了一个个有机联系的网络，网络之间新旧冗杂、派系交织，从而使公产清理呈现出鲜明的时代特征和区域文化烙印，因而有必要做更加深入和细致的考察。因此，本文以安远县为中心，考察1942～1949年政府以建设地方国民教育基金的名义推进公产清理的动因、过程与利用，探讨公产清理与地方权力结构、派系斗争等之间的联系，揭示地方公产演进与现代国家建设的多元面相和内在机制。不当之处，敬请方家教正。

---

① 罗志田：《国进民退：清季兴起的一个持续倾向》，《四川大学学报》（哲学社会科学版）2012年第5期。
② 梁勇：《清至民初重庆乡村公产的形成及其国家化》，《清史研究》2020年第1期。
③ 蒋宝麟：《清末学堂与近代中国教育财政的起源》，社会科学文献出版社，2021。
④ 吴滔、钟祥宇：《清末民初县级财政的出现与公款公产的转变——以江苏省宝山县为例》，《南昌大学学报》（人文社会科学版）2013年第3期。
⑤ 张佩国：《公产、福利与国家》，广西师范大学出版社，2015，第152～162页。

一 "教育救国"与"新赣南运动":安远县公产清理的起因

"公"是中国历史上特有的领域,与西方有很大差异。刘泽华认为,公私观念作为政治公共理念的提出和发展,是牵动整个中国历史的大问题,"公"是春秋战国时期国家体制变革的产物,"以公灭私"观念具有社会整合的意义。① 沟口雄三认为,中国公私相对且相互杂糅,公有天下之公、国家之公、王朝之公、社稷之公、社会之公、家族之公等多种层面,并且处于不断发展变动之中。② 马敏认为,"公"领域指的既是地方所特有的"公产",也是官方不直接插手、私人又无力完成的公事和公差。③ 换言之,因着"公"领域的特殊性及其变化,公产在不同时期、不同地点,也具有不一样的内涵与外延,反映了政府及民众对官、公、私三者认识的深化与拓展。④

---

① 刘泽华:《春秋战国的"以公灭私"观念与社会整合》,载刘泽华、张荣明等著《公私观念与中国社会》,中国人民大学出版社,2003,第1~39页。
② 〔日〕沟口雄三:《中国的公与私·公私》,郑静译,孙歌校,生活·读书·新知三联书店,2011,第56页。
③ 马敏:《官商之间:社会剧变中的近代绅商》,华中师范大学出版社,2003,第225~229页。
④ "公产"是一个比较复杂的概念。首先,在西方,公产和私产相对,是一个二元对立的概念,在中国,"公产"具有相对性、多元性和包容性。黎世衡认为,"公产"即"共产",指的是古代土地的分配,认为古代公有制度之土地区分,类似于国家社会主义者所言"共产"。(黎世衡:《中国古代公产制度考》,世界书局,1922,第2页)尹文敬认为,domaine(公有财产)一词出拉丁doma,继变为domanium,有土地财产之意,其后遂泛指国家一切不动产,今日公有财产之种类有二:一为公有公产(domaine public),公共团体直接利用达行政之目的(domaine administer),或作公共利益(utlite publique)之用者也,又称为行政财产(domaine administratif),如道路河川,行政官署,学校房舍等是;一为公有私产(domaine prive),公共团体利用得以收入,为财政之辅助者也,又称为财政财产(domaine fiscal),如国有矿山森林土地房屋等(尹文敬:《财政学》,商务印书馆,1947,第190~191页)。其次,"公产"在特定的历史时期和背景下具有不同的内涵和外延。据蒋宝麟考察,在清代,被称为"公款"或"公产"者,不仅囊括书院、宾兴、公车等项,也包括积谷、义仓、善举、族产、庙产,甚至包括公所、会馆的产业,在清末兴学之后,各地原本与教育无关的公款公产不同程度地被纳入教育经费体系之中,促进了"公款公产"集合概念的出现,使得公款公产长期游离于国家财政体系之外(蒋宝麟:《公款公产与清末兴学》,《社会科学研究》2021年第4期)。可见,"公产"概念并非一成不变的既成事实,亦非纯粹客体,而是要结合具体的历史背景和历史事件加以认知。公款大多是由公产变换而来,本文为了行文方便,以公产论之。

民国以后，为加强地方自治建设，缓解财政紧张局面，亟须厘定公产与官产之别。如北洋政府明确界定，公产为地方团体名义募集或私人捐助，充为地方公益事业之用的财产，同时指出地方公益事业是公产建立的动因。① 南京国民政府成立后，为配合军事上对中央苏区"进剿"和加强财政建设，于 1933 年发布了《"剿匪"区整理县地方财政章程》，规定各县设立财务委员会负责公产管理，"凡县有之教育、团防、自治、慈善事业及一切县有公产均属之"②。

从北洋政府和南京国民政府对"公产"的界定可以看出，二者试图通过确立公产管理原则，划定自治范围和汲取地方财源，实现国家职能的迁移。在它们看来，"公产"的内涵与外延，取决于政府对"公产"的认识和角色定位。具体到省级政府层面，它们对公产的认识也经历了一个不断变动的过程。

1936 年，江西省政府公布了《江西省各县清查地方公款公产暂行办法》，规定："除法令别有规定外，凡以一县或一区一保公共力量捐募筹集孳生之动产，及以一县或一区一保公共力量捐募购置之不动产，无业主之荒山、荒田、荒地均属之。"③ 这一规定明确了公产有动产与不动产之别，强调了公产的产生方式，即公共募捐购置和无业主之产。1942 年 4 月，江西省制定了《江西省各县（市）公有财产整理办法大纲》，规定整理的公有财产为："一、以县（市）或乡镇公共力量捐募筹集孳息之动产；二、以县（市）或乡镇公共力量捐募购置之不动产；三、无主之荒山荒地；四、无继承权人依法收归公有之财产；五、依法没收充公之财产；六、未经合法手续占有之公产；七、私人捐助归公之财产；八、公共祠会庙宇收入之一部。"④ 可见，江西省政府既一如既往地强调了公产的公共性，又特别强调了其包含的无人经营、无合法手续、依法没收充公等内容，同时将公共祠会庙宇收入的一部分纳入公产。这一点，既是江西省政府对国民政府公产政策的"在地化"运用和转换，又直接形塑了县级公产清

---

① 《划分官产公产之标准，财政部特颁解释条文四条》，《神州日报》1917 年 10 月 8 日，第 8 版。
② 《"剿匪"区整理县地方财政章程》，《行政汇刊》1933 年第 1 期，第 220~225 页。
③ 《江西省各县清查地方公款公产暂行办法》，《江西地方教育》1936 年第 42 期，第 29~31 页。
④ 《江西省各县（市）公有财产整理办法大纲》，《江西省政府公报》1942 年第 1253~1254 期，第 13~15 页。

理的状态,使公产清理成为一项面对地方社会的实践活动。安远县的公产清理,就是在此政策背景下,因应"教育救国"和"新赣南运动"逐次展开的。

抗日战争时期,国民政府认识到必须振兴教育文化事业。1939年3月,蒋介石在第三次全国教育会议上强调,教育是一切事业的基本,要把战时当成平时来看,需要把握住教育上的中心问题,以全副武装的热情与真诚,担负起救国建国的重任。① 1940年,国民政府先是制定了《国民教育实施纲领》,提出每保设立一所国民学校,每乡镇设立一所中心学校。保国民学校经费由保自行筹集,乡镇中心学校经费、校长及职员工资由县市拨给,办公费及设备扩充由所在地方自筹。② 随后,教育部颁布了《保国民学校及乡(镇)中心学校基金筹集办法》,规定保国民学校经费来源主要包括劝勉寺庙、祠会等拨捐财产充作基金,经营公有生产事业,公耕田地,分工生产,劝募,捐款等,明确了教育经费纳入特种基金管理,不得挪用。③ 因此,"以公共之财,办公共之事"成为地方政府应对教育经费紧张、地方财政羸弱的重要举措。在1942年公布的《清理各县市公有款产暂行通则》中,就规定县市清理之公产包括"县市及所属机关管有之公产""乡镇及自治机关管有之公产""公立学校医院管有之不动产""人民捐献之不动产""荒废寺庙之不动产""户绝归公之不动产""依法没收之不动产""县市境内无主之土地",④ 以此推动地方国民教育基金建设。

除地方国民教育基金建设外,安远县公产清理还与"新赣南运动"有着千丝万缕的联系。⑤ 1939年6月,蒋经国出任江西省第四行政区专署专员,发起了建设新赣南运动。"新赣南运动"需要大量的经费支持,筹集经费的方法除了鼓励献金、公营事业盈余、整顿各种税收之外,还把公产清理放在一个突出重要的位置,公产清理的收益,大部分被充作各级学校基金及其他建设之用。⑥

---

① 《蒋委员长抗战言论专辑:三次全国教育会议训词》,《文献》1939年第7期,第21~26页。
② 《中央法规:国民教育实施纲领》,《浙江省政府公报》1940年第3221期,第6~11页。
③ 《保国民学校及乡(镇)中心学校基金筹集办法》,《江西地方教育》1940年第189~190期,第34~37页。
④ 《财政学报》1943年第1卷第2期,第134~138页。
⑤ 方世藻:《蒋经国研究》,线装书局,2009,第139~166页。
⑥ 陈淑珠:《蒋经国对赣南财政的整顿及其效果(1939—1945)》,《财政与近代历史论文集》上册,"中央研究院"近代史研究所,1999,第169页。

随着"新赣南运动"的推行,安远县政府意识到要发展地方文化事业,首先就要建立自治财政,而县内公学款产孳息都为私人所把持,成为"经年累世涉讼械斗之资"①。只有通过有效清查,公产方能有助于充裕地方财源,推动教育文化事业的发展。1942年2月,安远县制定了《安远县清查公款公产办法》,规定公产清查的范围包括神会教产、未立案之寺庙款产、宾兴采芹款产、社祭桥渡路会款产、学产及书院义学款产、各姓现有嗣孙五代以上之房族款产、其他公有款产。②将寺庙款产、各种会产和房族款产等纳入公产,说明县级政府在面临筹集教育经费的需求下,结合地方社会原有产权形式,对"公产"的范围进行了不断调整。尤其是到了乡一级政权中,其对公产的认识更加具体而微。从一份名为《古田乡财产保管会三十四年公产晚稻被旱情形调查报告册》中可以看到,该乡无论是学租学产,还是阳达邦祭、唐氏祠祭、古田局祭等祭产,以及桥会、观音会、野墓会、吹会、打龙会、照灯会等会产,均成为清查的对象。③

从古田乡的例子可以看出,在乡级政权中,学产、祭产、会产成为公产的重要组成部分。这些类型的公产也不是孤立存在的,而是存在着经管人员之间的交叉重叠,更多的是依托大宗大族予以强化。在一份安远县公产丘地清册中,不仅可以明显看出会产的原承粮户、佃户、经管人、保长之间存在着关联,还不难发现部分会产实际上是由大宗大族主持运作的。如心怀乡的桥会、茶会、郭公会、桥渡会、路会等会产,分别掌控在廖姓、刘姓、叶姓等姓氏手中。④各类会产与宗族、佃户、保长等社会组织和不同身份人群之间的关联,在一定程度上反映出公产与乡村社会文化网络之间存在着千丝万缕的联系。这一点,对政府清理公产的效果产生了深刻影响。

---

① 《安远县清理公款公产纪要》(1942年12月18日),1944,财产清理委员会,安远县档案馆藏,安远县民国档案467号。
② 《安远县清理公款公产纪要》(1942年12月18日),1944,财产清理委员会,安远县档案馆藏,安远县民国档案467号。
③ 《为呈送古田乡公产晚稻被旱情形调查报告册乞核示由》(1945年11月12日),1945,县属公款产报灾,安远县档案馆藏,安远县民国档案403号。
④ 《安远县心怀乡桥渡会、路会、茶会产类统计表、丘地清册》(1942年10月),1944,安远县档案馆藏,安远县民国档案467号。

二 从公款公产清查团到公有款产管理委员会

公产清理涉及政策、人事、制度、经费等多个维度，清产机构的人员变动及权力关系尤应注意。① 而安远县政府围绕公产清理，先后成立了公款公产清查团、公款公产保管委员会、公有财产清理委员会、公有款产管理委员会等清产管理机构。不过，这些机构并不完全割裂，而是前后杂糅，相互交融。

1942 年 2 月，为了更好开展清查工作，安远县根据国民政府和江西省政府有关规定，制定了《安远县公款公产清查团组织规程》，明确规定公款公产清查团专责主持全县公款公产清理事宜，以教育科长兼任主任，建设科长及县立中学校长分别兼任副主任。设干事六至八人，均从本县各机关现职人员中调用，完全为义务职位。同时，县政府要求区乡镇长、区民教财建指导员、乡镇文化经济干事、保甲长、区乡镇中心学校，以及保国民学校校长教员、地方公正士绅、保国民教育协会协助公款公产清查团开展工作。②

清查团成立后，一方面积极做好准备，加大宣传力度，另一方面通过开会、插标、查填、统计等方式落实清查。但是，正如前文所言，各类公产涉及地方社会各种身份的人群，故清查团在清查过程中面临种种困难。一是公产的产业所在地和经管人并不在同一地方，难以召集。有的公产经管人借故离开，隐瞒不报。③ 二是大多数区乡镇保干部本身就是公产经管人，导致公产清查和复查不可能做到准确，甚至还有部分乡保干部借机通过公产清理攫取权力。④ 三是少数豪绅暗中威吓，致使一般保甲长和民众

---

① 《法规·中央法规·县（市）公有款产管理委员会组织规程》，《江西省政府公报》1943年第1289期，第8~9页；《江西省各县清查地方公款公产暂行办法》，《江西地方教育》1936年第42期，第29~31页。
② 《安远县清理公款公产纪要》（1942年12月18日），1944，财产清理委员会，安远县档案馆藏，安远县民国档案467号。
③ 《安远县古田乡公款公产保管委员会计开重报及开荒田租清册》（1942年10月），1944，财产清理委员会，安远县档案馆藏，安远县民国档案467号。
④ 《据呈以据正气乡乡民魏宣达呈以该民借耕公产田被魏观长生欺藐法令契买该田勒迫出耕乞拘案追契法办等情据实查报等因》（1947年2月25日），1947，县公款产，安远县档案馆藏，安远县民国档案307号。

观望，隐瞒短报，甚至不敢填报。此外，还存在着清查工作人员过少和契约簿据不易取得等问题。所有这些，充分反映了县乡公产经管人对公产清理的阻滞。

不过，清查工作虽然受到了原有文化传统的限制，但还是取得了一定的成效。到1942年10月，单是田租一项，安远县政府就收得租谷31600余担。此外，安远县各乡公产也逐一被纳入清理范围之内。

清查结束之后，安远县政府将清出的各项款产由县乡公款公产保管委员会接管，原来的公款公产清查团随之撤销。根据《安远县公款公产保管委员会组织暂行规程》（以下简称《规程》）规定，县公款公产保管委员会设委员十一人至十三人，主任委员由县政府在委员会中指定。县党部书记长、县参议会议长、县立中学校长，县政府财政、教育、建设三科长，各区区长及街坊镇镇长等为当然委员，另由县政府聘请"地方财产信用之公正士绅二人至四人组织之，均为无给职"。乡公款公产保管委员会设委员七人至九人，以乡镇长及中心学校校长为当然委员，其余由乡镇民代表会从地方富有财产信用的公正士绅中选举。主任委员由委员互推一人担任，报乡镇公所转呈县府核委。

此外，《规程》强调，所有县乡公款产一律专作教育文化建设之用，公款产事情一律由县政府教育科主办，财政科会章。租谷专仓收储，款项存放银行或合作社。非经县府核准，一律不得售用动支。县公款公产保管委员会如要出售稻谷，须由县立中学校长、街坊镇长及所在地中心学校校长到场监粜。[①]

除成立县乡公款公产保管委员会外，安远县政府为保证公产清理彻底，还根据1942年4月江西省府颁发的《江西省各县（市）公有财产整理办法大纲》，设立了县公有财产清理委员会，委员十七人，时任安远县长王有智兼主任委员，其余委员由各机关主管人员及地方公正士绅兼任。县公有财产清理委员会分设总务、清理、整理三组，以县公款公产保管委员会主任委员为总务组长，教育、建设两科科长分别兼任清理、整理组长。在乡镇一级，公款公产保管委员会委员均为公有财产清理委员会委

[①] 《安远县清理公款公产纪要》（1942年12月18日），1944，财产清理委员会，安远县档案馆藏，安远县民国档案467号。

员，由县公有财产清理委员会与县公款公产保管委员会共同督促指导。①

从清查团到清理委员会，反映了安远县政府对公产控制的逐渐深入。如果说清查团扮演的角色是清查公产，那么保管委员会扮演的角色则是将清查出来的公产汇集在教育文化建设名义之下，专款专用，而清理委员会则是对清查出来的公产进行整理，强化对公产的控制。因此，我们就不难发现，这些清产机构的构成人员也在不断升级，先是教育、建设两科主导清查团，后是县党部书记长和县参议会议长出任保管委员会委员，最后是县长兼任清理委员会主任委员。另外，从该县乡镇公有财产清理委员会委员成分构成来看，存在各种复杂关联，值得我们深究。下面依据相关资料，就23个乡镇公有财产清理委员会委员略历情况制成表1，并做进一步分析。

表1 安远县各乡镇公有财产清理委员会委员略历统计

单位：人

略历	乡镇长	乡镇干事	中小保学校长（含教员）	旧制高小毕业	新式中小学毕业	保甲长	县级干部	县商会	士绅	乡民代表	信息不全
人数	23	12	74	5	8	35	9	2	5	1	1

说明：乡镇干事包括乡镇经济干事、文化干事、警卫干事等乡镇公所工作人员，县级干部包括县财政局长、县财委会主任、县训所股长、县党部干事等县政府工作人员，县商会主要是指县商会主席及县商会常务委员。

资料来源：《安远县各乡（镇）公有财产清理委员会委员姓名履历清册》（1942年12月18日），1944，安远县档案馆藏，安远县民国档案467号。

由表1可知，乡镇公有财产清理委员会的人员构成以中小学校长、教员为主，保甲长次之，乡镇长和乡镇干事也不少。此外，还有少数新式中小学和旧制高小毕业者，以及士绅、县级干部和县商会人员参与其中。这种成分构成，既是以教育的名义和"新赣南运动"号召开展公产清查的必然结果，又是清理委员会官方性质和行政色彩的直接表现。但是，如果我们将这些乡镇公有财产清理委员会成员放回地方社会关系中去看，可以发现实际上他们都来自当地的大宗大姓。如修田乡公有财产清理委员会7名委员中，6名来自杜姓，欧阳氏和唐氏在永安乡公有财

---

① 《安远县清理公款公产纪要》（1942年12月18日），1944，财产清理委员会，安远县档案馆藏，安远县民国档案467号。

产清理委员会委员中各占半壁江山，长河乡公有财产清理委员会委员以廖姓为主等，主任委员也都是由这些大姓担任。① 此外，有些地方权势人物身兼县乡两级公有财产清理委员会职务。如安远县立中学校长赖丰光、县商会理事长唐保华、县干部训练所教务股长廖家栋不仅都是县公有财产清理委员会委员，还分别担任濂江乡、永安乡和长河乡公有财产清理委员会委员。②

从县乡两级公有财产清理委员会的人员构成来看，其既吸纳了地方社会的"新""旧"权势人物，又网罗了官方人员和民间力量，呈现出人员交叉、派系混杂的特点。更为重要的是，在乡镇公有财产清理委员会中，其人员的构成又与大族、大宗、大姓紧密相关，表现出家族化的趋势。这些特征，在一定程度上说明官方设立的公产清理机构，实际上成为地方派系和大宗大族的斗争工具。这一点，在此后成立的县公有款产管理委员会中也得到体现。

1942年12月9日，行政院颁发了《整理自治财政纲要》和《清理各县市公有款产暂行通则》，明确规定县市公有款产清理完竣后，应由县市政府设公有款产管理委员会统一管理。③ 1943年6月，财政部颁发了《县（市）公有款产管理委员会组织规程》，要求成立县（市）公有款产管理委员会，设委员九人至十一人，县（市）长为当然委员，其余由县市党部书记长、县市政府民政科长、财政科（局）长、教育科（局）长、地政科（局）长、会计主任、县市参议会代表一人或二人（在未成立县市参议会时得就地方士绅遴聘之）充任。主任委员由县（市）长兼任，乡（镇）长和县（市）立学校校长可以列席会议。④ 同年12月，安远县制定了《安远县公款公产整理办法》，并于次年2月对公产清理机构进行了调整，将县公有财产清理委员会改为县公有款产管理委员会，直隶于县政府，负责

---

① 《安远县各乡（镇）公有财产清理委员会委员姓名履历清册》（1942年12月18日），1944，安远县档案馆藏，安远县民国档案467号。
② 《安远县公有财产清理委员会委员姓名履历清册》（1942年12月18日），1944，安远县档案馆藏，安远县民国档案467号；《安远县各乡（镇）公有财产清理委员会委员姓名履历清册》（1942年12月18日），1944，安远县档案馆藏，安远县民国档案467号。
③ 《整理自治财政纲要》（1942年12月9日行政院公布）、《清理各县市公有款产暂行通则》（1942年12月9日行政院公布），《财政学报》1943年第1卷第2期。
④ 《法规·中央法规·县（市）公有款产管理委员会组织规程》，《江西省政府公报》1943第1289期，第5~6页。

指导各乡镇财产保管委员会。乡公款公产保管委员会改组为乡财产保管委员会，隶属于县公有款产管理委员会，并受本乡公所监督。① 但是，改组后的县公有款产管理委员会并没有完全遵从财政部的规定，由县长兼任主任委员，而是由县行政会主任欧阳谟担任主任委员，丁振棠（县党部书记长）、刘石麟（县田粮管理处副处长）、赖丰光（县立中学校长）、刘凤仪（科长）、徐宗荣（科长）、李春芬（科长）、郭卓夫（科长）、叶爱棠（会计主任）、陈鸣皋（士绅）、钟鹏翼（士绅）、唐作祯（士绅）、叶廷襄（士绅）等十二人担任委员。②

根据财政部的文件，县公有款产管理委员会负责加强对公产的复查和提拨使用，掌握着县自治财政大权，因此，上述委员会成员的构成，既反映了县政府对公产管理的进一步强化，又说明以欧阳谟、赖丰光、叶廷襄等人为代表的地方权势人物在公产提拨使用中扮演着不可忽视的角色。尤其重要的是，由于这些地方权势人物有着不同的利益追求，派系之争时有发生，从而导致清理出来的公产的提拨使用不断偏离目标，从教育文化建设经费转而成为财政要源。

三 派系斗争与公产挪移

《安远县清查公款公产办法》规定："所有各乡镇清出管有之各类公款产，每年应以所收租息全部百分之四十缴解县公款产保管会，以作全县性之教育文化建设经费之用。后经规定清查出之公款产，原属教育用途者，仍全部划归教育经费；原属慈善建设、便利交通用途者，须在不妨碍原有事业发展之原则下，始能斟酌需要提拨他用；其他无正当用途者，依照法令全数划拨为教育文化建设专款。"③ 因此，安远县政府希望所有县乡镇清得之公款，完全一律专作教育文化建设之用，使款不虚糜。如政府在公文中也强调："公款产原为教育文化建设之专款，以后非关教育文化事项，

---

① 《安远县公款公产整理办法》（1943年12月25日），1944，公款公产，安远县档案馆藏，安远县民国档案487号。
② 《为呈报本会成立日期请予核备并莅临指导由》（1944年2月26日），1944，公款公产，安远县档案馆藏，安远县民国档案487号。
③ 《安远县清理公款公产纪要》（1942年12月18日），1944，安远县档案馆藏，安远县民国档案467号。

毋得任意动用，以固教育基金。"①

然而，在实际运作中，县公产完全用于教育文化建设似乎是痴人说梦，其被挪为他用的现象屡见不鲜。如修田乡公所因建设民枪队产生了津贴费用，故申请在本乡公款公产留乡六成项下核销，以资归垫，县长回复："姑准拨给稻谷一十三担，仍仰补具正附领据，交由该乡公款产保管会存转本府核备。"② 县政府各机关办公经费③、县建设委员会的基金④、安远县新大礼堂建设经费⑤、乡镇合作社股金⑥等，也都来自提拨归公后的公产供给。到1947年，安远县公产的应用范围非常广泛，不仅包括教育、工作人员的津贴、日常公益事业和工程事业，还包括县长的交通费、前县长的丧葬费、报社津贴等。此外，在公产的收支使用中，稻谷收入方面以各乡财产保管委员会所收稻谷为主，占比98%以上，县学租谷是部分补充之数；稻谷支出方面，文化支出只占8%，提粜稻谷支出占比35.9%，其他支出占比56.1%。款项收入方面，杂谷价款收入占比97%以上；款项支出方面，文化支出占比17.7%，其他支出占比82.3%。⑦ 由此可见，公产提拨使用已经完全偏离了起初的目标，公产成为县乡政府财政要源。

1943年后，安远县公产使用不仅在总体上偏离了目标，还在实际运作中深受大族和派系的影响。根据公产清理的规定，县乡公产收归之后，政府要重新招标、招租和招佃，以便将公产从乡村大族手中剥离出来。但是，由于乡镇公产的经营和使用仍然掌握在当地大宗大族手中，县公有款

---

① 《指令修田乡公所据呈请该乡组训民枪队垫发食米七百零二市斤拟将留乡公款产六成项下核销，恳鉴核示遵指令知照由》（1943年4月21日），1944，安远县档案馆藏，安远县民国档案418号。
② 《指令修田乡公所据呈请该乡组训民枪队垫发食米七百零二市斤拟将留乡公款产六成项下核销，恳鉴核示遵指令知照由》（1943年4月21日），1944，安远县档案馆藏，安远县民国档案418号。
③ 《为呈送卅二年度本会经费累计表献金出纳表战津累计表乞察核存转由》（1944年2月29日），1944，安远县档案馆藏，安远县民国档案527号。
④ 《训令为据呈重石乡公产稻谷一千石拨作该会经费仰知照由》（1944年4月14日），1944，安远县档案馆藏，安远县民国档案527号。
⑤ 《为呈以建设委员会经借法币二十万元呈乞准予备案由》（1945年1月16日），1945，安远县档案馆藏，安远县民国档案373号。
⑥ 《据转呈天心乡会提拨本乡合作社提粜股金乞予核示等情指令知照由》（1944年12月11日），1944，安远县档案馆藏，安远县民国档案520号。
⑦ 《安远县公有款产管理委员会卸主任委员欧阳谟自卅五年元月份起至十二月五日止收付稻谷四柱清册》（1947年8月），1947，县公款产移交，安远县档案馆藏，安远县民国档案295号。

产管理委员会只能通过多次检查、核销等手段加强对公产的管理。县政府多次派出专门人员进行催租，效果甚微，公产侵夺和乡公产欠租的事例屡见不鲜。① 如濂江乡因修建仓厫的经费需要从公产中支付，将实际用支随意夸大被县府发现，要求再次核查，乡公款公产保管委员会呈报以市场上谷价变动和急需急办所致，最终不了了之。② 长沙乡公款公产保管委员会主任和副主任借机侵吞公产为私产，贪污舞弊，导致政府催收公产租谷日益困难。③ 天心乡对县政府三令五申的要求及时上交公产田租置之不理，政府即使采用拘押手段也无法收清公产租谷。④ 长河、五龙、固营等乡发生械斗，产生了大量的难民，也要求从公产中提拨救济粮。⑤ 县政府多次强调公产为县主要财源，要求各乡加大公产田租清查力度，派出警士"严催送缴"，可是应者寥寥。⑥

除乡镇公款公产保管委员会的实权人物和地方大族以不同的方式干预和抵制公产的提拨使用之外，县内的政治派系还将公有款产管理委员会这一机构视为争斗的工具，相互钳制，从而让公产之用演变为政治之争。民国后期，安远县形成了大同社与正气社两大政治派系。大同社以县临时参议会副议长叶廷襄为首，正气社以县立中学校长赖丰光为头。二者均希望借助县公有款产管理委员会进一步控制党政军大权，进而扩大自身势力。在赖丰光任安远县立中学校长以前，安远县政府为大同社所盘踞。叶廷襄借大同社成员欧阳谟任县公有款产管理委员会主任之机，对赖丰光请求将公产提拨为办学经费百般阻挠。⑦ 在欧阳谟卸任之后，县长彭逸羽兼任县

---

① 《现属早稻登场饬催收欠租□请由》(1944 年 7 月 16 日)，1944，安远县档案馆藏，安远县民国档案 527 号。
② 《为据本乡公款产保管会检同书表簿请予转呈鉴核由》(1944 年 4 月 5 日)，1944，安远县档案馆藏，安远县民国档案 527 号。
③ 《为奉令以钟元古呈诉长沙财产会副主任钟宝琛贪污渎职一案等因抄发原呈令仰查明具报由》(1948 年 11 月 3 日)，1948，安远县档案馆藏，安远县民国档案 261 号。
④ 《为公产田有租之业主藉词拖延准予拘押来府法办仰遵照由》(1948 年 11 月 18 日)，1948，安远县档案馆藏，安远县民国档案 261 号。
⑤ 《为呈报本乡卅六年以前公产田租稻谷为数甚少且欠户悉属赤无法催收乞鉴核示遵由》(1948 年 11 月 20 日)，1948，安远县档案馆藏，安远县民国档案 261 号。
⑥ 《令仰各乡派公产租谷依限完成任务具报由》(1949 年 7 月)，1949，安远县档案馆藏，安远县民国档案 244 号。
⑦ 刘兆升搜集整理《安远县"大同"、"正气"两派在政治上的争夺战》，载中国人民政治协商会议江西省安远委员会文史资料委员会编《安远县文史资料》1990 年第 4 辑，第 114~134 页。

公有款产管理委员会主任，正气社的核心人物赖秉彝任副主任，又趁机打压大同社。此后，正气社通过控制县公有款产管理委员会，逐渐掌控了全县党、政、军、警、财、文、邮电、民意等部门的大权，在两派斗争中占据上风。在1947年"国大"代表推选中，赖丰光以绝对优势胜出。①

政治派系不仅将公产提拨视为争斗工具，还往往采取"以公生公""以公生私""假公济私"等手段，谋求公产最大化的经济效益和政治目标。有的甚至与县政府合谋，通过挪用公产创办现代金融机构。1943年下半年，为了响应江西省政府提出的农村合作运动，加大对农村借贷的扶持力度，安远县政府将创办银行事宜提上日程，县临时参议会组织了安远县银行筹备委员会，唐作祯、欧阳慧、赖武才、王有信、钟启梁和正气社的赖丰光、大同社的欧阳谟七人被选为委员，唐作祯任主任委员。该委员会商定，银行本金为700万元，由县公有款产管理委员会拨给稻谷2800担充当经费。后因物价高涨，银行资金再扩充700万元，按照"官四商六"的原则，官股股金除由县日用品供应处筹集50万元外，县公有款产项下拨出200万元；商股股金除1944年度乡镇储金派额未缴剩余部分外，还发动县属地方人士自动加入，由银行董监事每人负责劝募十股以上。② 安远县银行成立后，成为公产租谷款项存放处，③ 通过吸收地方存款、抵押贷款等方式，加强了对社会经济的控制，甚至代理了安远县金库工作业务。不过，为了加大政府对银行的支持力度，县银行还要求政府比照县级公务员的标准给银行职工拨发公粮。④

总之，以教育的名义将公款公产提拨公用以兴办教育文化事业，实际上是将公产逐步转化为地方财政的重要方式。清理后的公产，变成县政府可以随意取用的财源，这可以视为"强国家弱社会"的一种体现。但是，由于公产原先控制在强宗大族和士绅富户手中，县政府对地方公产的清理

---

① 刘兆升搜集整理《安远县"大同"、"正气"两派在政治上的争夺战》，载中国人民政治协商会议江西省安远县委员会文史资料委员会编《安远县文史资料》1990年第4辑，第114~134页。

② 刘兆升整理《解放前的安远金融业》，载中国人民政治协商会议江西省安远县委员会文史资料委员会编《安远县文史资料》1987年第2辑，第65~70页。

③ 《安远县清理公款公产纪要》（1942年12月18日），1944，财产清理委员会，安远县档案馆藏，安远县民国档案467号。

④ 《据县库县银行员合作社等据函呈请准照县级员工薪津贴公粮等情转令遵照由》（1947年6月4日），1947，县公款产，安远县档案馆藏，安远县民国档案307号。

只能依靠地方权势人物进行,导致地方实力派通过公产清理的改革,以人员调整、经济结构变迁、划归公款产等方式,进一步强化了自身对公产的控制。政治派系之间围绕县公有款产管理委员会展开的争权夺利,及其与政府合谋,以公产创办银行,在一定程度上说明国家权力的控制方式依旧建立在对各方势力的有效制衡中。

结 语

清末以后,公产清理成为现代国家建设的重要手段。不同时期的政府基于不同目的,采取不同的方式开展公产清理,产生了不同的效果。抗日战争时期,教育救国成为有识之士和国民政府的共识,筹集教育文化经费成为政府的重要任务之一。1942~1949年安远县政府在"新赣南运动"的影响下,以教育救国的名义,在提拨公产归学、归公的过程中,彻底清理公产。但是,由于公产依然掌控在原有地方实力派或者大宗大族手中,无法真正有效建立地方教育文化建设基金,国民政府以"教育救国"名义集聚的大量公产,成为各个地方势力觊觎的对象。他们利用各种公产清理机构职务,强化了对原有公产的控制,使公产日益成为地方派系、乡村大族与政府分享权力的砝码以及相互之间争权夺利的工具,这也是国民政府"教育救国"变成"救救教育"的重要原因。[1]

1942~1949年安远县的公产清理,实质上反映了地方社会文化传统的持续性和现代政权建设的内生动力。以往的研究表明,国民政府的公产清理是产权变革、权力机制、政治运作的重要内容,是"国进民退"的重要手段。但是,安远县的事例表明,无论是清产内容、清产机构,还是清产效果和公产提拨,都深受地方社会文化传统的影响。一方面,国民政府企图在建设教育文化基金的旗号下,使公产成为国家赖以依靠的财政来源。安远县政府通过先后设立公款公产清查团、公有款产管理委员会等清产机构,网罗了党政军绅各类势力,建立一套新的公产保管使用权力网络,以图打破原有的传统文化系统,实现对社会经济的控制。然而,从实际效果来看,国民政府的地方清产机构面临着原有地方社会文化传统的制约。清

---

[1] 林砺儒:《从"教育救国"说到"救救教育"》,《中华教育界》1948年复刊第9期,第1~2页。

理公产表面上是一次教育文化振兴的有效行动，实际上演变成地方派系之间权力倾轧的角力场。这种变异反过来也说明，中国的现代国家建构只能是基于社会文化传统的内生性变革，绝非通过"移植""嫁接"等手段就能达到现代化的。另一方面，从安远县的清理公产活动可以看出，政府试图通过建立清产机构，将原有的会社财产、宗族资源、乡村传统转化为地方财政的一部分，就意味着打破传统社会结构，实现国家职能的有序迁移。可是，政府在推行各种政策过程之中，却发现原有的权力网络依然在派系、会社以及宗族之间有序迁移，国家并未对乡村社会实现全部控制，而只是达成了部分统一。这一点，从一个侧面揭示出现代国家建设既是一项系统性工程，更是一场持续深入的政治经济变革和与社会文化传统相互角逐的竞赛。

County Government Construction, Cultural Tradition and Factional Disputes: A study on Clearing Public Property in Anyuan County from 1942 to 1949

Li Pingliang　Que Weikang

Abstract: Public property clearing is an important means of modern national construction after the late Qing Dynasty and a critical yardstick to analyze the transformation of traditional countries. During the Anti-Japanese War, saving the country through education became a social consensus, and raising education funds became one of the primary tasks of county government construction. At the request of the "New Gannan Movement", the government of Anyuan County carried out public property clearing in the name of setting up educational and cultural funds. In this process, various property clearance agencies, such as the Public Funds and Property Inspection Group, the Public Funds and Property Management Committee, intertwined with the traditional cultural network. As a consequence, public property has not only become the financial source of the county government, but also deeply affected by the local power structure. Public property allocation has evolved into a tool for political factions to compete for power and profit. The variation of public property clearing in Anyuan County is not only the result of the interaction between the county government construction and the local power structure in a specific period, but also reflects the internal relationship between the traditional cultural network and the modern political power construction after the end of the Qing Dynasty.

Keywords: Public Property; Local Finance; Cultural Tradition; Factional Disputes; Modern National Construction

初心与使命

——中国注册会计师行业初创期工作体系构建及其当代启示[*]

喻 梅[**]

摘 要：中国注册会计师在行业初创期的执业过程中相继生成审计业务委托书、查账证明书及查账报告书这三个重要的审计文件。其中查账证明书类似今天审计报告中的注册会计师意见段，查账报告书则详细记录审计过程、运用的审计方法、搜集的审计证据和给出的审计意见，是审计报告、审计工作底稿及管理建议书的汇总。本文利用档案资料估算出当时中国注册会计师完成一项审计业务平均需要 2.49 个月。将注册会计师审计团队每日审计收费购买大米市斤数作为审计收费购买力的衡量指标，本文发现这一时期中国注册会计师审计收费的购买力持续严重下降。但中国注册会计师仍保持了高质量的执业标准，勤勉地履行他们的职责，不辱时代赋予他们的重任，践行着"以专业报国，服务社会"的初心。

关键词：注册会计师 初心与使命 审计报告

一 导言

中国注册会计师职业从 1918 年初现至今已历经百余年，该职业在中国几经沉浮，但注册会计师对于维护市场信用、保护股东利益，促进证券市

---

[*] 本文为用友基金会"商的长城"项目"民国时期中国注册会计师审计报告整理与研究（1918—1949）"阶段性成果。

[**] 喻梅，甘肃兰州人，浙江科技学院经济与管理学院副教授，研究方向为会计、审计史。

场健康发展的巨大作用已经毋庸置疑。21世纪以来，国内上市公司财务舞弊案频出，连带着会计师事务所的审计丑闻也屡屡成为媒体报道的热点，注册会计师行业的公信力受到一定质疑，乃至整个行业究竟该何去何从，也成为人们关注和思考的重要问题。

回望近代以来中国注册会计师行业的前辈们，在外敌入侵、战乱频繁的年代，艰苦卓绝地开创中国人自己的注册会计师事业，努力坚守高质量的执业水准并砥砺前行，守住了注册会计师行业的初心与使命，协助政府完善市场经济体制，促进经济社会发展。在业务拓展、职业准则、道德建设以及工作方法与体系的完善方面做出了不懈努力，也赢得了很高的社会声誉。其种种举措，具有很高的研究价值和启示性意义。但是对于近代至中华人民共和国成立初期中国注册会计师审计程序、查账中使用的审计方法等问题尚未被中外学者关注。当前相关文献主要从近代中国注册会计师职业及制度、现代审计技术与程序、当代审计收费的影响因素展开研究。

从近代中国注册会计师职业及制度方面展开的研究，如朱英、魏文享都从自由职业群体角度研究了近代中国注册会计师的职业团体以及会计师如何促进税法的推行。[①] Xu & Xu、徐小群及喻梅从国家与职业团体的共生互动角度研究近代中国注册会计师制度变迁以及近代注册会计师的职业化思想及路径。[②] 上述研究均未涉及近代注册会计师审计程序及审计具体方

[①] 朱英：《近代中国自由职业者群体研究的几个问题——侧重于律师、医师、会计师的论述》，《华中师范大学学报》（人文社科版）2007年第4期，第65~77页；魏文享：《近代职业会计师之诚信观》，《华中师范大学学报》（人文社科版）2002年第5期，第111~117页；魏文享：《近代上海职业会计师群体的兴起——以上海会计师公会为中心》，《江苏社会科学》2006年第4期，第198~205页；魏文享：《"昭股东之信仰"：近代职业会计师与公司制度》，《华中师范大学学报》（人文社科版）2007年第4期，第74~83页。

[②] Xu Y. and Xu X. Q., "Being Professional: Chinese Accountants in Early 20th Century Shanghai," The Accounting Historians Journal, 2003, 30 (1): 129 – 153；徐小群：《民国时期的国家与社会：自由职业团体在上海的兴起（1912 – 1937）》，新星出版社，2007；喻梅：《孔祥熙的注册会计师制度建设思想述评》，《中国注册会计师》2014年第3期，第118~123页；喻梅：《民国时期中国注册会计师入行资格变迁研究——基于国家与社会动态共生视角》，《中国注册会计师》2015年第2期，第117~123页；喻梅：《中国注册会计师制度思想与制度变迁研究：1918—1949》，中国社会科学出版社，2016；喻梅：《近代中国注册会计师制度思想的源流初探》，《中国注册会计师》2017年第4期，第118~123页；喻梅：《近代中国公司监察人制度思想研究》，《中国注册会计师》2020年第1期，第121~124页。

法，更没有对审计收费的实际购买力以及战乱年代中国注册会计师的经济处境展开研究。从现代审计技术与程序角度展开的研究，聚焦于当前审计环境变化带来的审计技术的变迁，如全覆盖审计下技术方法的创新[1]、区块链技术下审计方法的创新[2]，大数据技术在审计中的运用[3]。从当代审计收费角度展开的研究重点分析当前审计收费的各种影响因素[4]。

总之，由于缺乏相关史料基础，当前国内外对近代至中华人民共和国成立初期中国注册会计师的审计报告以及审计程序、审计技术等方面的研究近乎空白。本文收集了上海社会科学院企业史中心（以下简称"企业史中心"）相关资料，档案资料时间跨度为 20 世纪 30~50 年代，通过档案分析以期对中国注册会计师行业初创期有较深入了解，解答诸如在行业初创期中国本土注册会计师开拓了哪些业务，采用了哪些审计程序，审计报告的内容如何，运用了哪些审计技术，收取了多少审计业务费，以及与西方注册会计师出具的审计报告相比有哪些特点等问题。而开展此种研究的最终目的，则在于通过对当时注册会计师业务和工作程序、报告等的细化分析，发现其背后隐藏的社会意义、理念及内在逻辑。发现作为社会信用保障体系的重要组成部分，注册会计师如何通过细致而具体的工作，实践其初心和使命。

在具体研究展开前，有必要对企业史中心的相关审计文档资料做一个简要的介绍。企业史中心保存的相关资料有正信会计师律师事务所档案资料 29 卷、刘鸿记账房档案资料 7 卷。其中刘鸿记账房档案中有 3 卷保存了

---

[1] 陈骏、时现：《审计全覆盖驱动下的审计技术方法创新研究》，《审计研究》2018 年第 5 期，第 22~28 页；湖北省审计学会课题组：《大数据技术在审计全覆盖中的应用研究——以湖北省医保审计实践为例》，《审计研究》2018 年第 1 期，第 11~15 页；等等。

[2] 徐超、陈勇：《区块链技术下的审计方法研究》，《审计研究》2020 年第 3 期，第 20~28 页；王琳、向际钢：《基于区块链技术的实时审计框架构建》，《财会通讯》2020 年第 9 期，第 139~142 页；等等。

[3] 审计署上海特派办理论研究会课题组：《大数据技术在国家重大政策措施落实情况跟踪审计中的应用研究》，《审计研究》2020 年第 2 期，第 14~21 页；陈伟、居江宁：《基于大数据可视化技术的审计线索特征挖掘方法研究》，《审计研究》2018 年第 1 期，第 16~21 页；秦荣生：《大数据、云计算技术对审计的影响研究》，《审计研究》2014 年第 6 期，第 23~28 页。

[4] 李白兴、王博、卿小权：《内部控制质量、股权激励与审计收费》，《审计研究》2019 年第 1 期，第 91~99 页；彭雯、张立民、钟凯：《会计师事务所国际化与审计收费》，《审计研究》2020 年第 1 期，第 59~67 页；刘颖斐、张小虎：《企业诉讼风险与审计收费——基于关键审计事项披露视角》，《审计与经济研究》2019 年第 6 期，第 33~45 页；等等。

刘鸿记分支企业分别与立信会计师事务所（简称"立信事务所"）、徐永祚会计师事务所（简称"徐永祚事务所"）及叶兆昌会计师事务所（简称"叶兆昌事务所"）的往来函件及审计报告。正信会计师律师事务所①的前身是李文杰会计师于1930年创办的李文杰会计师事务所（简称"李文杰事务所"），李文杰②1935年又取得律师资格证，并于1936年携部加盟立信会计师事务所，担任上海立信会计师事务所副主任、主任律师。抗战胜利后，李文杰离开立信事务所在上海组建了正信事务所。

因此，以企业史中心所藏相关会计师事务所（正信、立信、徐永祚、叶兆昌）及被审计企业（刘鸿记及其分支企业）两方面保存的审计文件，有助于我们深入了解中国注册会计师行业初创期中国注册会计师的具体执业状况。

二　初创期中国注册会计师的业务范围

1945年国民政府颁行的《会计师法》中规定注册会计师的业务范围如下：

一、受公务机关之命令或当事人之委托办理关于会计之组织、管理、稽核、调查、整理清算、证明及鉴定等事项；

二、会计师得充任检察员、清算人、破产管理人、遗嘱执行人，及其他信托人；

三、会计师得代办纳税及登记事项并得代撰关于会计及商事等各种文件。

法律规定如此，那么现存档案中当时中国注册会计师的业务范围如何？哪些业务较多？从企业史中心的正信事务所档案来看，资料时间跨度为1931~1951年，其中2卷文档分别出自1931年和1934年，其余27卷占

---

① 该事务所名称经历多次变更，且在不同文献中有所不同，以下简称"正信事务所"。
② 李文杰（1906~1998），1930年取得注册会计师资格。曾参与"七君子"案辩护律师团、新四军募捐、上海职业界救亡协会等活动。中华人民共和国成立后，李文杰历任中国政协法制委副主任、中华全国律师协会副会长及中国会计学会、中国注册会计师协会顾问等职。

比93%的文档出自1945～1951年。中间的空档期1936～1944年即为李文杰在立信事务所任职期。①正信事务所的档案以委托单位的名称为划分依据，因此同一家委托单位的审计和会计咨询事项资料均在一卷中收藏，另外不同年份的查账报告书或是代编的会计报告也在同一档案中保存。从29卷档案资料中可以看出委托单位行业分布非常广泛，有传统行业如五华酱醋厂、永亨金号、黄九芝堂药铺，也有新兴行业如上海科学化工厂、大南保险、大元纺织、中华火柴公司、南海纺织公司，也有零星的医院委托查账或设计会计制度。这些企业和商号绝大多数使用的是中式记账体系，期末结出红账，不能独立编制西式财务报表。而刘鸿记账房档案资料按照集团下属子公司的名称划分各档案卷册，其中有部分子公司聘请事务所审计财务报告，则一卷档案中也同时保存了不同年度的注册会计师出具的审计报告和代编的财务报表。由于企业史中心保存的会计师相关业务资料以正信事务所最多，所以表1将正信事务所的29卷档案中对应的业务分布情况进行了梳理。

表1　正信事务所业务分布（1931～1951年）

委托事项	件数	占比
查账	20	64.5%
设计会计制度	9	29%
会计咨询	1	3.23%
代报税	1	3.23%
合计	31	100%

数据来源：根据正信事务所档案资料整理而得。

表1中正信事务所的查账业务占比最高达64.5%，设计会计制度占比29%。与喻梅统计的立信事务所1927～1936年业务数据对照，② 20世纪30年代立信事务所的查账业务只占20%左右，50%以上的业务为企业代办注册登记及其他呈请事务。对比而言，20世纪40～50年代中国注册会计师的查账业务有了显著增加，已取代代办注册登记事务而成为事务所的"主

---

① 立信事务所的档案资料现存于上海市档案馆，因此1936～1944年李文杰经办的审计文档不在本研究范围内。
② 喻梅：《中国注册会计师制度思想与制度变迁研究：1918—1949》，中国社会科学出版社，2016，第67～68页。

营业务"。一方面，中国注册会计师职业界通过自身的努力，得到了社会公众的认可；另一方面，此时上海市人民政府积极推行企业所得税，需要注册会计师协助商户确定应税所得额。这两方面的原因促成了初创期中国注册会计师主营业务的变化。另外，从中国注册会计师抗日战争前后主营业务的变化，可以看出中国注册会计师行业始终以需求为导向。具体体现在抗日战争爆发前，中国民族工商企业经历了一小波设立高峰，为配合政府对新设企业工商登记的规定引致的企业注册需求，此时中国注册会计师主要承担为工商企业注册登记的业务；而抗日战争爆发后，为协助商户确定应纳税额以便政府推行征收企业所得税，此时中国注册会计师的主要业务转变为查账。虽然这看似与当前大数据审计、区块链审计技术在审计实务的运用上千差万别，但本质都是中国注册会计师以需求为导向进行的审计业务和审计技术的创新。最终目的都是以专业的知识和先进的会计审计技术为依托提供专业服务，维护市场经济秩序，助力企业治理及推进国家治理现代化。在20世纪30~50年代中国注册会计师执业过程中有怎样的具体执业标准，审计报告的格式与内容如何？这将是下文论述的问题。

三 初创期中国注册会计师的审计程序及审计技术

（一）审计程序

从企业史中心现存档案资料看，存量最多的是正信事务所资料中的20份查账报告书（1931~1951），然后是立信事务所审计刘鸿生企业集团中元泰股份有限公司的3份查账报告书（1934，1935a、b），叶兆昌事务所对刘鸿生企业集团中南京生泰恒鸿记煤业股份有限公司的查账报告书1份（1937）以及徐永祚事务所审计刘鸿记账房的查账报告书1份（1936）。分析这25份查账报告书及相关资料，我们大致总结出中国注册会计师行业在建立初期的审计程序如下。

第一，了解客户账簿体系及业务特征。在25份查账报告书的第一部分，也即"总说"部分都有关于被审计企业组织形式、所处行业、会计组织及记账水平的描述段。比如正信事务所在上海科学化工厂股份有限公司的查账报告书中提到："查贵公司系股份有限公司组织，以经营仪器文具为主要业务，曾加入本市；查贵公司会计基础系权责发生制为主，存货记账采用永续盘存制，对成本之计算则采用分批成本会计制度。"立信事务所在元泰股份有限公司查账报告中指出："查贵公司以前之会计制度未臻完善。本会计师等已于22年4月4日及23年5月30日报告书内，详为述及，并列举应行改善各点。"叶兆昌事务所在审计南京生泰恒鸿记煤业股份有限公司的查账报告中也列出："查贵公司所设账册纯系采用不甚齐备之收支会计制度。至收付款项收发煤觔等之原始单据在九月中旬以前未据提示。九月中旬以后始见设立原始单据。渐合会计原则，入于正轨，兹据会计主任刘念介君声称自下届起即将全行改用复式账册，当能较为完备。"

第二，根据西式会计报表的格式对中式会计账簿记载的业务进行重新分类，编制相关财务报表，在编制财报的同时完成审计。具体体现在注册会计师们利用银行及钱庄的对账单核对企业相关日记账，检查从日记账到分类账的过账过程，检查交易凭证，重新加总各类账户余额。也使用盘点法进行账实的核对。自20世纪初西方的借贷复式会计技术传播入中国，部分中国商号改进了他们的会计核算方法，有的使用了徐永祚提倡的改良中式会计，有的使用了潘序伦倡导的西方复式会计，但是仍有很多企业使用中国传统的会计方法。中式会计流程基本是按照草流、日流、总清这样的程序完成记账，并不使用会计科目记账。因此与西方注册会计师不同，行业初创期的中国注册会计师在查账时最先需要面对的是如何将中式账簿里记载的业务转换填列在西式财务报表的相关账户中。由此，我们分析当时中国注册会计师使用的应是详细审计法。审计的流程与企业会计记账程序一致，都是先从原始凭证登记核对日记账，接着根据日记账登记核对总账，然后根据总账余额编制贷借对照表，最后根据贷借对照表编制资产负债表和损益表，在编制报表的过程中完成审计，即指出企业账簿记载的业务及其记账金额是否有相关原始凭证的佐证，对企业会计记账错误进行汇总。因此，在查账报告书的第二部分"资产负债项目之说明"，注册会计师会详细罗列资产负债表中相关账户金额的来由。比如正信事务所在上海科学化工厂的查账报告书中指出：

查库存现金经于查账期间检查当日库存与现金账簿所载存数无误，行庄往来于各该行庄12月份揭单核对相符。查应收票据计人民币

1236003.2（元）系由暂付款项宏记户付来 1950 年 1 月 18 日期票一纸，惟届期仍转暂付款经核账册记载无误。查应收账款共计人民币 612440770（元）系 12 月 29 日及 30 日销货转账经抽查账册记载及发票存根无误。[1]

从这段描述可见，审计库存现金账户时，正信事务所的注册会计师们使用了盘点法"检查当日库存"，然后又进行了"账实"之间的核定，审计了现金账户的余额。对于银行存款与钱庄之间的款项往来"行庄往来"则将企业账簿与银行、钱庄的往来结账单进行了对账，确定了银行与钱庄往来账户的余额。对应收账款的审计则将原始凭证与账簿进行了证账之间的核对，最终核定应收账户的余额。审计报告书不仅对各账户的余额进行了确认，还详细地描述了具体使用的审计方法及审计过程并得出了相应的审计结论。

（二）审计执行地点

在企业史中心的审计档案资料中有 20 份是企业的年（半年）报审计，另有 4 份是企业的清算审计。其中清算审计的执行地点在事务所或是法院内。

如正信事务所为永亨金号出具的清算审计报告中称：

> 谨报告者案准前永亨金号伙友史景福、罗海珊、胡可钧、石德才等委托，向钧院调阅永亨金号自民国十五年开支之日起，至民国二十年年终之该号歇业之日止之全部账簿，以凭清算各该年份该号之盈亏状况。

清算福利公司绒线部时查账报告称：

> 合伙人间因清算账目发生争议，经上海市人民法院调解共同选任会计专业人员查账，有台端等联名委托本会计师根据提供之账册所记

---

[1] 《查核上海科学化工厂股份有限公司账目（二）》（1947—1950），上海社会科学院馆藏档案资料，卷号：11-097。

载一九四九年八月一日至同年十二月二十三日止期间内止账目。[①]

虽然通过"调阅"二字无法确定审计执行地在事务所还是法院，但从清算时会计师审计现金结余数仅能查看现金日记簿并不能盘点推测，应该进行的是报送审计，只能进行账表核对，不能进行账实核对。

那么当进行企业的年报或是半年报的审计时，注册会计师们是否进行实地审计呢？在正信事务所审计五华酱醋厂的档案中，有一份往来账簿清单："2月6日收到酱醋厂送来1944年总清1本，暂草3本，囗项1本，发货3本，定货1本，支清1本，全收5本，客清7本，退货留底1本；又1943、1944年西式账册9册，物料簿1本，氅头簿1本，传票及发票1袋，又生财抄账5页。"[②] 从这份账簿清单可以推定正信事务所在审计五华酱醋厂时应是在事务所完成了审计工作。另外从这份资料中各异的会计资料计量单位本、册、袋、页，可以看出当时中国企业的会计技术也在剧烈地变动，存在中西记账方法混合使用的情况。虽然不能仅凭一份档案就断定20世纪30~50年代中国注册会计师查账时通用的方法是报送审计，但至少可以说明当时会计师可以在事务所完成对客户企业的审计工作。

另正信事务所审计大东烟草的查账报告书载："查库存现金经于查账期间（1950年2月25日）检查当日库存与现金账簿所载存数无误，行庄往来经与各该行庄十二月份揭单调节核对相符。"[③] 会计师在审计大东烟草的现金时需要实地盘点，因此注册会计师在大东烟草实行的是就地审计。在现金审计中不仅用到了盘点法，还将审计日的现金余额调节到资产负债表日以对资产负债表中的现金账户余额的准确性发表审计意见。

从现存档案中，我们发现当时中国注册会计师对于库存现金的审计有如下三种方法：第一种方法注册会计师在审计日盘点当日现金与账面一致后即推定资产负债表日企业账目库存现金的准确性；第二种方法在企业资

[①] 《福利公司绒线部清算账目争议案》(1951)，上海社会科学院馆藏档案资料，卷号：11-407。

[②] 《查核五华酱醋厂股份有限公司账目》(1944—1945)，上海社会科学院馆藏档案资料，卷号：11-043。

[③] 《查核五华酱醋厂股份有限公司账目》(1946—1950)，上海社会科学院馆藏档案资料，卷号：11-153。

产负债表日派注册会计师进行盘点,并在企业相应账簿结账处签字确定资产负债表日的现金余额;第三种方法即为当前注册会计师审计现金采用的方法,首先通过盘点确定审计日当天库存现金与企业账目一致,然后运用调解法将审计日的金额调整到资产负债表日,并与资产负债表中现金账户余额核对后发表审计意见。因此就地审计为注册会计师查核企业实物资产的准确性提供了更加充分可靠的审计证据。

另外,如果在提供审计服务的同时还要为企业设计会计制度,也需要亲临现场。比如新星机器厂1947年6月17日寄给正信事务所的业务委托书中称:

> 新星机器厂委托正信事务所设计会计制度、审核服务、简化手续等事宜,由贵所负责派员驻敝公司办事,每日工作半天,每月公费叁佰万元,先办三个月,请即日派员前来为荷。①

正信事务所1947年6月20日的回函中称:

> 派员刘子励自即日起常驻贵公司办公,对于贵公司及合利工具机械厂二单位现行会计制度及办事程序逐步改进俾达成贵公司预期之目的。工作情况当随时以书面或口头报告藉供采纳。②

从以上档案资料中可以看出,当时中国注册会计师的执业地点是根据具体业务以及被审计单位的特点决定的,也说明当时中国注册会计师执行审计业务时综合运用了多种审计方法,以确保收集到充足且可信的审计证据以支撑其发表公允的审计结论,而只有公允的审计意见才能保障市场经济秩序稳定,提升注册会计师行业的公信力。正是一次次审计业务的开展、一句句审计意见的撰写、一份份审计文档的核对体现了中国注册会计师行业"以专业报国,服务社会"的初心与使命。

---

① 《新星机器厂等三厂委托设计会计制度》(1947),上海社会科学院馆藏档案资料,卷号:11-222。
② 《新星机器厂等三厂委托设计会计制度》(1947),上海社会科学院馆藏档案资料,卷号:11-222。

(三) 审计文件的种类

当前注册会计师在审计业务开展的不同时期，会生成相应的审计文件。在审计业务达成时，生成审计业务委托书。在审计计划阶段，会生成审计计划文档；在控制性测试阶段，会生成相应的内部控制审计报告；在实质性测试完成时，会生成最终的审计报告。而在20世纪30～50年代中国本土注册会计师在执业过程中主要有哪些文件？通过对企业史中心现存的相关档案资料的梳理，我们发现近代中国注册会计师在执行审计业务时，大致会生成审计业务委托书、查账证明书以及查账报告书这3种较为重要的审计文件，当然在审计过程中还会为企业代编财务报表，因此档案中还存有大量会计师为企业编制的借贷对照表、资产负债表、损益表等财务报表。

但可惜的是，由于中国注册会计师行业初创期经历了连年的战乱和异常的动荡，企业史中心33卷相关档案中没有一卷资料同时保存了业务委托书、查账（财务）证明书以及查账报告书这3项重要文件，现存最多的文档是查账报告书，24项审计业务留存有24份查账报告书。具体而言，档案中保存了正信事务所分别与新星机器厂、五华酱醋厂、永亨金号各1份共3份审计业务委托书，其中新星机器厂未见后续的审计文档；而在立信事务所审计元泰股份有限公司存有报告期分别为1934年9月4日、1935年4月30日及1935年5月25日的3份查账报告书。新星机器厂档案中保存了业务委托书但未发现查账报告书，一方面可能由于审计业务费过高或是其他原因未能展开审计业务，另一方面可能是在战乱中档案文献损毁严重所以未能完整保存。22卷保存有查账报告书但未发现审计业务委托书，我们猜测可能相对于查账报告书而言，审计业务委托书的重要性相对较低，所以事务所不注重保存。另外，在正信事务所档案中保存的9项设计会计制度业务资料中，除新星机器厂的档案中未发现会计制度建议书外，其他8项业务均有非常详细的制度改进具体措施，其中大致包括会计业务程序、账簿格式及填列方法等内容。总之，20世纪30～50年代中国注册会计师执行审计业务后通常的做法是出具查账报告书，执行会计服务后的通常做法是提供会计制度建议书。

（四）审计文件的内容及审计技术

1. 业务委托书

表2所示3份审计业务委托书均出自正信事务所档案。从委托时间看，永亨金号的委托书日期最早，是全面抗战爆发前签订的。五华酱醋厂的委托时间在全面抗战期间，而新星机器厂的委托则在抗战胜利后。从委托书的内容看，委托书上均载明了委托业务具体事项，委托人及受托人。永亨金号的委托书是聘用会计师协助法院进行清算审计；新星机器厂的委托书不仅聘用会计师进行年报审计而且设计会计制度；五华酱醋厂的委托书是进行年报审计。从委托书格式看，五华酱醋厂的委托书应是正信事务所的标准公文格式，不仅有委托方和受托方各自的公章，也有会计师收费的具体金额。永亨金号伙友发来的委托书是法院办理经济纠纷案时聘请会计师协助查账的公文格式，因此没有任何的公章。新星机器厂的业务委托书格式最为简便，一封与事务所的信件完成了业务委托事项，因此只有委托方的公章，但也载明了会计师收费及聘用时长。图1是企业史中心现存3份审计业务委托书中格式最为完整的一份珍贵的审计业务委托书。由五华酱醋厂与正信事务所签订，应该是中国注册会计师行业初创期较为通用的审计业务委托书的格式。

表2 审计业务委托书情况

公司	委托事项	时间	收费	业务时长	委托人	受托人	委托人公章
永亨金号	清算审计	1934.6.7	清算结束后由介绍人酌定	未约定	股东史景福、罗海珊等4人	李文杰会计师	无
新星机器厂	设计会计制度、年报审计	1947.6.7	每月300万元	3个月	黄克练	李文杰事务所	新星机器厂股份有限公司
五华酱醋厂	年报审计	1945.1.26	7万元	2个星期	该厂董事长张祖士康	正信事务所	五华酱醋厂股份有限公司

图 1　审计业务委托书

2. 查账（财务）证明书的内容

在 33 份相关档案中仅存 5 份查账证明书，其中 1 份是正信事务所在审计大南保险公司的证明书，3 份是审计上海南洋医院 5~7 月的收支证明书，以及叶兆昌事务所审计南京生泰恒鸿记煤业股份有限公司的 1 份证明书。大南保险公司的证明书具体内容如下：

查核大南保险股份有限公司账目证明书

径证明者本会计师已将贵公司中华民国三十四年度之账目审核完竣，除另附查账报告书外后揭三十四年二月三十一日之资产负债表及三十四年度之损益表内所列各款俱经于账册记载核对相符，特此具尽证明。

右敬

大南保险股份有限公司

正信会计师事务所

主任会计师

中华民国三十五年六月十七日

另一份上海南洋医院查账证明书与上述证明书格式和内容类似，只是在证明书中增加了3枚蓝色的正信事务所"查讫"印章。

现有档案资料中没有发现大南保险公司与正信事务所的业务委托书，因此我们无从知晓会计师审计大南保险公司具体执业的时间多长。如果大南保险公司的会计能够在年底结账并立即委托注册会计师查账，则此次审计业务最长可能持续了5.5个月。可以看出当时标准的查账证明书是列出已审计范围以及发表审计意见，这份审计报告的意见是企业账簿记载金额与财务报表相应账户金额"核对相符"。但在后续的查账报告中注册会计师会详细说明审计了哪些会计资料以及财务报表中各项目金额如何得出，并对企业的会计制度及记账情况发表意见。正信事务所在查账报告书中指出："大南保险股份有限公司会计制度欠严密，记账疏忽与错误之处颇多。"

叶兆昌事务所审计南京生泰恒鸿记煤业股份有限公司后出具的查账证明书，具体内容抄录如下：

证明书

为证明事：接准南京生泰恒鸿记煤业股份有限公司委嘱查核自民国二十五年一月二十四日起至同年十二月三十一日止之全部账目一案，业经本会计师亲诣该公司从详逐一量所存关有各项账册单据，切实审核完毕，除为根据原账制成资产负债表、损益表、营业状况。账表暨银行钱庄往来明细表、客户账款拟提准备明细表两项附表与说明书各壹份。分别负责签印备用外，以本会计师之观察，认为所列各表，确足以明晰表示上开期间该公司之真实财政状况及营业成绩。需至证明书者。

会计师　叶兆昌　名章
民国二十六年二月十九日①

比较而言，叶兆昌会计师出具的证明书指出被审计的生泰恒公司财务报表"足以明晰"反映其财务状况及经营业绩，与当前我们看到的注册会

---

① 《南京生泰恒煤号股东、董监事名单和资产负债表》（1928—1936），上海社会科学院馆藏档案资料，卷号：06-201。

计师出具的无保留审计意见最为相似。本文认为这份证明书体现出叶兆昌会计师执业的深度，不仅核对账簿与财务报表一致，而且证明财务报表能否真实反映企业实际经营状况与经营结果。当时无论是中国政府还是上海会计师公会都未对注册会计师签发审计报告的格式和内容有统一规范要求，同时期的英国注册会计师在审计报告中只有更简略的"已审计"等字样。相比较而言，中国注册会计师签发的查账证明书以及查账报告书无论从内容还是形式上都更为完备和详细。[①] 如果说行业初创期中国注册会计师出具的查账证明书格式简单，只相当于现代审计报告中的注册会计师意见段，那么下文将要分析的查账报告书则是对当时注册会计师审计工作更详细的记录。

3. 查账报告书的内容

在 24 份查账报告书中有来自正信事务所的 19 份，立信事务所出具的查账报告 3 份，徐永祚事务所及叶兆昌事务所出具的查账报告各 1 份。就时间分布而言，保存有 1937 年上海沦陷前的 2 份正信事务所查账报告书，上海沦陷至上海解放前这段时期的 5 份查账报告书，上海解放到 1951 年的 12 份查账报告书。刘鸿记账房的 5 份查账报告书均为上海沦陷前完成的（见表3）。

表3　各事务所查账报告书时间分布

单位：份

时间	正信	立信	徐永祚	叶兆昌
1937.11.9 以前	2	3	1	1
1937.11.10～1949.5.27	5	0	0	0
1949.5.28～1951	12	0	0	0
合计	19	3	1	1

资料来源：根据上海企业史中心相关档案整理而来。

从内容上看，上海解放后正信事务所出具的 12 份查账报告，占企业史中心正信事务所档案中保存的查账报告书的 63%，占全部企业史中心保存的查账报告书的 50%。究其原因，均是上海市人民政府开征所得税的背景下，政府规定需要按照 1949 年 8 月前企业的盈利情况，从 1949 年 9 月起

---

① 德里克·马修斯：《审计简史》，中国人民大学出版社，2020，第 43 页。

计算缴纳所得税。正信事务所档案中保存了这一时期7家企业共计12份查账报告书，其财报会计期间均是1949.9.1～1949.12.31，其中怡泰茶栈不仅聘用正信事务所查账、协助计算纳税所得额，而且委托会计师填写纳税申报表代报税。

绝大多数查账报告书的内容分为总论（总说）、资产负债表账目说明、损益（表）账目说明三个部分。其中总论部分大致介绍企业的基本情况，现行会计制度以及审计范围。资产负债表账目说明和损益（表）账目说明部分详细列举2张财务报表中各账户具体金额，以及与企业账簿核对相符情况。下面对立信事务所1934年9月4日出具的元泰股份有限公司中期审计报告大致内容做一罗列。

查核元泰股份有限公司账目报告书

径报告者：承

委托查核

贵公司自民国二十三年二月十四日起至同年六月三十日止期间内止账目。所有各项账册，原始凭证书等，均经查核完竣。兹为根据账册记载，编制期末资产负债表，期内损益计算书，及各附表。附列于后，并将查所悉及应行报告各点，分述于下。

总说

一、会计制度（应）改善之情形

查贵公司以前之会计制度，内部牵制组织未臻完善，本会计师等已于二十二年四月四日及二十三年五月三十日报告书内详为述及。并列举应行改善各点，以供采纳。查本年账目对于应行改善各点，虽有一二项。如存煤记录之记载，及会计科目分清界限等，业经逐渐照改。但其余各点，仍未有若何之改进，如（一）放账及收账制度仍未改良，据称往来各号，据悉旧式商店，付还货款，只肯交给原放账人，此种习惯，不易革除。但此宗办法，极为不妥，所放账款，曾否为收账人收去，无从知悉。且收据系由收账人在外填写，所填之数，是否与交会计处及收据存根数额相符，亦无从证明。本年将收据改为三联，一联留作存根，一联交与顾客，一联由顾客证明所交之数额。此法已较为妥善，但欲证明应收账款余额之是余额确实，惟有发函征询之一法。此次系半年结算，故未函询，拟俟年底总结算时，再行办理。（二）呆账准备未摊提。查贵公司对于应收账款，必俟确定不能收回时方始转作呆账，并不预先估计难于收回之数，提存相当之准备，此法殊属不妥，一则应收账款内有一部分不可收回之呆账使资产负债表不能表示确实财政状况。二则本年所发生之呆账，内有一部分系上年之损失，并非本年之损失。而本年所应负担之呆账损失，或有延至下年度负担，使损益计算书不能表示正确之营业情形。此点务请注意并即行采纳改善。（三）销货折扣及让价准备仍未提存。查贵公司对于销货折扣与让价，不提存准备，均为发生时随时作为损失，此法之不当，与上述呆账一项相同，亦应改善，以清各期界限。

二、送煤及送栈单之回单应加整顿

查贵公司销货，虽有出货记录及销货单可查，但皆系内部自行备考之用，不能作为原始凭证，而主要之原始凭证，则为送煤及送栈单之回单。查贵公司保存之回单，已不齐全。据称与客户结账后即由客户收回，按回单亦主要原始凭证之一，不应随手散失。而客户俯瞰，既有收据为凭，亦无收回回单之必要。复查回单上之数额，与销货单之数额亦间有不符者。据称有时回单填一百吨，由运输公司盖章，如客户只收八十吨，则运输公司推来二十吨，故销货单只载八十吨，此法之欠妥善，固无待多述。应一并整顿。

三、普通簿记工作之改善

查总账上所记原始簿过来之页数，时有错误，查核不便，又会计科目亦时有误写，如伙佣写为煤伙、薪工写为俸工等，以后应请注意用一律之名称。

资产负债表账目

一、现金　查现金一项，于最近期内点查无误。

二、银行钱庄往来　经与各银行钱庄结单核对符合，惟查裕大、元牲二庄早已宣告清理，该项存款恐难如数收回，应提存相当之准备。

三、应收票据　经与账册核对符合，所有退票，已转入应收客账各户，此项应收票据既多由销货客户交来且常有退票情事。应酌提相当之准备。

四、应收客账　查贵公司应收客账一项，占资产总额百分之五十四以上。经与分户账核对符合。本期系半年结账，未曾发函征询，又查此项应收客账未曾提存坏账损失准备，而内中销货回佣及让价等，又未除去，详情已见前述。

损益账目

一、销货　根据出货记录与销货单抽对符合，复将销货单与销货簿核对符合。惟销货单中间有不列价格或将价格涂改之事，号数亦当有涂改，复查乙种销货单目第3826号起误为2826号，故目2826号至3825号，均系重复。甲种销货单与乙种销货单，经常互用，此种普通手续均应注意。未曾注意者如会计科人员不敷，则酌加一二员，为使工作完善方妥。……

二、进货　根据进货单与进货簿核对符合。进货客户中以三菱、三井及□□售品处三户数额最巨，均与各该号发票核对符合，其余各户据称均系旧式商店，并不开具发票，所有支付货款均与各该号收据核对符合。惟内有盖回单者此项回单簿据称因诉讼之事交法院备查，故未曾核对。

……

此致

元泰股份有限公司

　　　　　　　　　立信会计师事务所
　　　　　　　　　主任会计师　　潘序伦　　名章
　　　　　　　　　会计师　　　　顾询　　　名章
　　　　　　　　　会计师　　　　李鸿寿　　名章
　　　　　　　　　中华民国二十三年九月四日①

从档案资料来看，档案中保存的元泰股份有限公司营业账略报告使用"存、该、开、缴"的中式会计记账技术。因此立信事务所的会计师们需要在将中式财务报告转换成西式财报的同时完成审计工作。由于缺失元泰股份有限公司与立信事务所的审计业务委托书，大致推测立信事务所审计

---

① 《元泰煤公司会计报告书》（1925—1950），上海社会科学院馆藏档案资料，卷号：06-191。

元泰股份有限公司的中期财务报告最长耗时为2个月。

查账报告书中体现出当时注册会计师审计时采用的审计技术及方法如下：在审计现金账户时用到了盘点法，"查现金一项，于最近期内点查无误"；在审计往来款项、营业收入等账户时综合运用了账证、账账、账实之间的核对法，"经与各银行钱庄结单核对符合"，"经与账册核对符合"，"根据出货记录与销货单抽对符合，复将销货单与销货簿核对符合"；在审计中期财报往来项目时也会用核对的方法，而审计期末财报的往来款项时还会使用函证的方法，"本期系半年结账，未曾发函征询"。

本文认为当时中国注册会计师应该使用的是详细审计的方法，只是在验证相关业务的内部控制系统是否严密时会使用抽查的方法。原因一是当时的中国企业或是商号的规模都不大，业务量较小；二是，当时中国企业或是商号的会计水平绝大多数不能独立编制西式财务报表，因此需要注册会计师代编财务报表。注册会计师需要核对每一笔业务的原始凭证和账簿记录，然后根据核对相符的原始凭证和账簿编制资产负债表、损益表，最后发表审计意见。在进行审计前需要代替被审计企业完成财务报表的编制，然后才能开展审计业务。这并不是当时中国注册会计师独有的问题，而是中外会计师都曾面临的难题。英国会计师将其称为"会计式审计"（accountancy audit），而且这样的情况普遍存在于英国20世纪五六十年代的审计业务中。[1]

以上文立信事务所查核元泰股份有限公司的这份查账报告书为例，它综合了审计报告和管理建议书的内容。不仅对企业现行会计及内控制度提出了改进意见，还详细说明了财务报表每一账户具体的审计技术方法，并相应提出了改进建议，比如立信事务所提出企业应在"银行钱庄往来""应收票据""应收客账"记账中相应计提坏账准备，不致高估账面价值。又如提出增加1~2名企业会计，完善企业的记账工作。

在后续查账报告书中立信事务所的会计师们持续关注元泰股份有限公司相关会计制度以及内控制度的完善，如1935年4月29日签发的年报审计报告中称：

> 查本年度在记账方面，如存煤记录之记数，会计科目之分清界

---

[1] 德里克·马修斯：《审计简史》，中国人民大学出版社，2020，第30页。

限，单据之整理保存，及普通簿记工作等，均经逐渐照改，比较往年，已觉清晰，堪称进步，惟尚有数点，仍待继续改良者，兹再声述如下：一、放账及收账制度　查贵公司在本年度已经转账至呆账损失计银三万九千二十六元一角五分，未经确定之坏账，尚不在内。坏账之多寡与放账制度颇有关系，贵公司之放账收账制度，确有商讨之余地，收账方面，本年已将收据改为三联式，一联暂作存根，一联交予顾客，一联由顾客证明所缴金额，以与存根对照。此法虽已较有改进，但以顾客均系旧式商店，多数未肯签证，结果仍不能达到证明之目的。故收账制度仍须设法改良。二、销货送煤回单　查贵公司销货，虽有出货记录与销货单可查，但皆系内部自行备考之用，不能作为对外发生应收账款之凭证，主要之对外原始凭证为销货送煤之回单。贵公司保存之回单，并不齐备，据称与客户结账后即由客户收回。按回单亦主要原始凭证之一，客户付款，既有收据为凭，亦无收回回单之必要。此种回单之整顿，与上述应收账款亦有□□之关系。三、呆账准备仍未摊提……四、销货折让及回佣准备仍未提存……①

该审计报告书既肯定了元泰股份有限公司半年内会计制度的改善，也详细罗列出了4点仍须改进的方面。这份财报的审计最长持续了近3个月。

另外在正信事务所审计五华酱醋厂的档案中我们还发现了一份标题为"无根据之账指录如下"的审计工作底稿，其中罗列出企业账簿中已记账但没有原始凭证的一些业务。另一份标题为"数目错误之账指录如下"的审计工作底稿则罗列出建议企业调整的各记账金额有误的账户，类似于当前注册会计们使用的审计差异调整表。

4. 审计持续时长估算

现存企业史中心资料中仅有五华酱醋厂、永亨金号2卷档案中既有审计业务委托书也有查账报告书，其余查账报告书都缺失审计业务委托书。通过审计业务委托时间与签发查账报告书日期分析，我们能够比较准确地推测出会计师每次审计业务持续的时间。1945年1月26日五华酱醋厂董事长张祖慷发出了审计业务委托书，1945年3月7日正信事务所签发了查

---

① 《元泰煤公司会计报告书》（1925—1950），上海社会科学院馆藏档案资料，卷号：06-191。

账报告书。除去审计业务委托书寄送到事务所需用 1~2 天，正信事务所在审计五华酱醋厂年报时最多用了 1 个月左右的时间。有趣的是董事长签发的审计业务委托书中原有约定审计时长"以审查贰星期为限"，但后又用毛笔涂掉。估计是正信事务所在接到委托书后认为不能在二周内结束审计业务，所以经协商后划去了不合理的约定条款。根据审计业务委托时间与审计报告签发日的间隔，实际上该项审计业务持续时间是原委托时间的 2 倍。而对于永亨金号，1934 年 6 月 7 日由史景福、胡可钧等 4 位股东签发了委托书，正信事务所 1934 年 8 月 25 日签发了清算审计报告，审计时长约 2.5 个月。

对于不能明确委托时间的查账报告书，我们假设被审计企业都能按时结账并能立即聘用事务所开展审计，则查账报告书的签发日期为当时审计持续的最远的时间点。根据以上假设我们对其余查账报告书做统计分析，能够估算出 20 世纪 30~50 年代中国注册会计师审计业务持续时间分布以及平均时间。在档案中需要说明的是，正信事务所审计上海罐头业 12 家会员、新亚公司、华东煤矿的 3 份审计报告残缺，由于缺失了重要的签发审计报告日数据，因此在统计数据时将以上 3 家予以剔除。正信事务所审计新星机器厂等三厂有审计业务委托书，但缺失查账报告书无法估计审计时长，因此也剔除了新星机器厂等三厂的数据。另外，由于福利公司绒线部、华东煤矿股份有限公司两家公司都聘请正信事务所作清算审计，既无委托书无法确定审计开始日且破产时间与查账报告签发日间隔较长，因此也剔除了这两家的数据。就审计报告类别而言，表 4 中有月收支审计报告，如正信事务所为上海南洋医院 5 月、6 月、7 月三月各出具了一份收支证明书；有中期财报审计，如立信事务所为元泰股份有限公司出具的中期财报审计报告；其余大多为年报审计报告。如果不加区分地估算平均审计时长，则为 2.49 个月，即 20 世纪 30~50 年代中国注册会计师每项审计业务持续近 2.5 月。

表 4　中国注册会计师审计时长估算（1931~1951 年）

委托企业	委托日	财报期间	审计报告日	审计时长估算（月）
上海科学化工厂股份有限公司	无	1949.9.1—1949.12.31	1950.3.4	2
五华酱醋厂股份有限公司	1945.1.26	1944.2.1—1944.12.31	1945.3.7	1

续表

委托企业	委托日	财报期间	审计报告日	审计时长估算（月）
大南保险股份有限公司	无	1945.1.1—1945.12.31	1946.6.17	5.5
大东烟草股份有限公司	无	1949.9.1—1949.12.31	1950.2.27	2
万顺酱园	无	1949.9.1—1949.12.31	1950.2.26	2
鼎记烟叶行	无	1949.9.1—1949.12.31	1950.3.7	2
大元纺织股份有限公司	无	1946.1.1—1946.12.31	1947.4.8	3
中华火柴公司	无	1947.1.1—1947.5.15	1947.6.3	5
丙康化学股份有限公司	无	1948.1.1—1948.12.31	1949.6.9	5
怡泰茶栈	无	1949.9.1—1949.12.31	1950.2.28	2
镒大袜厂	无	1949.9.1—1949.12.31	1950.3.2	2
振中纺织整染股份有限公司	无	1949.9.1—1949.12.31	1950.2.25	2
上海南洋医院（5月收支审计）	无	1949.5.1—1949.5.28	1949.6.16	0.5
上海南洋医院（6月、7月收支审计）	无	1949.5.29—1949.6.30；1949.7.1—1949.7.30	1949.9.2	1
黄九芝堂药铺	无	1930.9—1931.3.12	1931.4.8	1
永亨金号	1934.6.7	1926—1931.12.31	1934.8.25	2.5
元泰股份有限公司（半年报）	无	1934.2.14—1934.6.30	1934.9.4	2
元泰股份有限公司（年报）	无	1934.7.1—1935.2.3	1935.4.29	2.867
元泰股份有限公司（下属煤栈年报）	无	1934.2.14—1935.4.30	1935.5.25	0.833
南京生泰恒鸿记煤业股份有限公司	无	1936.1.24—1936.12.31	1937.2.19	1.5
刘鸿记账房	无	1935.1.1—1936.12.31	1936.6.20	6.67
平均审计时长				2.49381

资料来源：根据上海社会科学院企业史中心相关资料计算而来。

由于1949年前中国企业或商号并未统一结账时间，如元泰股份有限公司及其下属煤栈1934年的开账日期并不是公历1月1日，而是2月14日，而这一天正好是1934年的正月初一，1934年的结账日期也不是公历12月31日，而是1935年2月3日，而这一天正好是除夕。南京生泰恒鸿记煤业股份有限公司1936年的开账日期是公历的1月24日，也是当年的正月初一。但是上海解放后上海市人民政府颁布了《上海市1949年营业事业所得税稽征办法》，要求"1949年年终决算必须用12月31日为结账日期"①。鉴于本文研究的档案资料跨度为1931~1951年，则本研究审计报告许多企业并不是按照公历12月31日结账的，因缺失相关数据剔除部分企业后，表4中21份审计报告中14份是1949年底前签发的，这意味着表4统计的企业财报中占比67%的并未按照公历12月31日结账，因此上表估算的注册会计师审计时长应该偏高，即实际审计时间应该少于2.49个月。

德里克·马修斯的研究结果表明19世纪80年代英国注册会计师审计项目的平均时长为2个月，②与本研究估算出20世纪30~50年代中国本土事务所审计时长大致相当。相对于同时期英国审计报告仅列有简短的一句"我们已经检查了贵公司的账户、账簿和发票，检查无误"，甚至是更简短的"已检查，无误"，③中国注册会计师出具的查账报告书不仅包含各种审计方法的运用，也包含对被审计单位内控制度以及会计技术的改进建议，类似于今天审计报告、审计工作底稿和管理建议书的汇总。这都反映出当时中国注册会计师在执行审计过程中及审计结束后撰写审计报告需要耗费大量人力和时间。中国本土注册会计师在行业初创期就践行着服务市场经济、助力国家治理的初心和使命。虽然当时中国注册会计师在执业过程中并没有可以遵守的审计准则，但在审计报告中体现出中国本土注册会计师以高度的自律精神，运用当时先进的审计方法和技术，勤勉认真地履行注册会计师审计职责，出具了高质量的审计报告。在查漏纠错和防范会计舞弊以及提升企业管理水平与会计信息质量，助力上海市人民政府开征企业所得税等方面都发挥了重要作用。

（五）审计报告的签章及防伪技术

现行《中国注册会计师审计准则》第1501号《审计报告》准则规定："审计报告应当由注册会计师签名并盖章""审计报告应当载明会计师事务所的名称和地址，并加盖会计师事务所公章"。据考证，直到20世纪50年代无论是会计师公会还是政府都没有对审计报告或财务证明书格式以及内

---

① 《调查上海罐头业12家会员工厂营业账目》(1950)，上海社会科学院馆藏档案资料，卷号：11-323。
② 德里克·马修斯：《审计简史》，周华、莫彩华译，中国人民大学出版社，2020，第42页。
③ 德里克·马修斯：《审计简史》，周华、莫彩华译，中国人民大学出版社，2020，第238~239页。

容颁布相应规范。那么，行业初创期中国注册会计师在审计报告上如何签章？如何防伪？

目前企业史中心保存的相关资料显示，财务证明书、查账报告书都被机打在抬头印有"某某会计师事务所用笺"的专用纸上，更讲究的事务所还会在查账报告书前后增加封皮。如立信事务所审计元泰股份有限公司的3份查账报告书均有硬质封皮，李文杰审计黄九芝堂药铺（1931）、永亨金号（1934）的查账报告书也有类似立信事务所的硬质封皮。另外，注册会计师代替被审计公司编制的财务报表会用钢笔誊抄在印有"某某会计师事务所用纸"的会计专用纸上。

正信事务所的审计报告多集中在20世纪40~50年代，这段时间该事务签发的17份审计报告后仅列有正信事务所及主任会计师2列，偶有在主任会计师后增加会计师一列，但均无会计师们的签名也无事务所的公章及会计师的名章。比较而言该事务所20世纪30年代抗日战争爆发前签发的审计报告封页均盖有"李文杰会计师事务所"公章，签章较为规范，但报告末尾也仅列有会计师字样，无会计师签名或盖名章。我们推测正信事务所现存的审计报告等资料均为副本，所以签名盖章可能不如交给客户的主本规范。

与查账报告书一样，正信事务所为上海南洋医院出具的2份查账证明书中虽列有正信事务所及主任会计师，均无公章及名章、签字，但是加盖了3枚蓝色椭圆形的"正信会计师事务所查讫"公章。为大南保险股份有限公司出具的查账证明书后则仅列有事务所名称及会计师2列，并未加盖事务所公章，会计师未签名也未加盖名章。另外从正信事务所的前身李文杰事务所审计永亨金号的查账报告书中还发现在19页审计文档的左侧中间部分均盖有蓝色事务所骑缝章，尤其是代编的5张损益表（1927~1931）更是在左侧加盖了2枚骑缝章，该章的内圈刻有中文"李文杰会计师事务所　上海法租界辣斐德路474号"字样，外圈用英文刻有"WEN JEE LEE CHARTERED ACCOUNTANT"。骑缝章在审计报告中的运用应是防止有人替换查账报告中的内页。这在正信事务所以及其他事务所的审计档案中并不常见。

徐永祚事务所为刘鸿记账房出具的审计报告后则仅列徐永祚会计师事务所及主任会计师2列，其后又有徐永祚毛笔签名并加盖名章，名章是一枚正方形章，上有小篆字体刻"徐永祚会计师之印"。并且审计报告每页左下角都加盖圆形事务所钢章，章内圈刻有"徐永祚事务所"中文字样，外圈刻有"HSV YUNG TSU & CO. C. C. A SHANGHAI"英文，审计报告每页都加盖钢印，估计也是为防止伪造。

叶兆昌事务所为南京生泰恒鸿记煤业股份有限公司出具的财务证明书及审计报告都仅列会计师一列，且有叶兆昌毛笔签名并加盖了长方形名章，名章以小篆字体刻有"叶兆昌会计师"，但未列事务所名称或加盖事务所的公章。

立信事务所出具的审计报告中不仅列出立信会计师事务所，后列主任会计师潘序伦以及会计师顾询和钱乃澂，并在3位会计师名后均加盖了各自的名章，在审计报告的每一页加盖立信事务所公章钢印。公章内圈刻有"立信"二字，外圈上半部刻有"立信会计师事务所"，下半部刻有"SHU LUN PAN & CO. CHARTED ACCOUNTANTS"英文字样。

将上述4家事务所的查账报告书进行比较后，我们发现立信事务所的查账报告签章最为完整。其出具的审计报告中不仅有事务所的公章也同时列有3位会计师的名章，甚至比我们今天看到的注册会计师签发审计报告普遍由2位注册会计师签章的格式还多1位注册会计师的签章。唐凯桃等基于2010~2019年A股上市公司的研究发现由3位注册会计师签字的财务报告审计质量更高。[①] 是否中国注册会计师初创期的审计报告也有类似的情况，笔者将另外撰文研究。立信事务所这份审计报告是从被审计单位档案中得到的，因此当时立信事务所出具审计报告时是否需要三级复核后签发，不得而知。但从形式上看，立信事务所签发的审计报告的签章最齐全。

如图2所示，中国注册会计师的名章基本都用小篆字体人工篆刻，一般都是长方形印章上刻"某某会计师"字样，篆体字形本身富有变化，因此能起到很好的防伪效果。并且审计报告中事务所钢印及骑缝章的使用不仅给人以非常专业的印象，也能起到防伪作用。而同时期西方同行一般会在审计报告开始部分列出被审计公司、事务所、具体审计的会计师，似乎没有加盖事务所公章或会计师名章的做法。从中国注册会计师事务所公章一般用中英文标识事务所名称的做法，可以看出当时中国注册会计师的客户群不仅有中国本土的商户，也有外国在华企业。另外，查账报告中注册

---

① 唐凯桃、刘雷、赵琳：《三个审计师签字与审计质量》，《审计研究》2021年第2期，第92~103页。

会计师用毛笔手写签名及加盖使用小篆体刻印的名章,这些做法无疑都体现出这一肇始于西方的职业在中国的本土化,中国注册会计师充分利用中国文化资源,将毛笔、篆刻等中国独有的文化印记用于审计文档的防伪。

图 2 立信事务所审计报告签章

四 初创期中国注册会计师审计收费及购买力

早在1928年上海会计师公会就对在上海地区执业的会计师收费发布了相应的规范,规定会计审计事项如以论时计算会计师每小时10元,每日50元;论案计算,视承办事务繁简约算,根据论时标准计算之,基数为100元。这个标准至少保持到了解放前,但实际上20世纪30~50年代中国经历了异常动荡的岁月,中国注册会计师在完成审计业务时具体能收到多少费用?这些审计费用的购买力经历了怎样的变化?通过更加细致地分析档案资料后,我们发现体现审计费用的档案有如下几类。

第一类,在审计业务委托书中明确约定审计费用,如新星机器厂寄给正信事务所的委托书中称"由贵所负责派员驻敝公司办事,每日工作半天,每月公费叁佰万元,先办三个月"。五华酱醋厂的委托书中也约定审计收费7万元。

第二类,在被审计单位的损益表中"事务开支"项目下列有律师会计师费用项目，列明审计费用。如正信事务所为大元纺织股份有限公司编制的 1947 年底损益计算书列出律师会计师费用法币 26172500 元，1948 年损益表又列法币 30 元律师会计师费用。

第三类，在被审计单位的月计表和收支对照表中列出律师会计师公费一项，如正信事务所为上海南洋医院编制的 1949 年 6 月的收支对照表中在事务开支项目之外单列律师会计师公费人民币 75000 元，在编制的 1949 年 7 月的收支对照表中单列会计师公费人民币 25000 元，因此截至 1949 年 7 月南洋医院月计表显示 2 个月共列支人民币 100000 元的审计费用。

由于档案中并未记载审计业务费何时收到，又因为 20 世纪 40~50 年代中国经历了非常严重的通货膨胀，注册会计师何时收到审计费用对其实际购买力具有非常大的影响。同时仅有 3 份档案有审计业务委托书，能够据其推算出较准确的审计开始日期，但每份审计报告中都有签发日期，因此本研究假设 20 世纪 30~50 年代中国注册会计师审计费用均按照审计报告签发日作为收到审计费用的日期，以签发审计报告当月上海大米价格（每市斤）为审计费用购买力的衡量指标。

现存档案中新星机器厂的业务委托书虽然有审计费用，但缺失后续的审计报告，无法从该资料估算单日实际审计费用，因此该数据从计算审计费用购买力样本中剔除。在档案中我们只有正信事务所审计大元纺织股份有限公司（1947.4.8）、正信事务所审计上海南洋医院 5 月份收支报表（1949.6）以及 6、7 两个月收支报表（1949.9.2）这 3 个数据。而通过分析保存相对完整的正信事务所审计大元纺织股份有限公司档案，我们利用之前估算出的审计时长 3 个月以及档案记载审计收费总额法币 26172500 元，分析估算注册会计师在此次审计中的收费情况。由于民国时期通货膨胀非常严重，又因为各个时期货币不统一，我们用每日审计费用与大米（市斤）的价格之间的比率，研究审计费用的实际购买力变化。1928 年上海会计师公会公布的上海市会计师酬金标准，一直保持到了新中国成立。1936 年上海中等粳米批发市价全年平均价为每石 10.43 元，[①] 之后米价呈现了逐渐高涨的情况。因此以 1936 年米价来计算，会计师每日酬金 50 元

[①] 中国科学院上海经济研究所、上海社会科学院经济研究所编《上海解放前后物价资料汇编（1921 年—1957 年）》，上海人民出版社，1959，第 121 页。本文以 1938 年以法币计价的上海大米价格为基期，而不是以 1936 年为基期。

可购买4.7939石大米；助理员每日酬金10元，可购买0.9588石大米。如果按照正信事务所审计团队最低配备1位注册会计师、1位助理人员来估算，则按照收费标准审计团队单日至少应收费60元，每日审计费用折合为5.7526石大米。民国时期1石大米＝156市斤，则1936年审计团队每日审计费用可购买897.41市斤大米。而在1947年底财报中体现的审计收费为法币26172500元，当时大米价格为每石990000元法币，[①]则审计费用折合26.44石大米。按此次审计时长3个月估算，则每月审计收费折合8.81石大米。接着按照每月四周，每周工作6天继续折算后每日审计费用折合0.3672石大米，即57.28市斤。到1949年6月上海刚解放19天时正信事务所出具审计报告时收费人民币75000元，1949年6月上海中白粳每100市斤人民币7700元，1949年9月变化为人民币23313元。[②] 1949年6月签发审计报告的审计费用75000元，每周审计收费37500元，按照每周工作6天继续折算，则每日审计收费6250元，折合大米81.17市斤。到9月签发审计报告时审计费用25000元，审计时长1个月，则每日审计费用1041.6667元，折合大米4.468市斤。

表5 中国注册会计师审计费用购买力变化（1938~1949.9）

时间	每日审计费用购买力（市斤大米）	波动比率（1936年为基期）	环比波动比率
1936年	897.41		
1947年	57.28	-93.62%	-93.62%
1949年6月	81.17	-90.96%	41.71%
1949年9月	4.468	-99.50%	-94.50%

从表5中可以看出1947年审计费用的购买力比1936年收费下降了93.62%，实际购买力只有1936年的6.38%，贬值非常严重。到1949年6月，审计费用相比1936年购买力下降90.96%，相比1947年环比增长41.71%，但短短3个月后审计费用的购买力继续下降。1949年6月的审计费用数据是正信事务所审计上海南洋医院的收支报告中提取出来的，审计1949年5月当月收支报告耗时0.5个月，收费75000元人民币。1949年

[①] 黄冕堂：《中国历代物价问题考述》，齐鲁书社，2008，第72页。
[②] 中国科学院上海经济研究所、上海社会科学院经济研究所编《上海解放前后物价资料汇编（1921年—1957年）》，上海人民出版社，1959，第447页。

9月的数据是从正信事务所审计南洋医院6月、7月两月收支报告中提取出的,正信事务所审计2个月的收支报告反而仅收费25000元人民币,共耗时1个月。正信事务所为何在审计后2个月的收支报告时收费如此低廉？推测可能是会计师为了与上海南洋医院建立长期的审计关系,自愿降低审计费用。也许是会计师没有预料到短短2个月内,上海中等粳米价格由每100市斤7700元人民币飙升到23313元,低廉的审计收费加上迅速上涨的米价这两个因素导致我们计算出来的1949年9月审计费用购买力非常低。

20世纪40年代中国注册会计师审计费用的购买力持续下降,一方面说明可能当时会计师实际收费时并未严格按照上海会计师公会公布的收费标准进行,而是通过与被审计企业协商后自愿降低收费；另一方面说明国民政府滥发货币造成严重的通货膨胀,深深影响着当时上海的物价。虽然中国注册会计师自愿降低审计收费,且审计收费的实际购买力有持续剧烈下降的总体趋势,但从现有的审计报告中可以看出他们仍旧保持了高质量的执业标准,勤勉地履行他们的职责,竭尽全力地帮助在连年战火中幸存的企业树立市场信用,协助刚刚建立政权的人民政府恢复经济秩序,中国注册会计师行业从发展初期就一直秉承着服务国家建设为主题,践行着"以专业报国,服务社会"的初心。

五　启示

注册会计师行业为社会提供高质量的独立鉴证服务,对上市公司等商业组织的财务报告是否公允和真实发表专业意见,缓解信息不对称,降低交易成本,提高决策效率,增进受托责任,协调利益分配,进而促进资源优化配置,确保经济有序运行[①],而高质量的鉴证服务是通过审计业务中各种审计方法的综合运用及职业道德的遵守体现出来的。本文研究的审计报告样本体现出中国注册会计师在为国家富强民主、为振兴民族工商业服务的初心感召下,在行业初创期尚未形成相关执业准则的情况下,仍能在执业过程中秉承高度的自律,执行必要的审计程序,完成审计工作,出具与西方同行相比更为细致的审计报告和查账证明等审计文件。更为可贵的

---

① 黄世忠：《回归本源 守住底线——审计失败的伦理学解释》,《新会计》2019年第10期,第6~11页。

是中国注册会计师在行业初创期就能利用中国文化资源中的篆刻和毛笔作为审计报告的防伪技术，在一份份审计报告中体现出中西文化的交融。而初创期中国注册会计师主营业务的变迁也体现出中国注册会计师行业始终以需求为导向，不断调整适应，完成了肇始自西方的注册会计师职业与中国社会环境相适应的本土化转变，并形成了独特的审计程序，出具了高质量的审计报告，以独立专业的服务在协助政府顺利征收企业所得税及帮助企业核算应纳税额方面都起到了重要的作用，不辱时代赋予他们的使命。在考察了初创期中国注册会计师审计费用的实际购买力后，我们看到的是被连年的战火和严重的通货膨胀吞噬的不断急剧下降的审计收入，中国注册会计师在入不敷出的情况下仍砥砺前行，并没有因此降低审计报告质量。是什么驱使着中国注册会计师前辈们这样做？一定是"以专业报国，服务社会"的初心和使命感使得他们不计代价地完成历史赋予他们的使命。时代巨变，审计环境也发生着剧变，大数据、区块链技术在审计中的运用，说明了当前中国的注册会计师行业仍然以需求为导向不断进行着审计技术的创新。在运用日新月异的审计技术时，不变的是中国注册会计师的初心和使命！

Original Aspiration and Mission: The Work System Construction of Chinese CPA from 1931 to 1951 and Its Contemporary Enlightenment

Yu Mei

Abstract: The Chinese CPA have successively generated three important audit documents, power of attorney, financial certificate and audit report, during their initial practice from 1931 to 1951. The financial certificate is similar to the opinion section of the auditing report from CPA today, while the auditing report details the audit process, the audit methods used, the audit evidence collected and the audit opinions given. It is the summary of the auditing report, the audit working paper and the management proposal. It was estimated that it took 2.49 months for Chinese CPA to complete an audit service by using the archival data. The purchasing power of audit fee was measured by the daily purchase price of rice by the CPA audit team. It was found that the purchasing power of audit fees of Chinese CPA continued to decline seriously during this period. However, Chinese CPA still maintain high quality standards of practice, diligently perform their duties, do not disgrace the responsibility of The Times entrusted to them, and practice the original intention of "serving the country and the society with professional services".

Keywords: CPA; Original Aspiration and Mission; Auditing Report

《英国剑桥大学图书馆藏怡和洋行中文商业档案辑考》评介

刘桂奇[*]

摘 要：对海内外所存广州十三行史料的发掘、收集和整理，始终是推动十三行及其相关课题研究的重要基础。英国剑桥大学图书馆收藏的怡和洋行中文商业档案，是由怡和洋行这家百年老店保留的一批珍贵档案资料，总数达700余件，主要由19世纪（尤其是19世纪上半期）各种各样的商业、法律以及官方的中文档案组成，包括贸易单、法律文件、海关文件、钱庄票据、官方文件及其他文件等各类档案，是研究清代广州十三行及中国商业史的第一手档案文献资料，但长期流落在剑桥大学图书馆不为学界所熟知、利用和研究。冷东教授领衔的课题组历时数年将其悉数整理出版，无疑是广州十三行史料发掘整理这一基础性工作的又一重大进展，更是近年来发掘利用海外所藏十三行原始中文档案的又一重大突破，有望拓展深化怡和洋行在华早期发展史、十三行商贸活动及商馆变迁契约等相关课题的研究。

关键词：英国剑桥大学图书馆　怡和洋行中文商业档案　十三行史料

广州十三行作为清代中期外贸体系的重要组成部分，其历史价值和学术价值如学者所指出的，"是一项具有世界意义的历史文化遗产，也是具有国际意义的学术研究领域"。20世纪初以来国内外学术界对广州十三行及其相关领域展开了长期不懈地追踪研究。百余年的学术研究进程中，十三行史料的发掘、整理和收集，始终是推进深化广州十三行研究的重要基

---

[*] 刘桂奇，男，湖南隆回人，广东第二师范学院政法系副教授，博士，研究方向为历史地理学。

础。学术界在十三行资料建设方面付出了不少努力和心血,相继编辑出版了《葡萄牙东波塔档案馆藏清代澳门中文档案汇编》、点校本《澳门纪略》、《明清时期澳门问题档案文献汇编》、《广东澳门档案史料选编》、《澳门问题明清珍档荟萃》、《清宫广州十三行档案精选》、《明清皇宫黄埔秘档图鉴》(上、下册)、《广州十三行天宝行海外珍稀文献汇编》等档案文献资料。其中,20世纪90年代以来,对海外收藏十三行原始中文档案的发掘和利用,成为学界努力的方向。

从学界业已掌握的情况来看,海外收藏的与广州十三行相关的中文档案文献中,数量集中、内容丰富、价值重大的主要有三种:(1)《葡萄牙东波塔档案馆藏清代澳门中文档案汇编》;(2)英国国家档案馆藏FO/1048档案;(3)英国剑桥大学图书馆藏怡和洋行中文商业档案。第一种已经出版,第二种亦有相关专题研究成果,只有第三种一直不为学界所熟知、利用和研究。英国剑桥大学图书馆藏怡和洋行中文商业档案,恰恰在数量规模及内容价值上都非常可观,"既是了解、研究怡和洋行最重要的史料依据,也是中西商贸文化交流及广州十三行的历史见证"。是故,冷东教授领衔的"英国剑桥大学图书馆藏怡和洋行中文商业档案辑考"课题组,历经数年心血将这批珍贵的档案资料加以整理并编成《英国剑桥大学图书馆藏怡和洋行中文商业档案辑考》(广西师范大学出版社,2022)一书适时出版,是广州十三行研究学术史上具有标志性的大事和成果,为学界推动深化十三行研究做了深厚的铺垫。

该书作为2019年用友基金会"商的长城"重点项目"英国怡和洋行中文商业档案整理研究"的结项成果,其所取得的成就、具有的特色及呈现的学术意义主要有以下几方面。

该书将英国剑桥大学图书馆藏怡和洋行中文商业档案加以整理面世,为学术界开展怡和洋行的研究、深化十三行及中外商业关系的研究开辟了学术便捷之门。这批档案是由19世纪(尤其是19世纪上半期)各种各样的商业、法律以及官方的中文档案组成,涵盖时间为1766~1935年,包括贸易单、法律文件、海关文件、钱庄票据、官方文件及其他文件等各类档案共736件。该书将之悉数收集整理出版,极大方便学界查阅、利用以开展学术研究。

该书所制定的编纂凡例得当科学,为学界正确采用这批档案资料开展研究提供了指引。首先,该书对这批怡和洋行中文商业档案的编排,完全

《英国剑桥大学图书馆藏怡和洋行中文商业档案辑考》评介

遵循英国剑桥大学图书馆对之采取的分类原则,并且是采用原件彩色影印的方式出版,在形式上最大限度地保留原貌。研究者在触摸那些泛黄甚至残缺的信笺、墨色毛笔字及红色印章时,仿佛回到数百年前十三行及中外贸易繁忙交汇的历史现场,以"同情之理解,理解之同情"去解读档案历史信息。其次,该书在原文影印的基础上,采取一文一题标题法,以日期和档案中主体、内容为顺序给每份原本没有标题的档案编拟标题,按照统一格式为每份档案文献撰写简短的中文提要,同时下附英国剑桥大学图书馆所编英文提要,并对每份档案文献所涉人名、行名及其他需要说明、解释甚至勘误的信息加以考释,从而为读者或研究者利用汇编内材料提供索引和指导。

该书编者前期进行的初步研究,对学界研读利用这批档案资料开展相关研究有所示范。编者初步认为英国剑桥大学所藏怡和洋行中文商业档案具有如下文献价值:(1)记录了怡和洋行早期在华发展历程;(2)提供了研究广州十三行的文献宝库;(3)拓展了鸦片问题研究的丰富史实;(4)揭示了商馆变迁原始契约;(5)保留了广州珍贵历史图像资料。前述几点是编者在前期专论成果的基础上进一步提出的,其中对于该批中文商业档案所涉行商、印章、房产契约、图像等方面史料的价值论述尤详,这对学界使用这批档案资料开展研究多有启发。

最后,英国剑桥大学图书馆藏怡和洋行中文商业档案,得以整理汇编成书在中国出版,是中英多方以怡和洋行中文商业档案为中心合力的结果,是体现国际学术交流合作的典范。这批档案资料之所以形成并保留至今,与怡和洋行这家百年老店有意识地收藏自身及其他机构之商业档案的自觉是分不开的。该书编者从多年致力于十三行研究的经验中,体会到中文文献与外文档案结合的重要性,从而走上发掘和利用海外收藏的原始中文档案之路,于是英国剑桥大学图书馆藏怡和洋行中文商业档案逐步进入他们的视野。而怡和洋行管理机构、英国剑桥大学图书馆及其他方面则成人之美,促成这批原汁原味的第一手历史档案文献资料走出英国剑桥大学图书馆而出版面世,为人们所阅读、利用和研究。

Review and Introduction of *Examination of the Chinese Commercial Documents in Jardine Matheson Archive*, Collection of the Cambridge University Library, UK

Liu Guiqi

Abstract: The excavation, collection and sorting of the historical materials of Guangzhou Thirteen Hongs at home and abroad has always been an important basis for promoting the study of the Thirteen Hongs and related subjects. The Chinese commercial documents in Jardine Matheson archive, collected by the Library of Cambridge University, UK, are a batch of precious archival materials retained by Jardine Matheson, a century old shop. With a total of more than 700 pieces, these documents are composed of a variety of commercial, legal and official Chinese archives in the 19th century (especially the first half of the 19th century), including trade lists, legal documents, customs documents, bank bills, official documents and other documents. They are the first-hand archival documents for studying Guangzhou Thirteen Hongs in the Qing Dynasty and the commercial history of China. However, these documents in the Cambridge University Library haven't been well known, utilized and researched by the academic community for a long time. The research team led by Professor Leng Dong have spent several years sorting out and publishing all of them, which is undoubtedly another significant progress in this basic work of the excavation and collation of Guangzhou Thirteen Hongs, and also another major breakthrough in the excavation and utilization of the original Chinese archives of the Thirteen Hongs overseas in recent years. It is expected to expand and deepen the research on Jardine Matheson's early development history in China, the Thirteen Hongs business activities, the contract for the change of the commercial hall and other related subjects.

Keywords: The Cambridge University Library, UK; The Chinese Commercial Documents in Jardine Matheson Archive; Historical Materials of the Thirteen Hongs

历史上地方财政与地方治理关系的多维探讨

——第五届财税史论坛综述

张 晗 杨洪林[*]

摘 要：2022年8月17～18日在湖北恩施举办的第五届财税史论坛以"历史上的地方财政与地方治理"为研讨主题，来自北京大学、清华大学等48个重点高校和科研单位的200余位学者，通过线上线下相结合的方式围绕"地方财政的概念、制度及理论方法""国地财政分权及分税问题""地方财政与地方政治、经济及社会变迁""地方财政的中外比较"等议题展开研讨。研讨发现赋役制度是历史上国家治理的重要手段，税收体系的发展与转型是中央及地方政治、经济变迁的缩影，国家财政体系围绕集权与自治不断升级和完善，货币、公债、信贷是地方治理的有效工具，行业与政治之间的关系也是中央与地方关系的写照。

关键词：地方财政 地方治理 财政税收史

为进一步推动财税史研究，2022年8月17～18日，由华中师范大学中国近代史研究所，武汉大学、华东师大、清华大学、华中师大联合课题组，中国经济史学会，《中国经济史研究》编辑部及湖北民族大学民族学与社会学学院联合主办的第五届财税史论坛暨"历史上的地方财政与地方治理"学术研讨会在湖北恩施顺利召开。中国经济史学会会长、中国社会科学院经济研究所研究员魏明孔，华中师范大学中国近代史研究所教

---

[*] 张晗，女，国家民委中华民族共同体研究基地湖北民族大学武陵山片区基地助理研究人员；杨洪林，男，湖北民族大学民族学与社会学学院教授，华中师范大学博士生导师，国家民委中华民族共同体研究基地湖北民族大学武陵山片区基地专职研究员。

授魏文享，湖北民族大学党委常委刘志军出席会议并作为主办方代表致辞。《中国经济史研究》主编、中国社会科学院经济研究所研究员魏众作线上致辞。武汉大学历史系暨中国传统文化研究中心教授陈锋作总结发言。

论坛以"历史上的地方财政与地方治理"为主题，收到参会论文49篇。论坛采用线上线下相结合的形式进行，有来自北京大学、清华大学、武汉大学、中山大学、厦门大学、中央财经大学、华东师范大学、华中师范大学、中国社会科学院等国内重点高校和科研单位的60余位专家学者围绕"地方财政的概念、制度及理论方法""国地财政分权及分税问题""地方财政与地方政治、经济及社会变迁""地方财政的中外比较"等议题进行了学术讲演，近200位学者在线上参与了学术讨论。

一　赋与役：国家治理的重要手段

赋役制度是中国古代王朝为巩固自身的统治地位，向人民征收课税、调动人员无偿参与劳动的一项制度。由于各个朝代的经济、政治发展水平存在差异，赋役制度在各个时期也表现出了不同的特征。同时，赋役制度的执行在同一时代的不同区域也存在相异之处。中国古代赋役制度的演变过程体现了我国古代国家治理方式和治理理念的变化过程，也反映了经济社会发展方式等方面的变迁。不可否认，赋役制度作为国家治理体系中的一项政治制度，由于制度的执行方式和执行力度的差异，对地方治理产生了重要影响。

与会学者从多个角度对赋役制度进行了研究。华东师范大学黄纯艳教授认为，赋役制度具有保障财政供给和维持社会稳定的双重功能。他指出，宋代的赋役结构发生了很大变化，北宋后期到南宋苛捐杂税层出不穷，体现出和以往不同的特点。而儒家思想在宋代尤为盛行，对当时的社会治理产生了重要影响。在报告中，他通过分析宋人对赋役制度的解说，探讨了宋代赋役演变中政策和观念的相互作用。云南大学田晓忠副教授对宋代的户帖、庄账、砧基簿和鱼鳞图等土地地籍文书及税簿文书进行了考察。他认为，这些赋税文书反映了宋代以田为赋、因田制赋的特征。

中山大学刘志伟教授作了题为"《赋役全书》与明清之际财政结构的转型"的演讲。他围绕"财政集权的意义""会计技术与财政体制转型的关系""《赋役全书》与《会计录》的区别"展开，解析了赋、贡、功体制下中央—郡国—州县的架构关系。同时，他于细微之处讲述了自身从事明清社会经济史研究的心路历程，为后学提供了参考。武汉大学杨国安教授以明代湖南浏阳、湘乡两县的"堕粮"重赋为例，分析了其背后的原因，认为区域经济的差异导致了地区间财税负担的差距。

武汉大学陈锋教授解析了清朝徭役制度的变化过程及其产生的影响。首先，他从清初战乱中的各种徭役出发，说明了清承明制之初，战争频繁时期，徭役是如何签派与征发的。其次，他梳理了户籍制度、人丁编审和赋役制度之间的关系。他认为从康熙末年到雍正年间，摊丁入亩后，丁银摊入地亩征收，在制度层面上结束了一两千年以来赋、役两分的状况，使得徭役的征发方式发生了变化。最后，他从差徭的主要种类、工价及其相关问题的角度，十分具体地讲解了"兵差""河差""工差""皇差"的征派问题，呈现了徭役由纷乱无序到走向制度化的过程。

二 税收体系的发展与转型：中央及地方政治、经济变迁的缩影

任何国家的税收体系都建立在一定的生产关系基础之上。中国历代税制状况是当时、当地的政治、经济发展水平的具体反映。与会专家围绕不同的税种及其产生的影响进行了讨论。

安徽师范大学马陵合教授以晚清出厂税为研究对象做了学术报告。他认为，出厂税是近代机器制造业出现以后，以机器化大生产企业为征收对象的新税种，是研究近代工商税收史的核心部分。他在马寅初等人对于货物税的认识的基础上，提出了自己新的思考。厦门大学任智勇教授围绕晚清商税展开了论述。他提出，晚清时期铺税和厘金的合理性并未得到商人阶层的认同，商人对商业税的抵制是政府近代化转型过程中财政困难的原因之一。

湖北经济学院副教授李波重点分析了税收名称从"税""赋"到"贡""助"以及与之相关联的"徭役"的变迁过程，认为税收名称的变迁体现了明显的时代特征。北京工商大学段旭颖则对比分析了清代前、后期杂税的征收情况，对清代杂税问题的由来提出了自己的见解。武汉大学客座研究员王燕重点解析了晚清地方士绅在杂税杂捐征管中的作用。江西

财经大学副教授戴丽华对北洋政府时期的税收立法建设进行了研究，并对其产生的效果进行了评析。重庆第二师范学院王世超对1911年到1949年契税的存废问题进行了分析，厘清了契税从"税契"转为"契税"，以及学界和民众吁请废除契税再到各地政府竭力保留的过程。

中山大学柯伟明教授认为私商认税、工商团体包税、投标包税与明投包税等不同类型的包税制在一定程度上适应了社会经济的发展变化，在不同时期、不同地区发挥着不同的作用。上海社会科学院于广从近代地方上的营业税和统税的税制变迁中找到了其对当下营业税改增值税的启示。而河南师范大学任同芹教授则以图表的形式列举了1947年举办特别税课的福建、江苏、浙江、甘肃等省份的情况，解析了1946年到1949年战后特别税课的稽征与县级财政治理。宁波大学雷家琼教授以四川省市县临时参议会的相关档案为基础材料，探讨了民国时期遗产税法修订过程中的影响因素。

华中师范大学魏文享教授以战时秩序下营利事业所得税为研究对象，分析了税负与社会发展的关系。他提出，所得税制度并不是被自身税负所压倒的，而是被国民政府发动内战、实施通胀的短视政策所扭曲的。北京大学管汉晖教授基于1942~1945年消费税月度数据，通过对比分析并结合当时的历史背景，提炼出了战时消费税的经济特征。他还对税率、税收收入以及不同种类商品收入弹性进行了研究，深化了对民国财政制度转型与战时消费税兴衰的认知，为战时消费税难以维持提供了经济学角度的解释，丰富了公共经济学理论。

三 集权与自治：国家财政体系不断升级和完善

财政体系是国家财政分配关系中相互联系的各个环节的总和，认识和理解国家财政体系的构成及其相互关系对于正确处理财政分配问题有着重要的价值和意义。在本次论坛中，专家学者对于财政体系的分析围绕国家的集权与地方的自治，以集权与自治之间的博弈展开。安徽大学陈勇教授在演讲中分析了外销与内销的概念，列举了清廷对各省外销的整治措施，认为清廷虽然没有达成借清理财政来清厘各省外销的愿景，但是实现了财政从奏销体制向预算体制的过渡，使财政治理开始向近代化、制度化的方向迈进。

西南交通大学付志宇教授从地方自治财政论的传播背景、主流思想以及产生的影响和启示等方面对民国时期地方财政思想进行了解读。他认为，民国时期地方财政体制思想彻底与传统中央集权财政体制分流，从基本概念和具体制度设计方面重新定位了地方财政的重要性，为当代的财政体制改革提供了有益借鉴。

清华大学倪玉平教授就晚清中央与地方关系进行了研究。在演讲中，他阐述了晚清时期权力扩张的情况和限度，从权力的分配格局上解析了中央与地方关系的变化。他以"央地博弈"的视角，结合实际情况，分析了中央与地方权力的动态变化过程。他提出，中央与地方权力格局一旦基本形成和稳定，便需要漫长的时间或者重大的外部改变，才能走向新的平衡。

西南大学刘志英教授对全面抗战时期重庆市财政管理体制进行了研究。她认为，全面抗战爆发后，作为战时首都的重庆在努力协调国民政府的财政集权与重庆市地方财政自治之间的关系，在两者的协调过程中，不仅建立起了独特的财政体制，还确立了重庆市在国家财政体制中的独特地位。

民国初年设立公款局的初衷是专门管理地方各种款项收支，使之与国家款项分离，但各个县随意动支，未认真履职，导致了国地两款混合不清。商丘师范学院岁有生教授论述了北洋政府时期公款局的形成过程，并以河南各县为重点，探讨了公款局的弊病，对造成弊病的原因进行了深入分析。

中央财经大学马金华、毕学进分析了中央政府由晚清到北洋时期从分权下集权，到南京国民政府时期的集权下分权的过程，认为分权须在中央政府统一框架下进行。中国地质大学张莉在报告中以都市财政为例，梳理了近代西方财政理论在我国传播和实践的历程，指出了在传播过程中出现的偏差及积极影响。

除此之外，中央财经大学林源从全面抗战时期中央与地方财政事权的划分及调整的角度进行了思考。厦门大学张超详细解读了全面抗战前国库制度革新的过程。河北师范大学康金莉教授指出，代理国库制度经历了由初探到逐渐完善的过程，是近代社会转型的重要侧面，对国家治理产生了重要影响。

四　货币、公债、信贷：地方治理的有效工具

与会专家学者对于货币、公债、信贷等制度的形成和变迁进行了充分讨论，并围绕这些制度在实施过程中对地方治理的影响进行了深入分析。南开大学王玉茹教授对近代汉口洋例银制度的形成进行了解读。她认为，洋例银制度是我国传统金融向近代金融转变的经典案例，其产生与发展在近代以汉口为中心的区域金融制度变迁中发挥着重要作用。

中国人民大学何平教授在演讲中就革命先行者孙中山国家治理的"股份公司论""钱币革命论"的财政目标与孙中山对货币的总体认识等展开论述。他认为，近代中国对于货币问题的思考在新的语境下显示出了新的内涵和目标，纸币和现实存在的存款货币，以及正在走上货币舞台的央行法定数字货币，必将在将来多元并存、互补流通。

河北经贸大学曹琳教授以藩王墓金银器与江口沉银为突破口，分析了明代宗室巨大的宗藩支出对国家财政造成的压力以及靖难之后他们在庄田、私店、经商和税课等方面所享受的特权。她认为，明代宗室在法律和经济上的特权酿成的宗藩之害加剧了明代的财政困境和社会问题。

武汉大学赵士第梳理了清初制钱流通的各种障碍，认为清朝对制钱近百年的艰难复归是国家适应商品经济迅速发展和民众交易需求的产物。

债务问题也是财政税收界一直以来讨论的重要议题。安徽师范大学马长伟副教授以1914年财政部提出的整理议案为中心，就北洋政府初期债务整理问题进行了探讨。他表示，尽管财政部提出的"先整理短期外债，再商议整理长短期内债"的议案被否决，但是这项议案对民国时期的财政政策产生了深远影响，尤其是在公债发行上。中山大学罗凯以湖北省清偿甲债为例，对南京国民政府时期的地方旧债的清理问题进行了分析。

华中师范大学何家伟教授及博士生杨可淳分析了全面抗战期间晋冀鲁豫根据地的水利建设情况，提到了水利制度初创过程中晋冀鲁豫边区政府提倡将"银行放款和低利借贷与垦荒水利结合起来"，试图用信贷手段解决边区水利建设所面临的资金困难。

五 行业与政治：中央与地方社会权力关系的写照

在古代社会，盐、铁、茶、酒等产品都曾在不同时期实行过专卖，其中盐业实行专卖的时间最长，从古代延续到当代，直至 2016 年食盐专营制度才正式退出历史舞台。食盐专卖制度保证了人民的用盐安全，但也导致了官商勾结、"只富国不富民"等一系列问题的发生。各个王朝对盐业的控制和管理成为朝廷筹措经费的重要方式，为国家财政提供了较为稳定的税源。与此类似，中央和地方在其他专卖行业中也存在程度不一的竞争，困扰行业的发展，并由此产生了一些社会问题。

与会的多位学者针对盐业与政治之间的关系展开了探讨。浙江师范大学李义琼副教授在报告中论述了白银介入盐法的大背景下，明中叶两浙两淮地区余盐制度确立的过程。清华大学王嘉乐认为，盐务与皇室财政关系密切，她重点讲解了两淮地区盐课余银的产生和与之相伴的支销规章的变动对清代财政经济领域的重大意义。

中山大学副教授李晓龙探讨了晚清盐斤加价的实现过程和产生的影响，关注了私盐等因素在其中的作用，并通过盐斤加价这一事实，分析了官府和盐商之间的复杂关系。南方医科大学副教授王静雅借助史料详细论述了清代食盐专卖制度下江、楚、川三地围绕淮盐楚岸问题所产生的纷争以及各省之间在利益调适方面的决策机制。

上海财经大学燕红忠教授认为，发商生息所提供的公共经费不仅推动了清代地方公共品的提供和民众福利的落实，也在一定程度上提升了地方社会的公共治理能力。厦门大学张侃教授提到，由于地方自治在各地展开的形态不同，官契纸发行虽然延续清末官契纸形制，但在实际运作之中演化出了新的内容。他认为，官方与绅董就官契发行权的争夺是民初地方社会权力关系的真实写照。山东大学许存健对清代咸同时期的捐纳价格和报捐成本进行了研究，认为中央与地方竞争之下捐价的混乱是捐纳败坏吏治的主要原因。

安徽大学王汉东以清代襄阳卫为重点，分析了清代襄阳卫的运丁、屯田、漕运与生计等内容，厘清了襄阳区域的漕运运丁所面临的社会变动与国家漕政治理的关系，探讨了清代国家"以漕治漕"的治理理念。华东师范大学周健副教授以丰泰栈的故事为例，解析了 19 世纪 60 年代以降，政府的漕务是如何借助商业与市场的逻辑来实现的。四川大学廖文辉围绕军饷供应和善后决策问题对清朝新疆治理的内外环境进行了论述。北京市社会科学院副研究员高福美梳理了清代京城牙行的管理与运行的思路。

江西师范大学郭淇斌认为，晚清英国驻华使领馆职员薪金与市场需求密切相关，他在报告中分析了1843年到1869年英国驻华使领馆的运作困境及其应对措施。杭州电子科技大学刘伟彦从抗战以来浙江货物税人员的管理及转型方面提出了新的认识。他认为，财政部于1942年建立，并于1945年完善的人事制度对货物税职员提出了更为严格的要求，推动了其职业化特征的形成，但这种改革是不彻底的。

结　语

此次论坛以历史上的地方财政与地方治理为主题，与会学者重点围绕宋代以后中国财政制度的变化和财政制度在地方的执行展开讨论。参与讨论的学者多，讨论的议题深入，形成了一些共识，推动了中国财政税收史的研究和相关领域研究人才的培养。陈锋在总结发言中指出，通过这种形式的会议，资深学者可以借此机会探索新的理论成果，新进学者可以此为契机，成长起来，发展下去。他还强调，财政税收史既涉及历史，又涉及经济，参与财税史研究的人员既有历史学出身的，又有经济学、财政学出身的，他们在观念、研究方法上互异。这种不同，一方面能够给大家提供互相学习、互相借鉴、互相补充的机会，另一方面也能及时地发现研究中的不足之处。不管是财政史研究还是经济史研究，都是历史学研究，都应遵循历史学研究的基本方法和路径。同时，进行财税史研究也应吸纳财政学、经济学的学科优势。

秦汉以来，中国就成为一个统一的多民族国家，幅员辽阔，文化多样性明显，地域差异较大，如何在加强中央集权的同时又兼顾地方的特点，增强地方治理的灵活性是摆在历代统治者面前的治理难题。从历史上的地方财政变迁过程来看，中央和地方都希望通过财政来维持财力和权力关系的基本平衡，中央需要通过税收来募集足够的资金，以维持中央集权；地方也需要一定税收来促进各项事业的发展。中央和地方的财力分配在历代都存在一定的博弈，他们在博弈的过程中，动态平衡地推动着财政税收制度的变革和发展。这种发展过程不仅维持了国家的大一统局面，也为地方治理留下较为灵活的空间。总之，这次论坛富有学术成效，开启了财税史研究的新征程。

A Multidimensional Exploration of the Relationship between Local Finance and Local Governance in History: A Review Based on the Fifth Forum on Fiscal and Tax History

Zhang Han Yang Honglin

Abstract: The 5th Forum on the History of Finance and Taxation held in Enshi, Hubei from August 17 to 18, 2022, focused on "Local Finance and Local Governance in History". More than 200 scholars from 48 key universities and research institutions, including Peking University and Tsinghua University, participated in the discussion. Through the combination of online and offline, the discussion is carried out around such topics as "the concept, system and theoretical method of local finance", "the decentralization and tax distribution of national and local finance", "local finance and local politics, economy and Social change", and "the comparison of local finance between China and foreign countries". The study found that the tax system was an important means of national governance in history, and the development and transformation of the tax system was a microcosm of political and economic changes at the central and local levels. The national financial system was constantly upgraded and improved around centralization and autonomy. Currency, public bonds, and credit were effective tools for local governance, and the relationship between industries and politics was also a reflection of the relationship between the central and local levels.

Keywords: Local Finance; Local Governance; History of Finance and Taxation

稿　约

2022 年，中国经济史学会会刊砥砺前行！自本年开始，中国经济史学会会刊《中国经济史评论》将由每年的两辑改为四辑。《中国经济史评论》由中国经济史学会、河北师范大学历史文化学院、《河北师范大学学报》编辑部共同主办。会刊主要刊登中国古代经济史、中国近代经济史、中国现代经济史以及世界经济史等方面的研究文章，同时也会兼顾书评、综述等方面的佳作！

虽然经历了 9 年的积累和沉淀，但前路仍然坎坷，仍然需要您的呵护和惠爱！虽栉风沐雨，我们希望您能与我们一路同行，无问西东。我们深知，推动中国经济史学研究的发展是当代学人的一份沉甸甸的责任。没有经济史学的研究，就没有对中国社会经济发展道路的深刻认识；没有经济史学的研究，我们就不能从全球视野和历史视野中认识与把握中国的特质及方位；没有经济史学的研究，我们也不能为中国特色社会主义政治经济学体系的构建贡献力量；没有经济史学的研究，我们更不能为构建中国特色的学术话语体系添砖加瓦。我们欢迎您的真知灼见，不论您是谁，大佬、大腕、大咖、年轻的学者、博士生、硕士生，我们都敞开怀抱！

具体事项告知如下：

1. 本刊主要发表经济史研究方面的学术论文，同时兼顾学术述评等。注重学术性、理论性、专业性和知识性。

2. 稿件文字、标点、年代、数字等书写方式及注释格式请参照《中国经济史评论》2022 年第 1 辑。来稿请采用脚注，每页分别编序。来稿请附 300 字以内的中、英文摘要，以及 3~5 个中、英文关键词。为方便我们工作，文稿请尽量采用单倍行距，正文宋体五号字，摘要、关键词、大段引文楷体五号字，注释宋体小五号字。

3. 本刊取舍稿件以学术水平为准，请作者来稿时务必附姓名、学历学位、单位、职务职称、主要研究方向、地址、邮编、电话、电子邮箱等。本刊尊重作者版权，除不符合国家出版管理规定的内容外，一般不对来稿进行删改，仅做必要的技术性和文字性修改。无论来稿采用与否，稿件一律不退，烦请自留底稿。

4. 来稿篇幅不限，本刊欢迎长论文。

5. 本刊采用电子投稿，投稿信箱为 zgjjspl@126.com。

我们常年征稿，期待您惠赐大作！

《中国经济史评论》编辑部

2022 年 1 月 14 日

图书在版编目(CIP)数据

中国经济史评论.2023年.第2辑：总第20辑／魏明孔，戴建兵主编；隋福民执行主编.－－北京：社会科学文献出版社，2023.6
（中国经济史学会会刊）
ISBN 978-7-5228-1877-1

Ⅰ.①中… Ⅱ.①魏… ②戴… ③隋… Ⅲ.①中国经济史-文集 Ⅳ.①F129-53

中国国家版本馆 CIP 数据核字（2023）第 094711 号

中国经济史学会会刊
中国经济史评论　2023年第2辑（总第20辑）

主　　编／魏明孔　戴建兵
执行主编／隋福民

出 版 人／王利民
组稿编辑／周　丽
责任编辑／李　淼
责任印制／王京美

出　　版／社会科学文献出版社・城市和绿色发展分社（010）59367143
　　　　　　地址：北京市北三环中路甲29号院华龙大厦　邮编：100029
　　　　　　网址：www.ssap.com.cn
发　　行／社会科学文献出版社（010）59367028
印　　装／三河市龙林印务有限公司

规　　格／开　本：787mm×1092mm　1/16
　　　　　　印　张：14.25　字　数：240千字
版　　次／2023年6月第1版　2023年6月第1次印刷
书　　号／ISBN 978-7-5228-1877-1
定　　价／98.00元

读者服务电话：4008918866

版权所有 翻印必究